これからの
調理学実習

（ *―― 基本手法から ――* ）
（ *―― 各国料理・行事食まで ――* ）

新調理研究会：編

Ohmsha

執筆者一覧

（五十音順）

太田　暁子	（おおた あきこ）	帝塚山大学 教授	5章，付録(1, 2, 4)
澤田　崇子	（さわだ たかこ）	関西福祉科学大学 准教授	2章，3章
塩田　二三子	（しおた ふみこ）	京都華頂大学 准教授	2章，3章，付録(2)
志垣　　瞳	（しがき ひとみ）	帝塚山大学 教授	7章(実習51, 52, 54)
冨安　郁子	（とみやす いくこ）	帝塚山大学 教授	4章，付録(3)
豊原　容子	（とよはら まさこ）	京都華頂大学 教授	7章(実習53, 55, 57, 59)
前田　昭子	（まえだ あきこ）	相愛大学 教授	2章，3章
水野　千恵	（みずの ちえ）	神戸学院大学 教授	1章，7章(7・1, 実習56, 58, 60)
明神　千穂	（みょうじん ちほ）	近畿大学 講師	6章

本書を発行するにあたって，内容に誤りのないようできる限りの注意を払いましたが，本書の内容を適用した結果生じたこと，また，適用できなかった結果について，著者，出版社とも一切の責任を負いませんのでご了承ください。

本書に掲載されている会社名・製品名は一般に各社の登録商標または商標です。

本書は，「著作権法」によって，著作権等の権利が保護されている著作物です．本書の複製権・翻訳権・上映権・譲渡権・公衆送信権（送信可能化権を含む）は著作権者が保有しています．本書の全部または一部につき，無断で転載，複写複製，電子的装置への入力等をされると，著作権等の権利侵害となる場合があります．また，代行業者等の第三者によるスキャンやデジタル化は，たとえ個人や家庭内での利用であっても著作権法上認められておりませんので，ご注意ください．

本書の無断複写は，著作権法上の制限事項を除き，禁じられています．本書の複写複製を希望される場合は，そのつど事前に下記へ連絡して許諾を得てください．

出版者著作権管理機構
（電話 03-5244-5088，FAX 03-5244-5089，e-mail：info@jcopy.or.jp）

JCOPY ＜出版者著作権管理機構 委託出版物＞

はじめに

　現代は，外食・中食などの利用を享受できる社会となり，食の簡便化が進んでいる．反面，偏った栄養摂取や生活環境の変化による生活習慣病は低年齢にまで及び，国を挙げて食育を推進することが急務となっている．健康だけでなく，食料や環境などに関する諸問題もますます多様化・複雑化する時代に，食を通して社会のさまざまな分野で役割を担う私たちは，あらためて食文化をふまえた調理の意義・基本を理解しておきたい．

　本書では，このような背景をもとに，次の点を重視した．

　（1）　調理の基本を身につけ，理論と実際が結びつくように基本手法を充実させるとともに，対象とする人に合わせて献立作成ができるように，料理様式別の献立も充実させる．

　（2）　今日，日本に定着しつつある世界各国の代表的な料理をとり上げ，献立のみならず食文化や食習慣などにも触れて，異文化への理解を深める．

　（3）　日本で行われている多くの行事に関する献立をとり上げ，季節感を感じたり，食と文化のかかわりを学ぶことの大切さを理解する．

　（4）　ポイント"！"および"調べてみよう！"を利用することで各献立を調理科学的に理解するとともに，歴史や背景を知り，併せて管理栄養士国家試験対策にも役立てる．

　（5）　各実習例の冒頭に栄養価記入用の表を用意し，学習者自ら記入することで，料理や食品と栄養価とのかかわりをより身近なものとする．

　私たちは5年前に「基礎から学ぶ調理実習」（理工学社刊）を著した．この本が大学生活系コースの半年の実習を念頭に，調理の基本の習熟に重点を置いたのに対し，本書は通年の実習を念頭におき，上述のように多彩な献立をとり入れた"応用調理"にも主眼を広げた．なお，調理の基礎にあたる部分などの記述は，少なからず前著を踏襲している．

　このように，本書は，調理の基本手法から各国料理・行事食まで，食生活の幅広い場面に対応できる内容を包含しており，管理栄養士・栄養士養成課程の学生のみならず，食にかかわる多種多様な分野の方々にもご活用いただきたい．

　おわりに，出版に際していろいろなご配慮をいただいた理工学社の皆さんに厚くお礼を申し上げる．

2011年3月

著者一同

目 次

第1章　調　理　の　基　本

section 1・1　実習時の衛生管理

1	日常の健康管理	002
2	実習中の自己衛生管理	002
3	食材や調理に関する衛生管理	002
4	調理器具や設備に関する衛生管理	002

section 1・2　調理の基本操作

1	計　　量	003
2	切　　断	004

第2章　基　本　手　法

section 2・1　基本手法のいろいろ

1	汁物と炊飯の基本手法	008
2	煮物の基本手法	010
3	蒸し物の基本手法	013
4	焼き物の基本手法	014
5	炒め物の基本手法	017
6	揚げ物の基本手法	018
7	和え物，酢の物，浸し物の基本手法	020
8	寄せ物の基本手法	022

section	2・2	基本手法を学習しよう

実習	01	炊飯，汁物，焼き物の基本手法	
		白飯	024
		豆腐とワカメのみそ汁	024
		魚の塩焼き	025

実習	02	味付け飯，煮物（煮つけ），浸し物の基本手法	
		エンドウ飯	026
		魚の煮つけ	026
		ホウレンソウのお浸し	027

実習	03	揚げ物，酢の物，寄せ物の基本手法	
		衣揚げ（天ぷら）	028
		キュウリとワカメの酢の物	029
		みつ豆	029

実習	04	炒め物，蒸し物，和え物の基本手法	
		炒肉片（チャオ ロウ ペエヌ：豚肉薄切りの炒め物）	030
		珍珠丸子（ツェン ツウ ワン ズ：もち米だんごの蒸し物）	031
		拌豆芽（バン トウ ヤ：モヤシの和え物）	031

第3章　日　本　料　理

section	3・1	日本料理の基礎

	1	日本料理の特徴	034
	2	献立構成	035
	3	食事作法	036

section	3・2	日本料理の実習（献立別）

実習	05	炊き込み飯	038
		若竹汁	038
		炊き合わせ（フキ，タケノコ，高野豆腐）	039

実習	06	沢煮椀	040
		アジの南蛮漬け	040
		切り干しダイコンの煮物	041

実習	07	シジミのみそ汁	042
		だし巻き卵	042
		きんぴらゴボウ	043
		即席漬け	043

実習	08	かきたま汁	044
		筑前煮	045
		青菜の煮浸し	045

実習	09	シソ飯	046
		イワシのかば焼き	047
		五目豆	047
		焼きナス	047
実習	10	栗飯	048
		土びん蒸し	048
		包み焼き	049
		白和え	049
実習	11	そぼろ飯	050
		菊花豆腐のすまし汁	050
		ヒジキの炒め煮	051
		サヤインゲンの落花生和え	051
実習	12	吉野鶏のすまし汁	052
		かぶら蒸し	052
		ヤマイモとミツバの和え物	053
実習	13	けんちん汁	054
		サバのみそ煮	054
		あちゃら漬け	055
実習	14	茶わん蒸し	056
		ブリの照り焼き	057
		ミズナのカラシ和え	057
実習	15	さつま汁	058
		竜田揚げ	058
		みぞれ和え	059
実習	16	巻きずし・いなりずし	060
		庄内麩とジュンサイの赤だし	062
		シュンギクのゴマ和え	062
実習	17	和菓子（桜もち，くず桜，イチゴ大福，ワラビもち，果汁かん，栗まんじゅう，どら焼き，じょうよまんじゅう）	063
		日本茶（番茶，煎茶，玉露，抹茶）	066

第4章　中国料理

section 4・1　中国料理の基礎

1	**中国料理の特徴**	068
2	**献立構成**	070
3	**調理器具**	071
4	**食器と配膳**	072
5	**食事マナー**	073

section 4・2　中国料理の実習（献立別）

実習	18	熗黄瓜（チャン ホワン クワ：キュウリの和え物）	074
		八宝菜（パア ポウ ツァイ：五目炒め）	074
		蛋花湯（ダヌ ホワン タン：かきたま汁）	075
実習	19	涼拌海蜇（リャン バン ハイ ツォ：クラゲの和え物）	076
		乾炸鶏塊（カン ヂア ヂィ クアイ：鶏のから揚げ）	076
		麻婆豆腐（マア ボ ドウ フゥ：豆腐と豚ひき肉のトウガラシ炒め）	077
実習	20	涼拌三絲（リャン バン サン スウ：三種のせん切り和え物）	078
		宮爆大蝦（クウ パオ タア シア：エビの炒め物）	079
		玉米湯（ユイ ミイ タン：トウモロコシのスープ）	079
		炸春捲（ヂア チュヌウ ジュアヌ：春巻き）	080
実習	21	生菜包肉鬆（スン ツァイ パオ ロウ ソン：レタス包み）	081
		芙蓉蟹（フウ ロオン シエ：カニ入り卵焼き）	082
		腐竹清湯（フウ ヂュ チン タン：タケノコと湯葉のスープ）	082
		粽子（ツオン ツ：ちまき）	083
実習	22	白切鶏（パイ チエ ヂィ：鶏の酒蒸し）	084
		海瓜子炒蛋（ハイ クワ ズ チャオ タヌ：アサリと卵の炒め物）	084
		青椒牛肉絲（チン ジャオ ニュウ ロウ スウ：ピーマンと牛肉の炒め物）	085
		焼売（シャオ マイ：シューマイ）	086
実習	23	宮保鶏丁（ゴォン バオ ヂィ ティン：ピーナッツと鶏肉のさいの目切り炒め）	087
		古老肉（クウ ラオ ロウ：酢豚）	088
		西湖魚羹（シイ ホウ ユイ ゴン：魚と卵白のスープ）	089
実習	24	炒墨魚（チャオ モウ ユイ：イカの炒め物）	090
		叉焼肉（チャ シャオ ロウ：焼き豚）	092
		涼拌麺（リャン バン メン：冷やし麺）	093
実習	25	金菇貝丁（チン クウ ベイ ティン：キノコと貝柱の和え物）	094
		奶溜白菜（ナイ リュウ パイ ツァイ：白菜の牛乳あんかけ）	094
		什錦炒飯（シイ ヂン チャオ ファン：五目焼き飯）	095
実習	26	冬菇炒青梗菜（ドン グゥ チャオ チン ケン ツァイ：チンゲンサイの炒め物）	096
		糖醋魚（タン ツウ ユイ：魚の丸揚げ甘酢あんかけ）	097
		鍋貼餃子（クオウ ティエ ジャオ ツ：焼きギョーザ）	098
実習	27	洋芋炒肉絲（ヤアン イ チャオ ロウ ス：ジャガイモと肉の炒め物）	099
		川鶴鶉蛋（チュアヌ アヌ チュン タヌ：ウズラ卵入りスープ）	100
		肉包子，豆沙包子（ロウ パオ ツ，トウ シャ パオ ツ：中華まんじゅう）	101
実習	28	皮蛋（ピイ タヌ：アヒルの卵の石灰漬け）	102
		西瓜子（シイ グワズ：スイカの種子），南瓜子（ナヌ グワ ズ：カボチャの種子）	102
		什錦火鍋子（シイ ヂン ホウ クオズ：具だくさんの寄せ鍋）	103
実習	29	奶豆腐（ナイ ドウ フ：牛乳かん）	104
		杏仁酥餅（シン レン スウ ビン：中華クッキー）	105
		鶏蛋糕（ヂィ タヌ ガオ：蒸しカステラ）	105
		抜絲地瓜（パア スウ ヂ ゴア：揚げサツマイモの飴からめ）	106
		芝麻球（ツゥ マア チュウ：ゴマ風味だんご）	106
		月餅（ユエ ピン：げっぺい）	107
		中国茶（チャン グォ チャオ）	108

第5章　西洋料理

section 5・1　西洋料理の基礎

1	**西洋料理の特徴**	110
2	**献立構成**	111
3	テーブル マナー	112

section 5・2　西洋料理の実習（献立別）

実習 30
- コーン スープ（corn cream soup；英） …… 114
- サケのムニエル（saumon à la meunière；仏） …… 114
- グリーン サラダ（green salad；英） …… 115

実習 31
- サンドイッチ（sandwitches；英） …… 116
- ポテト サラダ（potato salad；英） …… 117
- ティー（tea；英） …… 119

実習 32
- パンプキン スープ（pumpkin soup；英） …… 120
- ポーク カットレット（pork cutlet；英） …… 120
- コール スロー サラダ（cole slaw salad；英） …… 121

実習 33
- クリーム クロケット（croquette de crab；仏） …… 122
- トマト サラダ（tomato salad；英） …… 123
- レモン スカッシュ（lemon squash；英） …… 123

実習 34
- カレー ライス（curry and butter rice；英） …… 124
- フルーツ サラダ（fruit salad；英） …… 125
- コーヒー ゼリー（coffee jelly；英） …… 125

実習 35
- コンソメ ジュリアン（consomme julienne；英） …… 126
- ハンバーグ ステーキ（hamburg steak；英）
  （ニンジンのグラッセ，サヤインゲンのソテー添え） …… 126
- 季節のサラダ（salad season；英） …… 127

実習 36
- スパゲティ ミート ソース（spaghetti meat sauce；英） …… 128
- ラタトゥイユ（ratatouille；仏） …… 129
- ハーブ ティー（herbs tea；英） …… 129

実習 37
- ロール キャベツ（rolled cabbage；英） …… 130
- マセドアン サラダ（macedoine salad；英） …… 131
- ティー パンチ（tea punch；英） …… 131

実習 38
- マカロニ グラタン（macaroni au gratin；仏） …… 132
- ホット サラダ（hot salad；英） …… 133
- フルーツ ゼリー（fruits jelly；英） …… 133

実習 39
- オニオン グラタン スープ（soupe à l'oignon gratinee；仏） …… 134
- ビーフ ステーキ（beef steak；英） …… 135
- カブのサラダ（turnip salad；英） …… 136
- コーヒー（coffee；英） …… 136

実習	40	デザート	
		クッキー（cookie；英）	137
		マドレーヌ（madelleine；仏）	138
		シュー クリーム（choux a la crème；仏）	138
		パウンド ケーキ（pound cake；英）	139
		スイート ポテト（sweet potato；英）	140
		クレープ（crêpes；仏）	140
		アップル パイ（apple pie；英）	141
		イチゴ タルト（tarte aux fraises；仏）	142
		カスタード プディング（custard pudding；英）	142
		ババロア（bavarois；仏）	143
		ブラマンジェ（blanc-manger；仏）	144

第6章　その他の各国料理

section 6・1　各国料理の基礎

	1	各国料理の分類と特徴	146
	2	多様な食文化・食習慣をもつ外国人客への対応	148

section 6・2　各国料理の実習（国別）

実習	41	ベトナム料理	
		ベトナム風春巻き（ゴイ クン）	150
		フォー ガー（鶏の米麺）	151
		鶏のベトナム風から揚げ（ガー クアイ）	152

実習	42	タイ料理	
		エビのトム ヤム スープ（トム ヤム クン）	153
		グリーン カレー（ケーン キアオ ワーン ガイ）	154
		焼きビーフン（パット タイ）	154

実習	43	インド料理	
		キーマ カレー	155
		タンドリー チキン	156
		ナン	156

実習	44	韓国料理	
		チヂミ	157
		ビビンパ	158
		キムチ チゲ	159

実習	45	スペイン料理	
		スペイン風オムレツ	160
		パエーリア	160
		ガスパチョ	161

実習	46	**メキシコ料理**	
		トルティーヤ	162
		タコス	163
		若鶏メキシカン ソース	164

実習	47	**イタリア料理**	
		ミネストローネ	165
		ピッツァ	166
		トマトとモッツァレラのサラダ	166
		パスタ（ジェノベーゼ）	167
		ラザニア	168
		スズキのオーブン焼き	168

実習	48	**ロシア料理**	
		ボルシチ	169
		ピロシキ	169
		ビーフ ストロガノフ	170

実習	49	**デザート**	
		タピオカ入りココナッツ ミルク	171
		マチェドニア	171
		パンナ コッタ	172
		ティラミス	172

実習	50	**飲物**	
		マンゴー ラッシー	173
		ロシアン ティー	173
		サングリア	174

第7章　行　事　食

section 7・1　行事食の基礎

	1	**年中行事と食**	177
	2	**通過儀礼と食**	177

section 7・2　行事食の実習

実習	51	**正月料理**		
		雑　　　煮	関西風白みそ仕立て，関東風すまし仕立て	178
		祝　い　肴	黒豆，数の子，田作り，たたきゴボウ	179
		口　取　り	紅白かまぼこ，きんとん，伊達巻き，錦卵，キンカンの甘露煮	180
		焼　き　物	サワラの幽庵焼き，白身魚のみそ漬け焼き，鶏の松風焼き，松笠イカ	181

		煮　　物	クルマエビの養老煮, 梅花ニンジンの含め煮, こんにゃくの染め煮, 手まり麩の含め煮, シイタケの照り煮, エビイモの八方煮, 絹サヤ青煮	183
		酢の物	紅白なます, 白身魚のぎゅうひ巻き, 花レンコン, しめサゴシ	184

実習	52	桃の節句	
		ちらしずし	186
		ハマグリの潮汁	187
		シラウオ・小エビとミツバのかき揚げ	187
		酢みそ和え	187
		草もち	188

実習	53	端午の節句	
		炊きおこわ	189
		結びキスのすまし汁	190
		小ダイのかぶと揚げ	190
		ソラマメのひすい煮	191
		柏もち	191

実習	54	七夕	
		冷やしそうめん	192
		ハモの湯引き梅肉しょう油添え	192
		カボチャのそぼろあんかけ	193
		水ようかん	193

実習	55	敬老の日（松花堂弁当）		
		飯	枝豆入り茶飯	194
		汁	萩しんじょのすまし汁	195
		炊き合わせ	サトイモの含め煮, つくね煮, オクラの青煮	195
		焼き物	サワラの松風焼き, 菊花カブ	196
		揚げ物	エビの東寺揚げ, シシトウガラシの素揚げ, ナスのみじん粉揚げ	197
		酢の物	ホウレンソウと菊花のクルミ酢和え	197

実習	56	クリスマス		
		前　　菜	ヒラメのマリネ（mariné de turbot；仏）	198
		スープ	コンソメ ド ノエル（consommé de Noël；仏）	198
		肉料理	ロースト チキン（roast chicken；英）	199
		サラダ	クルミのサラダ（salade au noix；仏）	200
		デザート	ブッシュ ド ノエル（buche de Noël；仏）	200
		飲　　物	コーヒー（coffee；英）	201

実習	57	お祝い事（和風献立）	
		赤飯	202
		桜の花の吸い物	202
		タイの平づくり	203
		炊き合わせ（エビ, 長イモ, ミツバ）	203
		タイの木の芽焼き	204
		貝とキュウリの黄身酢和え	204

実習 58　お祝い事（洋風献立 －ディナーまたはビュッフェ スタイルで－）

前　菜	カナッペ（canapé；仏）	
	（オイル サーディン，スモーク サーモン，卵，キャビア，アボカド）	
	カニのカクテル（cocktail de crabe；仏）	205
スープ	キャロット スープ（potage crecy；仏）	206
魚料理	魚介のコキール（coquille；仏）	207
肉料理	ロースト ビーフ（roast beef；英）	208
サラダ	パスタ サラダ，グリーン サラダ（ソース2種）	208
デザート	デコレーション ケーキ，アイスクリーム	209
フルーツ	メロン	211
パン	フランスパン	211
飲物	コーヒー	211

実習 59　お盆（精進料理・本膳料理・二汁五菜）

本　膳	汁（しる）　合せみそ仕立て，トウガン，貝割り菜	
	膾（なます）　炒めなます	
	坪（つぼ）　ゴマ豆腐	
	香の物（こうのもの）　ナスとキュウリのぬか漬け	212
二の膳	二の汁（にのしる）　ゆばとハスイモのすまし汁	
	平（ひら）　飛竜頭，シイタケ，サヤインゲン	
	猪口（ちょく）　枝豆とズイキの白酢和え	214
焼き物膳	焼き物（やきもの）　レンコンの蒲焼き	216

実習 60　その他の行事

人日の節句	七草がゆ	217
鏡開き	汁粉	217
小正月	小豆がゆ	217
節分	煎り豆，イワシの塩焼き	218
初午	いなりずし，畑菜のからし和え	218
お彼岸	ぼたもち，おはぎ	218
お月見	お月見だんご，衣かつぎ	219
冬至	カボチャのいとこ煮	219

付　録

付録 1	肉の部位とそれに適した料理	222
付録 2	煮だし汁の取り方	223
付録 3	中国料理の調味料・香辛料，野菜	224
付録 4	チーズの種類と料理適性	225

参　考　文　献

索　引

本書の使用にあたって

献立について
・大学での実習1回分，また家庭での1回の食事に相当するように献立を立てているが，料理数は各自の事情に合わせて増減するとよい．

料理名について
・中国料理の読み方は，中国標準語の発音に近いように心がけたつもりである．
・西洋料理の料理名は英語（英），フランス語（仏）などで示している．
・各国料理については，日本でなじみのある料理名を示した．

材料表示について
・**しょう油**は"濃口しょう油"を示し，薄口しょう油の場合は別に表示した．
・中国料理において"**ネギ**"とあるのは，根深ネギ（長ネギ，白ネギ）のことである．"葉ネギ"の場合は別に表示した．
・**小麦粉**は"薄力粉"を示し，区別する必要がある場合は"薄力粉"，"中力粉"，"強力粉"と表示した．

分量と栄養価計算について
・分量は原則として1人分を可食部の重量（g）で示した．また，調味料など一部に容量表示をしているものもあるが，これは，つくる分量によっては，体積のほうが計測しやすい場合もあるためである．
・菓子などでは，個数や"**焼き型○個分**"などと表示しているものもある．また，1回に調理するのに適当な量や割合で表示している場合がある．
・容量の表示で"**大**"は大さじ（15 ml），"**小**"は小さじ（5 ml）のことである．それぞれすり切りで測る．
・"**栄養価記入欄（1人分）**"については，「日本食品標準成分表2010」（文部科学省科学技術・学術審議会資源調査分科会）を用い，可食量（可食部重量）について計算し，記入する．実際の摂取栄養量に近似するようにするため，漬け汁や煮汁の口に入る量，揚げ物の吸油量，ドレッシングの油付着量は，「調理のベーシックデータ」（女子栄養大学出版部）などを参考にするとよい．

調味について
・西洋料理では有塩バターを使用する場合が多いので，塩分量は全体に控えめにしている．**無塩バター**を使用する場合は調整していただきたい．

オーブンについて
・原則として家庭用ガスオーブンを使用する場合の温度・時間を表示しているが，豊富な機種が出回っている現状では，各自のオーブンの"くせ"を見きわめ，調節していただきたい．

説明と学習課題について
・ポイント"！"を付記して，その料理に関する調理学，食品学，栄養学や食文化的な理解を深められるようにしている．
・各実習に"**調べてみよう！**"を示している．実習で学んだ知識の理解をさらに深めるための自主学習として利用していただきたい．

第1章

(* ── 調 理 の 基 本 ── *)

section 1・1 実習時の衛生管理

　調理実習において衛生管理は，衛生的に安全な食物をつくり，安心しておいしく供するために重要である．栄養士・管理栄養士にとって，給食施設での衛生管理は大事な責務のため，調理実習を通して衛生的な自己管理能力を身につけておきたい．

1　日常の健康管理

　常に健康な状態で実習に臨めるよう，ふだんから健康管理に気をつける．腹痛，発熱，下痢および手指の化膿などの健康障害があるときは，感染症や食中毒発生のおそれがあるため，調理作業をしてはいけない．

2　実習中の自己衛生管理

① 不要な荷物はロッカーに入れ，実習室に持ち込まない．実習室専用の履物を着用する．
② エプロン，帽子，手ふき用タオルは毎回洗濯して，清潔なものを用意する．着用の順は，頭髪やフケが食物に混入しないように，まずネットで頭髪をまとめて帽子を着け，その後にエプロンを身に着ける．
③ 爪は短く切って，マニキュアは除く．指輪・時計は，はずす．
④ 正しい手洗いを実行する．まず手は水でよく濡らし，石けんで指の間や指先をていねいに洗う（1分程度）．石けんをよく洗い流し，清潔なタオルなどでふいて乾かした後，アルコール スプレーをし，30秒おく．
⑤ 実習中トイレに行くときは，エプロンや帽子を取り，履物を履き替えて行く．実習室にもどったら，再度ていねいに手を洗う．

3　食材や調理に関する衛生管理

① 野菜・果物類は，流水でごみなどの夾雑物を除き，害虫・農薬などの有害物は振り洗いして除く．
② 切り身・むき身以外の魚介類は，流水で手早く洗う．とくに夏場は腸炎ビブリオ菌が多く付着しているので，よく洗い流す．
③ 調理時の加熱は，食品内部の温度が細菌の殺菌温度に達するよう，充分に行なう．
④ 盛り付けは菜箸を使用する．手は使わない．菜箸は使うたびに洗って清潔な状態で用いる．
⑤ 生食する魚介類は，使用直前まで冷蔵庫に入れておく．
⑥ 加熱調理する肉・魚介類は下処理した後，使用直前まで冷蔵庫に入れておき，火のそばに置いたりしない．

4　調理器具や設備に関する衛生管理

① まな板は，野菜用，肉・魚（生食・加熱）用に区別し，専用まな板として使用する．
② まな板は使う前に洗って，水気をふきんでふき取る．調理中は濡れぶきんを活用して水分をふきながら使用し，汚れれば，必要に応じて洗剤を使い，清潔に用いる．

③ まな板の上で切った食品は置いたままにせず，専用の器に移す．
④ 肉・魚介類を扱った場合，まな板は，たわしを使って洗剤で汚れをよく落とし，ぬるま湯でていねいに洗う．包丁，菜箸，手指もよく洗う．肉・魚介類を扱った手では生食調理をしない．
⑤ ふきんと台ぶきんは区別し，共用しない．
⑥ だしをこしたり，果汁を搾ったりする場合は，専用のふきんを用いる．
⑦ 鍋や食器などの器具類は，使用後，きれいに洗って水気をよくふき取ってから収納する．
⑧ シンク・調理台は，常に整理整頓しながら，きれいな状態で使用する．調理台の上には不要なものは置かない．
⑨ 冷蔵庫に食品や調理したものを出し入れするときは，汁や水分がこぼれないよう扱う．
⑩ 実習終了時，室内は清掃・整理を行なう．

section 1・2　調理の基本操作

1　計 量

　重量の測定には計量秤（はかり）を用いる．秤には，測定可能な最大値（たとえば1 kg）と最小値（感量と呼ぶ．たとえば5 g）とがある．最小値以下の量は秤では量れない．0点を合わせて使用する．
　容量で量る方法として，計量スプーンやカップ（**図1・1**）が用いられる．見かけの体積は，調味料の比重や粒子の大きさ，空気の含み具合で違うため，重量と必ずしも同一でない．量り方による誤差が大きいので，正確に量らなければならない．
　粉類の場合，山盛りに入れた後，へらで表面を平らにすり切るとよい（**図1・2**）．液体の場合，表面張力で液体が盛り上がるくらいに，内径を満たすように入れる．　わずかな量のとき，"少々"とか"ひとつまみ"と示す場合がある．**少々**とは，親指と人差し指でつまんだ量くらいで，**ひとつまみ**とは，親指，人差し指，中指の3本の指でつまんだ量である．
　容量と重量との関係（**表1・1**）を確かめ，覚えておくとよい．

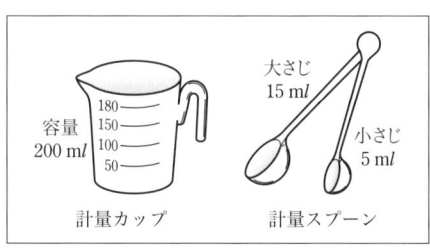

図1・1　計量カップと計量スプーン

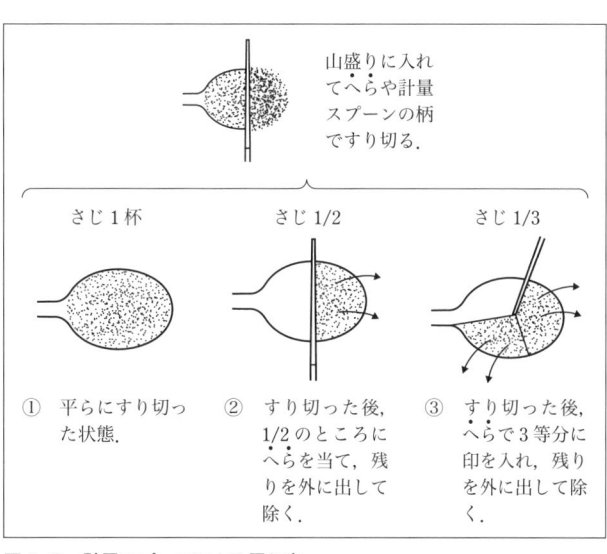

図1・2　計量スプーンによる量り方

表 1・1 計量カップ，スプーンによる食品の重量（g）

種　類	小さじ （5 ml）	大さじ （15 ml）	カップ （200 ml）
水・酢・酒	5	15	200
しょう油	6	18	230
みりん	6	18	230
みそ	6	18	230
食塩（精製塩）	6	18	230
上白糖	3	9	130
グラニュー糖	4	12	180
小麦粉	3	9	110
かたくり粉	3	9	130
マヨネーズ	4	12	190
トマト ケチャップ	5	15	230
油・バター	4	12	180
ゴマ	3	9	120
粉ゼラチン	3	9	130
ベーキング パウダ	4	12	150
精白米	—	—	170
無洗米	—	—	180

〔注〕　スプーンの形状によって重量が異なる場合もある．

2　切　　断

　材料を切る目的としては，① 不可食部分を除去する，② 食べやすくする，③ 材料の表面積を大きくして，火の通りをよくする，味を浸透しやすくする，④ 外観を美しくする，⑤ 配分する，などがあげられる．用途に適した切り方が求められる．

　切り方の基本を図 1・3 に，包丁の各部位の名称と用途を図 1・4 に示す．包丁は単に切るだけでなく，剥皮（はくひ），破断，混捏（こんねつ）などにも使うもので，その種類は洋包丁と和包丁（菜切り，刺し身，出刃など）に大別される（表 1・2）．刃の長さ（刃渡り）は 20 cm くらいが使いやすく，短すぎると使いにくい．包丁の材質には鋼（はがね），ステンレスがあり，鋼はステンレスに比べて切れ味はよいが，さびやすい．

　包丁の正しい持ち方を図 1・5 に示す．しっかり握ることが，力がよく入り，安全性のうえでも肝心である．

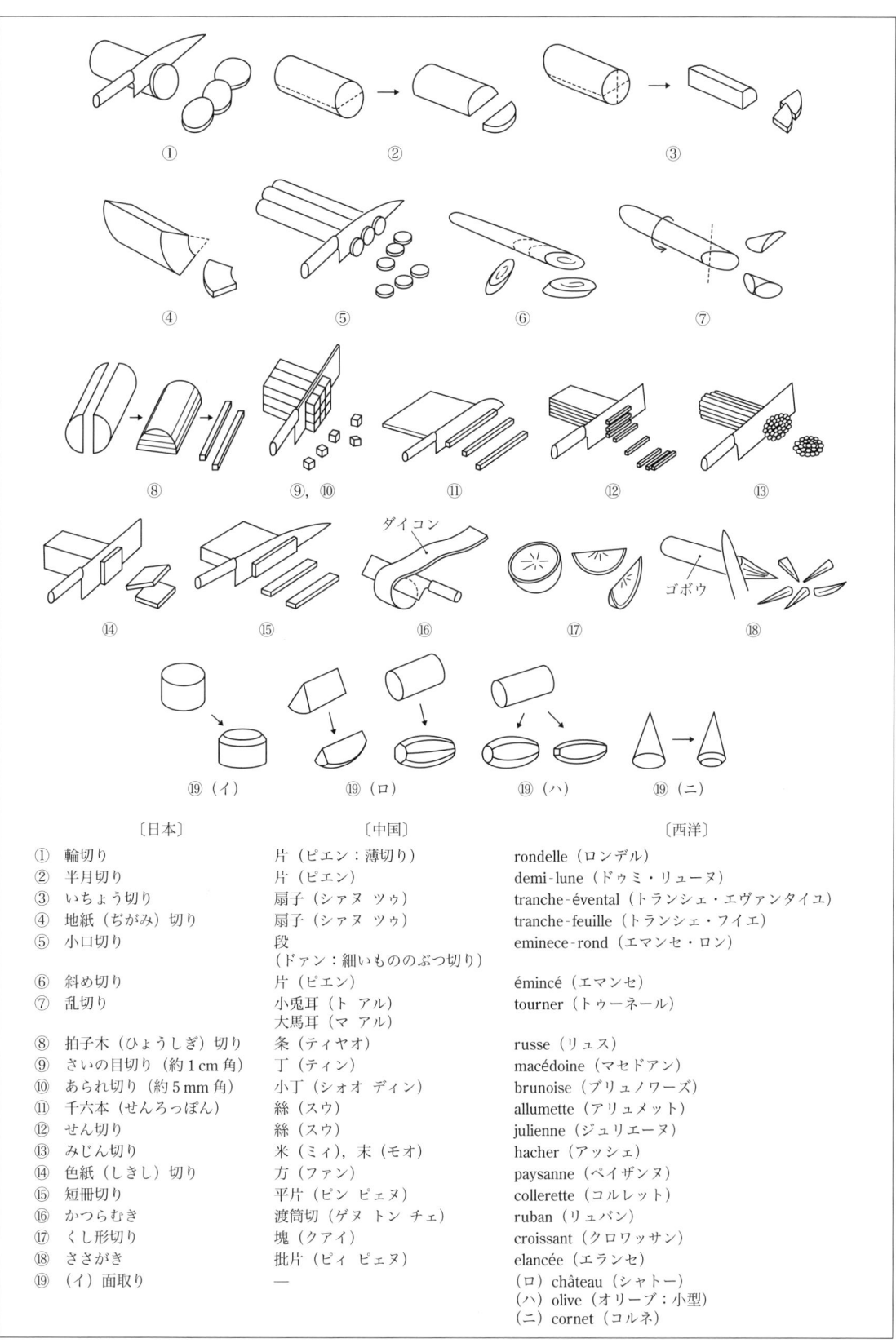

図1·3 切り方のいろいろ

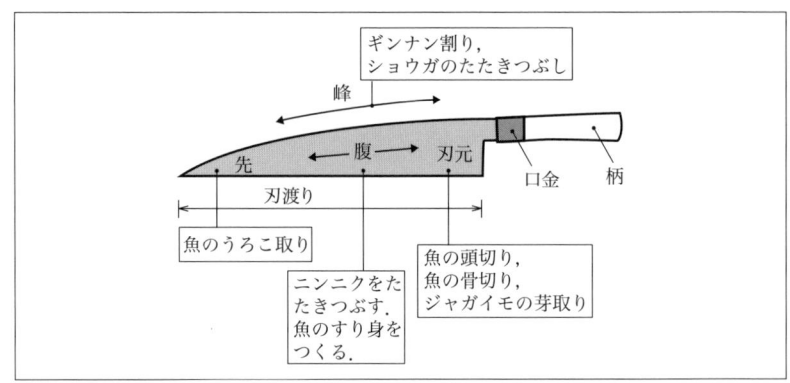

図1・4 包丁の部位の名称と用途

表1・2 包丁の種類, 適性と用途

種類		刃先 両刃	刃先 片刃	適性と用途	刃渡り (cm)
和包丁	菜切り	○		野菜を刻む.	12～16.5
	薄刃		○	カボチャ, ダイコンなど硬いものを切る.	15～17
	出刃		○	骨, 頭付きの大きい魚, 鶏の首.	11～24
	たこ引き(刺し身)		○	刺し身	21～33
	柳刃		○	刺し身, 魚の三枚おろし.	21～33
	三徳	○		野菜, 骨付き魚, 魚の三枚おろし.	17
洋包丁	牛刀	○		肉・野菜	18～27
	ペティナイフ	○		小さな細工切り.	11～12

> **包丁を扱うときの正しい姿勢**
> ① 体の右側を少し後ろにして斜めに立ち, 足は自然に, 開き加減にする.
> ② 体をまな板から握りこぶし一つ分くらい離す.

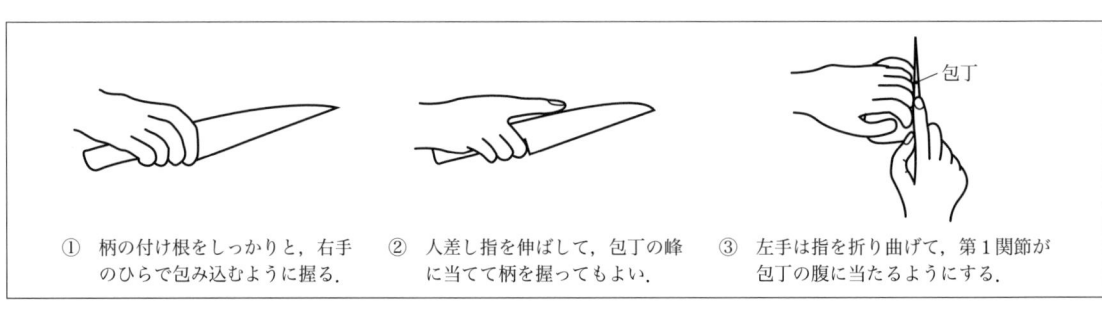

図1・5 正しい包丁の握り方 (右利きの場合)

第2章

基本手法

section 2・1 基本手法のいろいろ

1 汁物と炊飯の基本手法

(1) 汁物

(i) 汁物の構成と種類

汁物は，日本料理の基本となる料理の一つであり，ほかの料理に先立って味わうものである．彩りや香りによって食欲を喚起し，また，口を湿らせて食べやすくする．

表2・1，表2・2にそれぞれ汁物の構成，種類を示す．

表2・1 汁物の構成

煮だし汁	うま味成分を多くもつ食品から，うま味成分を抽出した汁（1椀約150 ml）．
椀種	実の中心となるもの．おもに魚介類，卵類，ダイズ製品などのタンパク質性食品が用いられる（1椀約30〜40 g）．
椀づま	実の添え物，色の取り合わせや季節を考える．野菜類，きのこ類，藻類などが用いられる．
吸い口	椀づまとの取り合わせを考え，季節のもので香りのよいものを用いる．木の芽，フキノトウ，ミョウガ，ユズ，針ショウガ，粉サンショウ，溶きガラシなど．

表2・2 汁物の種類

澄んだ汁	すまし汁	もっとも一般的な汁物で，煮だし汁に塩としょう油で調味したもの．
	潮汁	新鮮な魚介類（ハマグリ，タイなど）のうま味を煮出し，塩で調味したもの．
デンプンで濃度をつけた汁	吉野汁	くず粉やかたくり粉などで汁に濃度をつけたり，椀種にくず粉をまぶしたりする．
	かきたま汁	汁にとろみをつけた後，溶き卵を糸状に流し入れたもの．
濁った汁	みそ汁	みそで調味したもの．みその種類によって特徴を生かした仕立て方がある．
	粕汁	塩ザケ，ブリ，野菜などを煮込み，酒粕とみそで仕上げたもの．
	すり流し汁	魚介類やエンドウマメなどをよくすって煮だし汁でのばしたもの．
	呉汁（ごじる）	ダイズをすりつぶして煮だし汁でのばし，みそで仕上げたもの．
	とろろ汁	ヤマイモをすって，濃い目に味付けしたすまし汁でのばしたもの．
実の多い汁	さつま汁	鶏肉または豚肉，ダイコン，ニンジン，ゴボウ，シイタケなどが入ったみそ汁．
	のっぺい汁	具だくさんの汁に，かたくり粉で薄く濃度をつけたもの．
	けんちん汁	くずした豆腐をおもに，ニンジン，ゴボウ，シイタケなどの材料を炒めて加え，塩としょう油で調味したもの．

(ii) 煮だし汁について

汁物は，うま味成分を多くもつ食品を水に浸漬したり，さらにそれを加熱することによって，そのうま味成分を抽出した汁，つまり煮だし汁を主体とする調理である．ゆえに，うま味成分を効率よく，さらに雑味のないように抽出することが重要となる．その方法については p.202，**付録2**に示す．

おもなうま味成分には，イノシン酸（カツオだしなど），L-グルタミン酸

（昆布だしなど），グアニル酸（干しシイタケなど），コハク酸（貝類など）などがある．L-グルタミン酸は，イノシン酸やグアニル酸と混合されることで，著しく調味効果が増大する（**味の相乗効果**）．

■（2） 炊　飯

炊飯は，含水量約15％の米に水を加えて加熱し，水分60％くらいの飯にする調理過程で，洗米，浸漬，加熱の3段階がある．そのおもな目的は，米デンプンの完全糊化である．

（i） 水加減

一般に米の重量の1.5倍の加水量とし，米の種類，新古，搗（とう）精度，炊飯量，炊飯器の種類により加減する（新米では重量の1.3～1.4倍）．

（ii） 浸漬

加熱中の糊化を充分に行なうためには，米粒の中心部までよく吸水させておくことが必要である．米の飽和吸水量（25～30％）を得るには，夏（水温26℃）で30分，冬（同5～6℃）で1.5時間かかるといわれている．

（iii） 加熱

加熱は次のように行なわれる（図2・1）．

> **搗（とう）精度**
> 玄米から外皮や胚芽を取り除くことを搗精といい，その度合いのこと．50％取り除いたものを半つき米，ほとんど取り除いたものを精白米という．搗精がすすむと，ビタミンB_1や食物繊維は減少する．

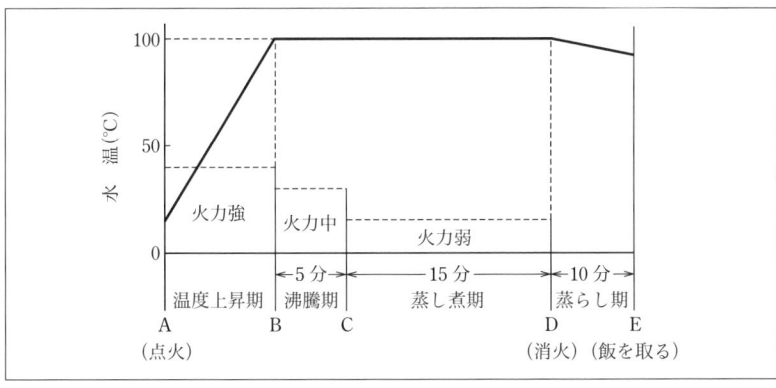

図2・1　ガスによる炊飯
（山崎清子ほか：新版 調理と理論，同文書院，2008）

① **温度上昇期**　内部が沸騰するまでの時期．米の量，水温，火力などにより異なるが，一般に10～15分程度がよい．水温の上昇にともなって米は吸水し始め，60～65℃で米の外側のデンプンから糊化が始まる．
② **沸騰期**　沸騰し始めたら，沸騰が持続される程度に火力を調節する．米の吸水，膨潤，糊化が進んで，米粒に粘りが出る．遊離の水分は，沸騰しながら米粒間を上下し，この時期は煮る操作過程ともいえる．
③ **蒸らし期**　火を止めた後，できるだけ高温で10～15分放置する．米粒の表面に残っている水分が米粒内部に完全に吸収され，米粒中心部の糊化が完了し，ふっくらと仕上がる．

古くからある炊飯のことわざ**始めチョロチョロ，中パッパ，ブツブツいうころ火を引いて，ひとにぎりのわら燃やし，赤子泣くとも蓋取るな**は，加熱の要点を見事にまとめている．

近年は，高圧をかけることで沸点を100℃以上に上昇させ，短時間で炊き上げることのできる炊飯器が出回っている．

（3） 味付け飯

味付け飯の種類を**表2・3**に示す．

表2・3 味付け飯の種類

種類	名称	添加材料	添加材料の米に対する割合	水加減	調味料
塩味飯	豆飯	エンドウマメ	米の重量の30%	米の容量の1.2倍 米の重量の1.5倍	塩：水の1%
	栗飯	栗	30～40%		
	菜飯	カブの葉など	15%		
	ダイズ飯	ダイズ	10～15%		
しょう油味飯	桜飯	なし	―	米の容量の1.2倍 その中から液体調味料の分を差し引く．	しょう油：2.5% 塩：0.5% 酒：5% いずれも調味料を差し引く前の水に対する割合
	タケノコ飯	ゆでタケノコ	40～50%		
	キノコ飯	マツタケなど	30～40%		
	カキ飯	カキ（牡蠣）	40～50%		
油脂味をつけた塩味飯	バターライス	なし．またはタマネギのみじん切り．	20%	米の容量の1～1.1倍	塩：水の1% バター：米の5% コショウ少々
	ピラフ	タマネギ, 貝類, エビ, 鶏肉, ハムなど．	40～50%		塩：水の1～1.2% 添加材料をバターで炒め，塩味をつける コショウ少々
すし飯	巻きずし にぎりずし いなりずし ちらしずし	水加減：米の容量の1.1倍 合わせ酢の配合割合 　米の容量に対して　酢：10～12%　塩：1.2～2%　砂糖：2～4% 　すしの種類によって若干変える．生魚などを用いるときは砂糖を控え，いなりずしやちらしずしの場合は多くする．
（参考）	赤飯	ササゲまたはアズキ	もち米の重量の15%	浸漬時の吸水とふり水による．	ふり水を1.5%くらいの食塩水にするか，供するときにゴマ塩をかける．

2　煮物の基本手法

煮るとは，調味料の入った煮汁の中で加熱と調味をする調理法である．

（1） 煮物の特徴

① 加熱温度は常圧では100℃が上限となる．
② 食品は煮汁の対流によって熱を受け，また食品の外側から内側へ熱が伝導する．
③ 食品中の水溶性成分が煮汁に溶出する．
④ 複数の食品をいっしょに煮ることで，成分，味，香りが交流する．

調味料の割合の目安を**表2・4**に示したが，鮮度の良し悪しや季節により増減が必要である．

表2・4 材料別による煮物の調味料の割合（重量に対する%）

食品		食品の水分	煮だし汁または水の量	調味料					備考
					砂糖	塩	しょう油	その他	
魚類		70～80	20		0～3	—	8～12	酒5	
葉菜類		92～97	0～10		0～3	1	3		
イモ類		70～80	30～50	a	0～5	—	8	—	洋風の場合はコショウを併用する.
				b	—	1.5	—		
				c	—	1	3		
根菜類		79～96	30～50	a	5～10	1.5	—	—	洋風の場合はコショウやバターを併用する.
				b	5～10	—	8		
				c	—	1.5	—	酢10	
肉類	軟	65～74	0～20		0～5	—	8～12	酒5	
	硬		30～50		—	1.5			
豆類（乾）		13～16	あらかじめ浸漬後200		30～35	0.8	(4)	—	あらかじめ浸漬してから加熱する.
乾物*	かんぴょう	20	30		10～15	—	10～15	—	ゆでてもどす（7倍になる）
	シイタケ	10	50		10～15	—	10～15	—	ぬるま湯に浸す（5倍になる）
	高野豆腐	8	80～100		7～10	1	3	—	湯でもどす（6倍になる）

* 乾物は吸水したものの重量に対する%を示す．備考にそのもどし方と，もどしたときに元の重量の何倍になるかを示す（山崎清子ほか：新版 調理と理論，同文書院，2008 より改変）

表2・5 煮物の種類とその調理法

種類		調理法	例
煮方の違い	煮汁をほとんど残さないように煮る.	煮つけ	煮汁を少なくし，短時間で煮上げる.	魚類一般
		煮しめ	じっくり味をしみ込ませ，煮汁を少なく煮上げる.	根菜類
		うま煮	甘辛く濃い味に仕上げる.	野菜，魚介類，肉など
		照り煮	砂糖やしょう油の煮汁を煮詰めて味を濃くし，照りを出す.	ごまめ，シイタケなど
		煎（い）り煮	少量の煮汁でかくはんしながら煮上げる.	うの花，でんぶ，煎り卵など
	煮汁を多くして煮る.	含め煮	薄味でたっぷりの煮汁で，ゆっくり味を含ませる.	高野豆腐，イモ類など
		煮込み	たっぷりの煮汁で，比較的大切りの材料を長時間煮る.	おでん，シチューなど
	煮る前に炒めたりゆでたりする.	炒め煮	油で炒めてから，だし汁・調味料を加えて短時間で煮る.	きんぴら，ヒジキ，炒り鶏など
		煮浸し	ゆでた材料を薄味でたっぷりの煮汁でさっと煮る.	青菜
調味料などの違い		砂糖煮	砂糖を主体とした味付けで煮る.	サツマイモ，豆類，栗など
		酢煮	酸味を主体として煮る.	ウド，レンコン，ゴボウなど
		みそ煮	みそ味を主体として煮る.	青背の魚類など
		白煮・青煮	塩・砂糖で，食品の色を生かして煮る.	レンコン，ウド，フキなど
		くず煮	煮汁にデンプンを加えてとろみをつけ，材料にからめる.	トウガン（冬瓜），タイ，鶏肉など（吉野煮ともいう）

(2) 煮物のポイント

(i) 鍋の選択
鍋の大きさや材質，深さは，材料や調理法により適当なものを選ぶ．魚は浅鍋を使うことで臭みを放散させ，また煮崩れを防ぐ．煮込み料理は，厚手の鍋を使うことで焦げつきを防ぐ．

(ii) 煮汁の量
一般的には，材料が浸るだけの煮汁量（**ひたひた**）となるが，煮つけや煮しめで30〜50%，含め煮で100〜120%，長く煮込む場合で200%が目安となる．

> ⚠ **ひたひた**
> 材料がほんの少し水面から出るくらいの水量のこと．なお，**かぶるくらいの水**とは，材料がぎりぎり水面に沈む水量．

(iii) 落とし蓋
鍋よりもひとまわり小さい蓋を，材料の上に直接置いて，沸騰したとき，少ない煮汁でも材料の上部までよくかぶるようにして味の浸透を助けるとともに，材料が踊って煮崩れるのを防ぐ．ふつうは木蓋やステンレスの蓋を使うが，和紙，パラフィン紙，アルミ箔を使ってもよい．

(iv) 材料の下処理
切り方
① **大きさ** 食べやすさ，加熱時間を考えて大きさを決める．
② **隠し包丁** 目立たないところに切り込みを入れ，火の通りや味のしみ込みをよくする．
③ **面取り** 切った野菜（イモ類，ダイコン，カボチャなど）の角を薄くそぎ取って丸みをつけることで表面積を広くし，火の通りや味のしみ込みをよくする．また，角ばったところを落とすので，煮崩れしにくくなる．
④ その他，乱切り，斜め切りなども，表面積を広くし，火の通りや味のしみ込みをよくするが，煮崩れしやすい食品には向かない．こんにゃくは，手でちぎることで味のしみ込みがよくなる．

浸漬
① **もどす** 高野豆腐や干しシイタケ，切り干しダイコンなど，乾燥食品に対して，吸水，膨潤，軟化を目的に水などに浸漬する．
② **あく抜き** ナス，ゴボウ，ワラビなどに多く含まれる不味（ふみ）成分を抽出する．
③ **褐変の防止** レンコン，ゴボウ，リンゴなど，組織中の酸化酵素が空気に触れることで褐変するが，その防止のために，水や薄い食塩水に浸漬しておく．
④ **砂出し** アサリ，ハマグリ，シジミなどの貝類は，食塩水や水に浸けて，砂を吐かせておく．
⑤ **塩出し** 塩ザケなど塩蔵食品は，水に浸けて塩分を浸出させる．

下ゆで
材料の軟化やあく抜きなどを目的に下ゆでする（p.21, **ゆでる操作について**参照）．

(v) 調味料添加の順序
材料を煮て軟らかくなってから調味する場合と，調味料を最初から加えて煮る場合がある．調味する順序は，**サシスセソ**で表現される．砂糖，塩，酢，しょう油，みそのことであるが，これは，分子量の大きい砂糖は，食塩に比べて浸透が遅いため，食塩より先に添加すること，酢，しょう油，みそは，その独特の香りが損なわれないように後で加えるほうがよいことを示している．また，食塩中に含まれるマグネシウムやカルシウムが，食品組織を硬くすることから，砂糖の浸透を妨げるともいわれている．しかし，この順序は，料理によって異なり，決定的なものではない．

（iv） 火加減

一般に沸騰するまでは強火とし，その後は静かに，沸騰が続く程度に火を弱める．魚類は，煮汁を沸騰させたところで加え，タンパク質の熱凝固によってうま味を逃さないようにする．イモ，豆，根菜類は，最初から煮汁とともに中火にかけ，ゆっくりと煮る．また，火を止めてからも，余熱で味は浸透していく．

3　蒸し物の基本手法

蒸すとは，水蒸気によって加熱することで，水蒸気が食品に触れて水にもどるときに放出する熱を利用した調理法である．

(1)　蒸し物の特徴

① 食品をまんべんなく加熱することができるために，食品を動かす必要がなく，形が崩れにくい．
② 煮物に比べて水溶性成分の損失が少ない．
③ 水分の少ない食品（穀類など）では水分が増加し，水分の多い食品（魚介類・葉菜類など）では脂肪や水分，その他の水溶性成分が溶出する．
④ 液状のものも容器に入れて加熱できる．
⑤ 加熱中に調味することができない．

表2·6　加熱条件による蒸し方の分類

加熱条件	目的	おもな材料	調理例
高温（100℃）を持続．	タンパク質の変性やデンプンの糊化など，食品成分の状態変化や加熱殺菌．	小麦粉 イモ類 魚介類，肉類	蒸しパン，まんじゅう 蒸しイモ かまぼこ，蒸し鶏
高温（100℃）を持続しながら補水を行なう．	デンプンの糊化に必要な水分をふり水で補う．	もち米	強飯（こわめし）
低温（80～90℃）を持続．	タンパク質を含む液の凝固．	卵	茶碗蒸し，卵豆腐，カスタードプディング

表2·7　蒸し方の実際

方法		おもな材料	例	時間（分）
直接蒸し	材料を原形のままや大切り，あるいは成形し，中敷きを通して直接蒸気を当てる．	米類 粉類 イモ類 魚介類	赤飯，強飯 柏もち，だんご サツマイモ かまぼこ	30～50 10～60 20～40 15～30
間接蒸し	材料を調味したり，他の材料と混ぜ，器に入れて容器ごと蒸す．	米 卵 魚介類 肉類 野菜類	蒸しずし 茶碗蒸し，卵豆腐 けんちん蒸し，酒蒸し 蒸し鶏，じょうよ（薯蕷）蒸し カボチャ蒸し	10～15 25～35 13～20 10～13 20～25
汁蒸し	くせの少ない材料を，調味しただし汁とともに器蒸しにする．汁も食べる．	魚介類 肉類，野菜類	マツタケと白身魚の土びん蒸し 骨付き鶏肉とハクサイの蒸し煮	12～15 20～40

(2) 蒸し物のポイント

① **蒸し水の量**　蒸し器の水（湯）は中敷きの下7分目くらいとし，沸騰しても材料の下部に湯が触れないようする．
② **食品を入れるタイミング**　蒸気が充分に上がってから入れる．温度が充分に上がっていない状態で食品を入れると，蒸気が水滴となって食品につくため，水っぽくなる．
③ **湯の補給**　長時間蒸すときには，途中，湯の補給が必要となるが，必ず熱湯を補給し，器内の温度を下げないようにする．
④ **滴の落下防止（露止め）**　乾いたふきんを蓋の下にはさむ．
⑤ **温度管理**　器内の温度が100℃になり，食品を入れて再び蒸気が上がってくるまで強火にする．蒸気が上がれば，火力の調節と蓋の開閉により，適温を保つ．

(3) 希釈卵液の蒸し物

蒸し物の代表である卵について，以下に述べる．
① 型から出して供するものは，卵の濃度を高くする．
② 食塩，牛乳の無機質（Na^+，Ca^+）は，卵タンパク質の加熱変性を促進する．逆に砂糖は，卵タンパク質の凝固温度を高め，熱変性を遅らせるとともに，硬度を低下させる．
③ 希釈卵液を均一に凝固させるには，温度と時間の管理が必要である．低温（85～90℃）で蒸すと性状のよいものができるが，長時間（15～30分）かかる．高温（95～100℃）で蒸すと，"す"ができやすく，離漿も多くなる．

表2・8　卵の希釈度

希釈液	卵1に対する割合	調理例
煮だし汁	1～2	卵豆腐，ロワイヤル
煮だし汁	3～4	茶碗蒸し，小田巻き蒸し
牛乳	2～3	カスタード プディング

4　焼き物の基本手法

焼くとは，熱源からの放射熱を直接食品に当てて加熱したり，鉄板や鍋など中間体からの伝導熱の利用や天火による対流熱の利用など，間接的に加熱したりする調理法である．

(1) 焼き物の特徴

① 食品表面の温度は150～300℃という高温になる．
② 高温で加熱されることで水分が減少し，味が濃縮される．
③ アミノーカルボニル反応が起こり，適度な焦げ色と香ばしい香りによって嗜好性が高まる．
④ 食品の表面と内部で温度勾配が大きい．
⑤ 温度調節がむずかしい．

表 2・9 焼き物の種類

	特徴	種類	
直火焼き	① ガス，炭火，電気，赤外線の熱源から発する**放射熱**を直接食品に伝える． ② 表面と内部との**温度勾配が大きく**，長時間の加熱が必要な固い食品や，水を加えなければ糊化しにくいデンプン性食品には向かない． ③ **熱効率が悪い**．	串焼き 網焼き 機械焼き	素焼き
			塩焼き
			つけ焼き
			照り焼き
			幽庵焼き
			田楽
間接焼き	① 中間体として，金属板などの熱媒体を用いる．熱伝達は**伝導熱**，**放射熱**，**対流熱**による． ② 直火焼きに比べて**温度勾配が小さい**． ③ 火力が一定に保たれやすく，**熱効率がよい**．	天火焼き	
		板焼き	鉄板焼き
			ほうろく焼き
			石焼き

（2） 焼き物のポイント

（ⅰ） 火加減

比較的強火で焼くもの	魚介類，肉類などタンパク質性で水分 70～80％の食品． トーストやグラタンなど表面に焦げ目をつける目的のもの．
比較的弱火で焼くもの	ホットケーキ，イモ類などデンプン性食品． ノリ，ワカメ，干物魚など水分の少ない食品． 幽庵焼きや照り焼きなど調味料のついた食品．

（ⅱ） 強火の遠火

直火焼きでは，高温の火力を全体的に軟らかく均一に与えることが重要であるため，鉄弓を使って熱源からの距離を調節するとよい．

（ⅲ） 魚介類を焼く場合

① **加熱によるタンパク質の変化**　魚肉の基質タンパク質は，加熱によって 35～40℃になると変性し始め，40～45℃で弱化する．そのため，加熱初期は身が崩れやすく，触れたり，動かしたりしないほうがよい．

② **表四分に裏六分（おもてよんぶにうらろくぶ）**　魚は盛り付けたときに表（上）になるほうから焼き始め，きれいな焼き色がついたところで裏返し，内部は裏側から中火でじっくり焼く（時間をかけすぎると，身が硬くなり不味になるので，注意を要する）．

魚の表（おもて）とは，次のように決められている．

姿焼き（アジ，アユなど）		頭が左，腹が手前．
切り身	左右の幅が異なる場合（サケ，ブリなど）	背側の厚みのあるほうが左．
	一部皮付きの場合（タイなど）	皮目を向こう側に．
開き（ウナギ，ハモ，アナゴなど）		身側を表に（皮目が下）．

③ **食塩の効果**　身を締め，生臭みを取り，焼き上がりをよくする．
④ **串の打ち方**　図 2・2 に示す．

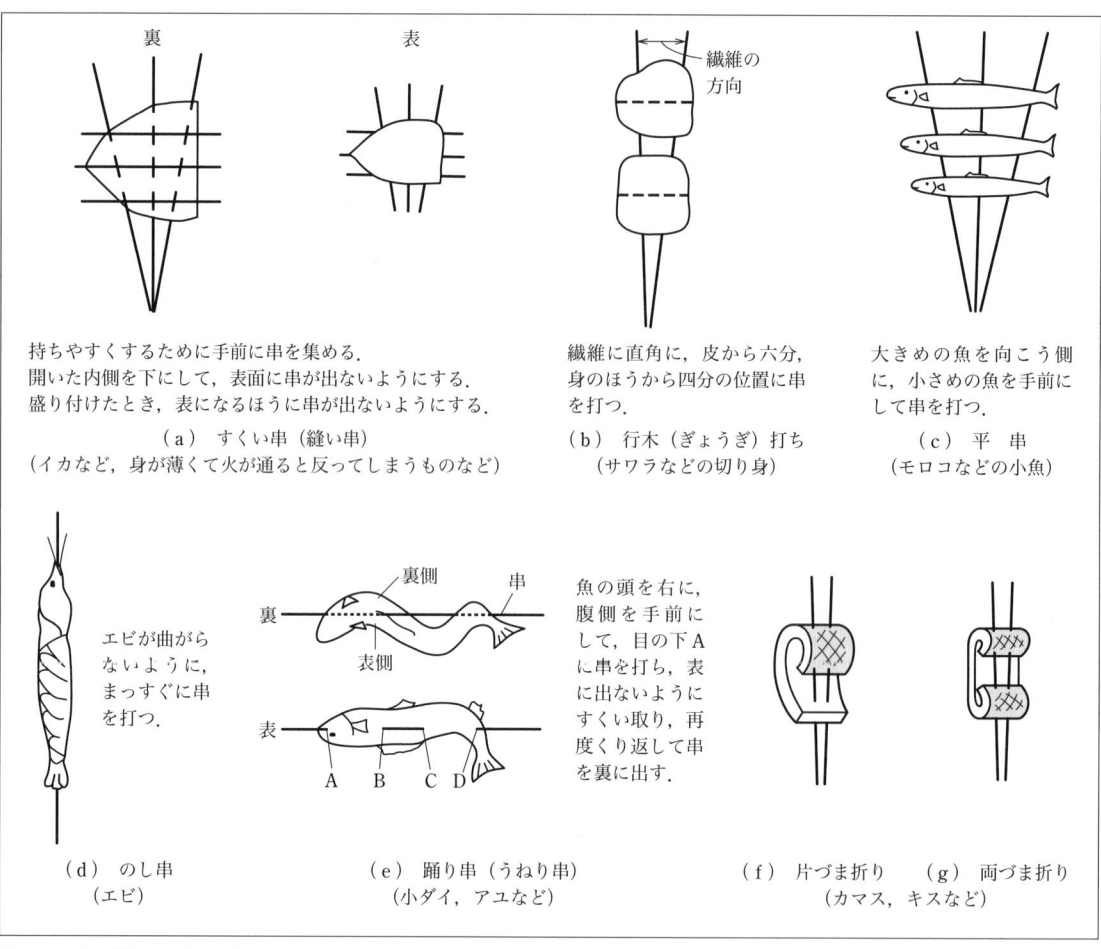

図2・2 魚介類の串の打ち方

(iv) 肉類を焼く場合
表面は高温でタンパク質を凝固させ，内部は中火で焼くのがよい．

(v) 鶏卵を焼く場合
① 厚焼き，薄焼きいずれについても，卵を入れるときの鍋の温度は160〜200℃くらいの高温としておく．
② 煮だし汁や牛乳，砂糖を加えることにより，卵が加熱凝固する温度を調節できる．

(vi) 熱凝着の防止
動物性タンパク質を串，鉄板，金網などで焼くと，タンパク質が金属に付着し，熱凝着を起こすが，次のような方法で防止できる．
① 鉄板や金網に油を塗っておく．
② 金属をあらかじめ熱して，瞬間的にタンパク質を変性させる．
③ 串を使用したときには，食品が熱いうちに串を回しておく．

(vii) 前盛り（あしらい）
焼き物に彩りや季節感を添えるとともに，味を引きたて，口の中をさっぱりさせて，次の料理を充分に味わえるようにする．右手前に置かれる．
ユズ，スダチ，ダイコンおろし，カブやウドの甘酢漬け，酢どりレンコン，杵ショウガ，筆ショウガ，ソラマメ，エダマメの塩ゆで，白ネギの素焼き，キンカン（金柑）の甘露煮，じゃばら（蛇腹）キュウリなど．

5　炒め物の基本手法

　炒めるとは，熱した鍋と少量の油によって高温・短時間加熱する操作で，焼くと揚げるとの中間的な加熱手法である．食品の表面は油の膜で覆われ，鍋底からの熱が油を通して食品に伝えられる．油脂は食品が鍋や鉄板に焦げつくことや食品相互の付着を防ぎ，油脂味は食味に加わる．炒め物の調味は表面にとどまり，内部へ拡散しにくい．
　炒め物の種類に，ソテー，炒め煮，炒め焼き，炒め揚げなどがある．

（1）　炒め物の特徴

① 熱の伝達はおもに伝導による．
② 高温・短時間の調理方法．
③ 食品の色や持ち味，栄養の損失が少ない．
④ 脂溶性ビタミン類の吸収率を高める．
⑤ 加熱途中に味付けが可能である．
⑥ 食品の適用範囲が広い．

（2）　炒め物のポイント

① 炒める前に鍋を充分に熱してから油脂を入れ，油脂が熱せられたところで材料を入れ，高温で絶えずかくはんして，焦がさず均一に加熱する．
② 炒める前の鍋の加熱は，食品の放水量や遊離油脂量を少なくするためにも有効である．
③ 材料は，熱の伝わり方を等しくするために，大きさをそろえて切る．火の通りにくいものは，ゆでたり，揚げておくとよい．また小さく切ったり，せん切りにする．
④ 炒め物に用いられる油脂は，植物油（サラダ油，ゴマ油，ダイズ油），ラード，バターなどがある．
⑤ 用いる油脂の量は，食品の種類や炒め操作によっても異なるが，仕上がりのときに油が残らない程度がよい．使用する油脂量は，水分の多い食品で食品重量の3～5％，油を吸収しやすいものは7～10％用いる．またバターやマーガリンは，水分を15％程度含むので，少し多めに用いる．

（3）　炒め物に使用する調理器具

① **種類**　炒め物に使用する鍋類は，中華鍋，フライパン，鉄板など，熱伝導がよく，温度変化の少ない材質で，厚手のものがよい．鉄製のフライパンや中華鍋は，温度上昇が速いので，強火加熱に向いている．油のしみ込みもよい．
② **材質**　近年は，特殊加工鍋として，フッ素樹脂加工仕上げのフライパンなどもある．これは耐熱性が高く，250℃での使用に耐える．非粘着性で焦げつきにくい．しかし，過度のから焼きは被膜が破壊されるので，注意を要する．また，使用後も傷をつけないようにクレンザー類で磨いたりしない．

6　揚げ物の基本手法

揚げるとは，多量の油脂の中で食品を加熱する操作である．油の中で食品を加熱することで，高温になった材料から水分が急速に蒸発し，代わりに油が吸収され，水と油の交代が起こる．油の吸着が食品にまろやかさと香味を出す．

(1) 揚げ物の特徴

① 短時間加熱のため，食品の形，風味が損なわれることがない．
② 食品の水分と油の交代が行なわれる．
③ 油脂の風味が加わり，衣の有無・種類によってテクスチャーに変化を与える．
④ 油は比熱が小さいので，食品を入れた場合，温度低下が速く，温度を一定に保つことがむずかしい．
⑤ 調味は加熱中にはできない．

次に，揚げ物の分類を**表2・10**に，揚げ物の適温を**表2・11**に，揚げ物の吸油率を**表2・12**に示す．

表2・10　揚げ物の分類

分　類		特　　　徴
素揚げ		材料に何もつけずにそのまま揚げたものをいう．
から揚げ		小麦粉，かたくり粉などのデンプンを用いたものをいう．
衣揚げ	天ぷら	小麦粉，卵，水を混ぜた衣をつけて揚げたものをいう．
	パン粉揚げ	小麦粉，卵，パン粉の順につけて揚げたものをいう．
	フリッター	小麦粉，卵黄，サラダ油，牛乳，泡立て卵白を混ぜた衣をつけて揚げたものをいう．
	変わり揚げ	小麦粉またはデンプンに卵白をつけ，さらに春雨，そうめん，道明寺粉，種実類などを用いるものをいう．

表2・11　揚げ物の適温

温度（℃）	食　品　名
140～160	青ジソの葉，シシトウガラシ，ノリ，そうめん
160～170	イモ類，レンコン，フリッター，ドーナツ
170～180	魚，イカ，エビ，一般的な揚げ物
180～190	揚出し豆腐，クルトン，コロッケ

表2・12　揚げ物の吸油率

種　類	吸油率（主となる材料の重量に対する割合）	調理の例（吸油率）
素揚げ	6～14	拍子木切りジャガイモ（6％），ナス（14％）
から揚げ	5～12	鶏肉（5％），ワカサギ（12％）
天ぷら	10～65	エビ（10％），かき揚げ（65％）
パン粉揚げ	12～20	豚ロース（13％），アジ（20％）
フリッター	5～7	バナナのフリッター（5％）
変わり揚げ	7～36	タラの春雨揚げ（36％）

(2) 揚げ方のポイント

① 利用する温度範囲は 140〜190℃.
② 材料の中心部に適度に火が通り，外側がカラリとした状態になる温度を設定する．
③ 一度に多量の揚げ物を投入しない（油の温度が大きく下がるため，水と油の交代が充分に行なわれない）．

(3) 油脂の劣化と保存

(ⅰ) 油脂の劣化の原因

油脂の劣化の原因は，次のように分類できる．

① **空気による酸化（自動酸化）** 植物油のように不飽和脂肪酸の多いものは，とくに空気酸化を受けやすい．これは新鮮な油で起こりやすく，空気中の酸素を吸収し，過酸化物をつくる．
② **光による酸化** 油脂を透明なびんなどに蓋をして保存していても，日光や紫外線に当たると酸化が起こる．
③ **金属の酸化促進作用** 金属の酸化促進作用は，銅＞鉄＞ステンレスの順で銅がもっとも強く，銅が溶けて出ると，他の金属に比べて毒性が強いので，鍋の材質に注意する．
④ **温度の影響** 上記の反応は温度が高いほど速くなり，揚げ物の温度ではかなり促進される．

(ⅱ) 油脂の保存方法と注意点

新しい油および使用した油の保存には，次のことに注意する必要がある．

① 油を開封した後には褐色びんに移し，空気との接触面積を小さくするため，できるだけびんの細口部分まで詰める．植物油には抗酸化剤が含まれているが，開封したり，一度加熱すると抗酸化剤は失われるので，使用した油には，この効果は少ない．
② 温度が低く，暗いところがよい．
③ 一度使用した油は，なるべく早くこして褐色びんに詰める．
④ 廃油の処理は，少量の場合は古新聞に吸収させて捨てるか，焼却する．

(4) 油脂の種類

① 揚げ物に使用される油脂は，植物性でリノール酸，オレイン酸などの不飽和脂肪酸の多いダイズ油，ナタネ油，コーン油，ゴマ油などが使用される．
② 動物脂では豚脂や牛脂が使用されるが，パルミチン酸やステアリン酸のような飽和脂肪酸が多い．
③ 固体脂は，揚げ上がりはよいが，冷めた場合は口ざわりが悪い．冷めてから食べる場合は，液体の油を用いるほうがよい．

7　和え物，酢の物，浸し物の基本手法

(1) 和え物について

　和え物とは，下ごしらえした材料に，これに適した和え衣をからませて，味の親和をはかる調理法である．和え衣は，する，すり混ぜる，裏ごす，合わせるなどの調理操作が多く用いられ，きめ細かく，なめらかな口ざわりとなる．
　和え物にはいろいろな食材が用いられる．その下処理には，次のようなものがある．
① 水分の多い野菜（ダイコン，ニンジン，キュウリ，ウドなど）を生で用いる場合は，適当な形に切ってから，塩をしてしばらく置き，さっと洗って，水気を切る．
② 魚を生で用いる場合は，塩でしめてから酢洗いする．
③ アオヤギ，ミル貝などは，霜降り程度にさっと熱湯を通しておく．

表2・13　和え物の種類と和え衣の材料および配合（具の重量に対する%）

種　類	おもな材料	塩	砂糖	その他
ゴマ和え	ゴマ 10	1.5	5	―
落花生和え	落花生 15	1.5	10	煮だし汁 5
クルミ和え	クルミ 15	1.5	10	煮だし汁 5
白和え	豆腐 50	1.5	10	白ゴマ 5〜10
白酢和え	豆腐 40〜50	1.5	10	酢 10, 白ゴマ 5〜10
酢みそ和え	みそ 20	―	5〜10	酢 10
ゴマ酢和え	ゴマ 5〜10	1.5	5〜10	酢 10
木の芽和え	白みそ 20, 木の芽 2	―	3〜5	―
うの花和え	うの花 20, 卵黄 10	1.5	5〜10	酢 10
おろし和え	ダイコンおろし 30〜50	1.5	5	酢 10
黄身酢和え	卵黄 10, デンプン 1	1.5	5	酢 10
ウニ和え	ウニ 3〜5, 卵黄 5	0.8	―	みりん 2
カラシ和え	カラシ 1	―	2	しょう油 8
マヨネーズ和え	マヨネーズ 15	1.0	0〜3	酢 3〜5

表2・14　調味酢の種類と配合（具の重量に対する%）

合わせ酢の種類	酢	塩	しょう油	みりん	砂糖	その他
二杯酢	10 10	 1.5	8 			
三杯酢	10 10 10	 0.8 1.5	8 4 	 1.5	10 5	
甘酢	10	1.5		10		
酢しょう油	10		6〜8	0〜5		
カラシ酢	三杯酢に混ぜ合わせる					カラシ 2
ワサビ酢						ワサビ 2
タデ酢						タデの葉 1〜2枚
吉野酢						デンプン 0.5

④ シイタケ，ニンジン，こんにゃく，しらたき，油揚げなど，味の付きにくい材料は，塩分1％，甘味2％程度で薄く味付けしておく．

具の調味は，衣よりやや薄味にし，加熱したものは冷ましておく．盛り付けは，冷ました具を供卓直前に衣と和える．

（2） 酢の物について

酢の物は，適した合わせ酢で下ごしらえした材料を調味したもので，材料の持ち味にさわやかな酸味と芳醇な香りを加える操作である．

（3） 浸し物について

浸し物とは，主として葉菜類をゆでて，調味料をかけるか浸したものである．または短時間煮て，その汁に浸しておくもの（煮浸し）もある．

（4） ゆでる操作について

和え物，酢の物，浸し物の調理の下処理の一つとして，ゆでる操作が多い．**ゆでる**とは，大量の水や沸騰水中で食品を加熱する操作である．ゆでる目的は大きく分けて，食品をそのまま食べる場合と下ごしらえの場合がある．前者にはエビ，カニ，タコ，そうめんなどで，後者には野菜類などがある．
① ゆで水は，水だけの場合と，塩と酢，重曹，小麦粉，ぬか（糠）などを用いる場合がある．
② ゆで時間や加熱温度は食品の種類による．

（i） ゆでることの特徴
① 対流によって熱が伝達される．
② 食品の周囲から均一に加熱される．
③ ゆで水は捨てることが多い．

（ii） ゆでることの目的
① 食品の組織の軟化によるテクスチャーの改善．
② 乾物の吸水・膨潤・軟化．
③ タンパク質の凝固．
④ デンプンの糊化．
⑤ 酵素活性の失活．
⑥ 不要成分の除去．
⑦ 色の保持または変化．
⑧ 殺菌

表2・15 ゆでる操作の目的とゆで水量

材料の種類	ゆでる操作の目的	ゆで水量	材料の種類	ゆでる操作の目的	ゆで水量
葉菜類	色の保持，組織軟化，あく抜き	5～6倍	卵類	熱凝固	食材が覆える程度
乾物	水分の付与	7～10倍	肉・魚類	不味成分の除去，成分の抽出	2～3倍
イモ類	組織の軟化	食材が覆える程度	麺類	吸水・膨潤，デンプンの糊化	6～10倍

（iii） 葉菜類を鮮緑色にゆでるポイント
① たっぷりの湯を使う．
② 高温で短時間処理を行なう．
③ 食塩を加える．
④ 蓋をしない．
⑤ ゆで終わったら冷水にさらす．

8 寄せ物の基本手法

ゼリー形成素材として，寒天，ゼラチン，カラギーナン，コンニャクマンナン，ペクチンの溶液など，デンプンの糊化液が冷えるとゲル化する性質を利用して，他の材料を混ぜ合わせて固める調理を寄せ物という．

次に，ゲル化剤の種類と調理性を**表 2・16**に，寄せ物の種類を**表 2・17**に示す．また，寒天・ゼラチンを用いたときの添加物の影響を**表 2・18**に示す．

表 2・16 ゲル化剤の種類と調理性

ゲル化剤の種類 性質および調理性	寒 天	カラギーナン	ゼラチン	デンプン
形 状	角状，糸状，粉状	カッパー（κ）型 ラムダ（λ）型 イオタ（ι）型	板状，粒状，粉状	粉状
原 料	紅藻類（オゴノリ，テングサ，イギス）	紅藻類（スギノリ，ツノマタ）	動物の皮，骨，筋	植物（クズ，トウモロコシ，ワラビ，サツマイモ）の種，根，茎
成 分	多糖類（アガロース，アガロペクチン）	多糖類（ガラクトース）	誘導タンパク質（コラーゲンの変性による）	多糖類（アミロペクチン，アミロース）
使用濃度（でき上がり重量に対して）	角状：0.8～1.5% 粉状：0.4～1.0%	0.4～0.7%	2～4%	7～20%（ゾルに対して）
浸漬時間	角状：1 時間 粉状：5 分	なし 砂糖（細粒子のもの）と混合	板状：20～30 分 粉状：10 分	あらかじめ浸漬すると，デンプンの膨潤・吸水が速い．
吸水量（乾物に対して）	角状：約 16 倍 糸状：14 倍 粉状：9 倍	なし	6～10 倍	5～6 倍
融解温度	80℃前後	50～70℃	26℃前後	
加熱方法	弱く沸騰	温水約 80℃加熱	湯せん（50℃）	沸騰かくはん（糊化状態まで）
凝固温度	25～35℃	30～40℃以下	3～10℃	
透明感	やや低い	高い	高い	高い（根茎デンプン） 低い（種実デンプン）
ゲル特性（保水性）	離漿する． 保水性は少ない． 弾力なく，硬い，破れやすい．	低濃度で離漿する． 保水性は寒天よりも大きい． 弾力性・粘性あり，軟らかい．	崩壊する． 保水性は大きい． 弾力性・粘性あり，軟らかい．	離漿する． 弾力性・粘性あり，軟らかい．
栄養的価値	エネルギー源にならない．	エネルギー源にならない．	消化はよいが，アミノ酸組成はあまりよくない．	消化はよく，エネルギー源となる．

表2・17　寄せ物の種類

寄せ材料	料理名	仕上がり重量に対するデンプン濃度（%）	おもな副材料
寒天	果汁かん	1.0	果汁
	水ようかん	0.8	あん
	泡雪かん	1.5	卵白
	錦玉かん	1.5～2.0	砂糖
	練りようかん	1.0～1.4	あん
くずデンプン	ゴマ豆腐	15～20	絹ごしゴマ
	ういろう		砂糖
寒天・ゼラチン	奶豆腐（ナイ ドウ フ）	0.8	牛乳
	杏仁豆腐（シン レヌ ドウ フ）	0.5	杏仁粉（シン レヌ フェヌ）
	蝦仁凍（シャ レヌ ドン）	1.0	エビ・湯
	凍鶏（ドン ヂィ）	1.0	鶏肉・湯
ゼラチン	ワインゼリー	2.5～3.0	ワイン
	ババロア	2.0	牛乳，生クリームまたは卵
コーンスターチ	ブラマンジェ	8.0	牛乳

!　**寒天とゼラチンの調理性の違い**

寒天はゼラチンに比べて溶解温度，凝固温度，融解温度が高く，寒天ゲルはゼラチンよりもゲル化力は強いが，離漿しやすい．

表2・18　寒天・ゼラチンを用いたときの添加物の影響

添加物	寒　天	ゼラチン
砂糖	寒天液に砂糖を加えるとき，砂糖濃度が高いほど凝固温度が高くなる．また離漿は少なくなり，ゼリー強度は高くなる．	ゼラチン液の凝固温度，ゲルの融解温度，透過率，硬さ，粘稠度を高める．
果物・果汁	果汁を寒天液に加えて煮ると，酸によって寒天分子が分解し，ゲル化しない．また，寒天液に果汁を加えるとき，混合時の温度が高いほどゲル形成能が低下する．果汁の風味やビタミンCを保つ点からも，寒天液を60～70℃に冷ましてから果汁を加えるのが望ましい．	生のパイナップル，パパイヤ，キウイ，イチジクなどを用いると，それらに含まれているタンパク質分解酵素によって凝固力を失うため，これらを使用する際は，加熱して酵素の作用を失活させてから用いる．
牛乳	牛乳の脂肪やタンパク質が寒天ゲルの構造を阻害するため，牛乳量が多いほどゼリー強度は弱くなる．	牛乳中の塩類の影響により，牛乳量が多いと硬くなる．
あん	水ようかんなどの場合，あんを寒天液に混ぜるとき，あんの比重が重いので，熱いうちに型に流すと，あんが沈殿し，均一にならない．寒天液の凝固温度近くまで冷ましてから型に流すと，液に粘度がつくので，あんが沈みにくい．	
卵白	泡立てた卵白と寒天液を混合する場合，泡と寒天液が分離しやすい．寒天液を40℃程度に冷まし，泡と混合すると均質に混ざりやすい．	

section 2・2 基本手法を学習しよう

実習 01

炊飯，汁物，焼き物の基本手法

白飯
豆腐とワカメのみそ汁
魚の塩焼き

栄養価記入欄（1人分）				
	エネルギー(kcal)	タンパク質(g)	脂質(g)	NaCl(g)
白　　　飯				
豆腐とワカメのみそ汁				
魚　の　塩　焼　き				

A 白飯

材料（1人分；g）	
精白米	60
水	90　（米の重量の1.5倍）

① 精白米は手早く洗う．洗った水が白濁しなくなるまで水を数回取り替え，ざるにあげて水を切る．
② 定量の水とともに炊飯器に入れ，30分以上浸漬させた後，点火する．火が消えたら10～15分間蒸らす．ガスによる直接炊飯の場合は，鍋を火（中火～強火）にかけ，沸騰したら，少し火を弱めて約5分沸騰を続け，さらに，火を弱めて約15分静かに沸騰を続ける．最後に，数秒間強火にして火を消し，10～15分間蒸らす．

! **自動炊飯器の場合**
自動炊飯器の場合でも，手早く洗米，正確な水加減，充分な浸漬，蒸らしが必要．

B 豆腐とワカメのみそ汁

材料（1人分；g）	
煮だし汁（煮干しだし）	150
赤みそ	10～12
豆腐	40
乾燥ワカメ	1
青ネギ	1

① 豆腐は1cmのさいの目に切り，青ネギは小口切りにする．
② みそは煮だし汁の一部で溶き，のばしておく．
③ ワカメは水に浸けてもどし，筋を除いて3cmくらいに切る．
④ 煮干しだし（とり方は**付録2**参照）を煮立てて②のみそを入れ，豆腐とワカメを入れて，一煮立ちしたら火を止め，青ネギを散らす．

! **汁物の調味**
一般に，食塩濃度として0.6～0.8％に仕上げる．

! **みそ汁の仕上げ方**
みそ汁は長く煮立てたり，加熱時間が長かったり，煮返すと，風味やうま味が損なわれるので，煮え端（ばな）を賞味する．

! **ワカメ**
褐藻類アイヌワカメ科の海藻．乾燥ワカメ，塩蔵ワカメなどに加工・保存される．乾燥ワカメは水もどし後は14倍，塩蔵ワカメは1.5倍程度にもどる．

!	調味料の食塩含有量と使用重量比		
調味料	食塩含有量（%）	使用重量比	
食塩	99	1	
しょう油	15〜16	6〜7	
辛みそ	12〜15	7〜8	
甘みそ	5〜7	15〜20	

C 魚の塩焼き

材料（1人分；g）	
魚（キス，アユ，アジなど）	60（1尾）
塩	魚の重量の1.5〜2%
ダイコン	25

① 新鮮な魚を選び，うろこ，えらを取って内臓を出す〔アジはぜんご（ぜいご）も取る〕．水できれいに洗い，盆ざるに並べてふり塩をし，20〜30分おく．

② さっと洗って水気をふき取り，踊り串（うねり串）を打つ（p.16，**図2・2**参照）．2〜3尾ずつ並べて添え串を通し，ひれ塩をして焼く．表のほうから強火の遠火で焼き，適度な焦げ色がついたら，中火にして中心部まで四分焼く．身が金串にくっつかないように，途中で串を回しておく．裏返して同様に六分焼く．

③ 火から下ろして金串を回し，粗熱が取れたら，金串を回しながら抜き，焼き物皿に盛り付けて，おろしたダイコンを山高に前盛り（p.16参照）にする．

! 天然アユ

天然アユは，岩石に付着した珪藻などを食べるため，内臓には独特の味と香気があり，賞味される．したがってアユの場合は，内臓を出さないで，焼く直前にふり塩をする．香気が酢の味とよく合うので，タデ酢（p.20，**表2・14**参照）が添えられる．

! 魚に塩をする目的

脱水・脱臭により生臭みを取り，身を引きしめる効果があり，下味を付けるためである．また，ナトリウムイオンの水和性により，加熱後の魚肉の軟らかさを保つ効果もある．

! 化粧塩

魚の塩焼きを美しく仕上げるためにふる塩のことである．焼く直前に，表面にふり塩をしたり，尾ひれ，胸びれなどにまぶし付けると，魚の表面が白く化粧したように焼き上がる．

調べてみよう！
① 糊化について調べてみよう．
② だしのうま味について調べてみよう．
③ タンパク質の熱変性について調べてみよう．

実習 02　味付け飯，煮物（煮つけ），浸し物の基本手法

エンドウ飯
魚の煮つけ
ホウレンソウのお浸し

栄養価記入欄（1人分）

	エネルギー(kcal)	タンパク質(g)	脂質(g)	NaCl(g)
エンドウ飯				
魚の煮つけ				
ホウレンソウのお浸し				

A　エンドウ飯

材料（1人分；g）

米	60	
水	85	⎫（米の重量の1.5倍）
酒	5	⎭
塩	0.9	（水量の1%）
エンドウ（生）	正味20	（米の重量の30%）

① 米は洗って，定量の水に30分以上浸漬する．
② エンドウは，重量の約2倍量のさや入りを用意し，豆を出して洗う．
③ ①に酒，塩を入れ，全体をかき混ぜて点火する．沸騰したら，②を手早く加えて炊き，10分蒸らした後，エンドウをつぶさないように飯を混ぜ，盛り付ける．

B　魚の煮つけ

材料（1人分；g）

魚（イトヨリ，カレイ，メバルなど）		150	（1尾）
a	水	25	
	酒	15	
	砂糖	7.5	
	みりん	12	（小2）
	しょう油	12	（大2/3）
白ネギ		15	
b	しょう油	3	（小1/2）

① 魚は，水洗いして，うろこを取り，えらと内臓を出し，よく洗って裏側に切り目を入れ，表に飾り包丁する．
② 白ネギは長さ3～4 cmに切る．
③ 浅鍋にaを入れて煮立て，魚を，表を上にして〔p.15，(iii)の②参照〕重ならないように入れ，沸騰したらあくをすくい，落とし蓋をして，中火で10～15分（煮汁が半量になる程度）煮る．
④ 下ろし際にbのしょう油を加え，一煮立ちしたら，火を止めて魚を取り出す．
⑤ 残った煮汁で白ネギをさっと煮る（煮汁が少ないときは水を少量加える）．
⑥ 魚の手前に白ネギを盛り付け，煮汁を少量かける．

! **エンドウについて**
グリンピースは，エンドウの未成熟の子実を生果または加工用として利用する．エンドウ飯は，とくにグリンピースの味そのものを味わう料理．

! **塩味ご飯**
塩は，水量の1%＋具の重量の0.6～0.7%．具は，エンドウ，エダマメ，ギンナン，栗などを入れる場合は米の重量の30～40%，イモの場合は同70～80%を使用．

! **煮つけ**
煮物の一種で，煮汁をほとんど残さないように煮上げたもの．調味液を煮立てた中で短時間で仕上げる方法．

! **煮魚の調味**
白身の魚は，鮮度のよいものほど短時間であっさりと煮る．鮮度の落ちたものは，砂糖，みりん，酒，しょう油などによる調味を濃くして煮上げるとよい．

! **魚をおいしく煮る要領**
煮汁を煮立ててから魚を入れるのは，魚の表面のタンパク質を熱変性によって凝固させ，内部からのうま味成分の流出を防ぐためである．

> **みりんについて**
>
> アルコールに蒸したもち米とうるち米こうじを混ぜ，熟成糖化して得られる甘い酒．本みりんと本直しがある．おもに調理用で用いられる本みりんの主成分は，アルコール14％，糖質約42％である．

C ホウレンソウのお浸し

材料（1人分；g）		
ホウレンソウ	50	
割りじょう油		
しょう油	3	（小1/2）
煮だし汁	5	（小1）
糸カツオ	0.5	

① ホウレンソウは，根を取って水洗いし，根元の太いところは十字形に切り込みを入れ，そろえておく．
② 鍋に1％の塩熱湯（水はホウレンソウの5倍量）を用意し，①の根元から入れて，蓋を取ったまま色よくゆでる．冷水にとって手早く冷まし，水の中で根元をそろえながら引き上げ，軽く水気を絞って長さ3 cmに切り，もう一度絞り直す．
③ ②をほぐして割りじょう油で和え，小鉢に小高く盛って，糸カツオを天盛りする．

> **ホウレンソウのあく**
>
> ホウレンソウには約0.4～0.8％のシュウ酸が含まれている．シュウ酸は，あくの成分で，カルシウムと結合してその吸収を妨げるので，ゆでて食するとよい．ゆで水に食塩や重曹を加えると，シュウ酸の溶出に効果があるといわれる．

> **緑色野菜の色素と調理**
>
> ホウレンソウなどの葉菜類やキュウリ，サヤインゲン，フキなどの緑色は，クロロフィル（葉緑素）による．クロロフィルは加熱したり，pHの低下により不安定になり，黄褐色のフェオフィチンに変化しやすい．ホウレンソウをゆでるとき，大量の沸騰水中に入れ，蓋なしで短時間ゆでてすぐに冷ますのは，クロロフィルの変化を抑え，緑色を生かすためである．
>
> 酢，しょう油，みそ，みりん，ケチャップなどは，pHが5.5以下のため，使用にあたり注意する．お浸しの場合は冷まし，食べる直前に調味する．
>
> ゆで水に食塩を加えると，食塩がクロロフィルからフェオフィチンへの変化を抑え，クロロフィルの安定化，ビタミンCの酸化抑制に役立つ．

> **天盛り**
>
> 日本料理で酢の物や和え物，煮物などを盛り付けた上に盛るもののこと．料理に季節の香りを添え，味を引き立てる．また，天盛りを添えることにより，この料理にはだれも手をつけていないという印となり，客に対するもてなしの意味もある．針ノリ，木の芽，ユズ，ミツバ，ウドなどを季節に応じて用いる．

調べてみよう！
① 炊飯時の調味料を入れるタイミングについて調べてみよう．
② 煮物の種類について調べてみよう．
③ ゆでる効果について調べてみよう．

実習 03

揚げ物，酢の物，寄せ物の基本手法

衣揚げ（天ぷら）
キュウリとワカメの酢の物
みつ豆

栄養価記入欄（1人分）

	エネルギー(kcal)	タンパク質(g)	脂質(g)	NaCl(g)
衣揚げ（天ぷら）				
キュウリとワカメの酢の物				
み つ 豆				

A 衣揚げ（天ぷら）

材料（1人分；g）

サツマイモ	15		衣			ダイコン	20
レンコン	15		┌ 小麦粉	10		天つゆ	
シシトウ	10	(2本)	┤ 卵	5	┌ だし汁	20
エビ	25	(1尾)	└ 冷水	15	┤ みりん	5
イカ	30		揚げ油	適宜	└ しょう油	5
シイタケ	15	(1枚)					
ノリ	0.3	(1/10枚)					

① サツマイモ，レンコンは皮をむいて，7 mm の輪切りにする．
② シシトウは切り込みを入れて種を出す．
③ エビは尾の一節を残し，皮をむき，背わたを取る．尾の先を切り落とし，しごいて水を出す．腹側に数か所の切り込みを入れる．
④ イカはおろして皮をむき，水気をよくふき取る．両面に切り込みを入れて，3×4 cm くらいの長方形に切る．
⑤ シイタケは軸を切り取り，水気をふき取っておく．
⑥ だし汁，煮切ったみりん，しょう油を合わせて一煮立ちさせ，天つゆをつくる．ダイコンはおろし，網にのせ，軽く水気を切って，アルミ箔に入れる．
⑦ 衣をつくる．ボールに卵を溶きほぐし，冷水を加え，ふるった粉を入れて，粘りが出ないように，太箸で軽く混ぜる（粉気を残す）．
⑧ 揚げ温度の低い順（ノリ，シシトウ，サツマイモ，レンコン，シイタケ，エビ，イカ）に揚げていく．
⑨ ノリは片面に衣をつける．イカは小麦粉を薄くまぶして衣をつける．
⑩ 器に和紙を敷き，天ぷらを盛り付け，天つゆ，おろしダイコンを添える（敷紙の折り方は，p.59，図 3·8 を参照）．

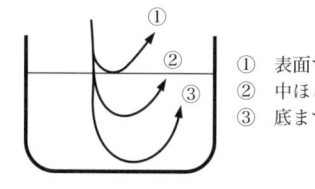

① 表面で広がる……………………高温 180℃以上
② 中ほどまで沈み，浮き上がってくる……中温 160℃程度
③ 底まで沈む………………………低温 150℃以下

図 2·3　油の温度と衣の浮き上がり

! エビ

エビ類は，カニ類と同様にベタイン，アルギニンなどのうま味成分を含んでいる．加熱により，色素タンパク質からアスタキサンチンが遊離し，さらに酸化されて赤色のアスタシンを生じる．

! イカ

イカの胴の外側には 4 層の皮があり，皮をむいたとき，残った第 4 層はコラーゲン繊維で，加熱すると，収縮・変形が激しい．そのため，切り目を入れたりする．

! 天つゆ

天ぷらを食べるときにつけるつけ汁のこと．**大だし**ともいう．

! 衣揚げ

材料を衣で覆うことによって，揚げる際に材料から出る水分，それに溶けているうま味成分が流れ出すのを防ぐ．

! 煮切る

"煮切る"とは，みりんや酒を煮て火をつけ，アルコール分をとばす操作のことをいう．

! 衣のつくり方

注意点…衣に粘りが出ると，水分が置換しにくくなるので，カラリと揚がらない．粘りが出ないように，以下の点に注意する．
・小麦粉はグルテン量の少ない薄力粉をふるいにかけて使う．
・卵水，小麦粉を冷やしておく．
・一の字を書くように，練らないように混ぜる．
・使う直前につくる（多いときは何度かに分けてつくる）．
・火のそばに置かない．

! 揚げ温度

油の温度は，衣を落とし，衣の浮き上がってくる様子で区別する．
① タンパク質が主体のもの…180℃
② 野菜の緑色を生かしたいもの…150〜160℃
③ 水分が少なく，デンプンが主体のもの…140〜150℃

B キュウリとワカメの酢の物

材料（1人分；g）			
キュウリ	40	三杯酢	
乾燥ワカメ	1	酢	6
ショウガ汁	2	砂糖	2
		薄口しょう油	1
		塩	0.4

① キュウリは板ずりし，小口切りにして軽く塩をふる．しんなりしたら，さっと洗って水気を絞っておく．
② 乾燥ワカメはもどして筋を除く．熱湯をくぐらせ，冷水にとって水気を切り，小さく刻む．
③ ショウガはおろし，搾り汁を取る．
④ ボールに①～③を入れ，三杯酢をかけて混ぜ合わせる．

! **板ずり**
キュウリをまな板にのせ，塩をふって押さえながらころがし，塩をからませたりする処理法．キュウリでは，いぼを取り，表面をしなやかにし，色をよくする．

C みつ豆

材料（5人分；g）				
寒天	4　(1/2本)	赤エンドウマメ	30	
水	400	重曹	適量	
シロップ		キウイ	80	（1個）
水	70	バナナ	100	（1本）
砂糖	50	パイナップル（缶詰）	60	
缶詰シロップ	100	サクランボ	35	（5個）
白玉だんご				
白玉粉	50			
水	45			

① 赤エンドウマメは1％の重曹液に一晩浸けておく．浸け水のまま加熱し，沸騰後，ゆでこぼし，4～5倍の水を加え，さらに軟らかくなるまで煮る．
② 寒天は，水に浸けて膨潤させ，細かくちぎって分量の水とともに加熱する．300gまで煮詰め（寒天濃度1.3％となる），こし，流し箱に入れて固める．冷えたら1cmのさいの目に切る．
③ 砂糖を分量の水に溶かして加熱し，100gに煮詰め，冷まして，缶詰のシロップを加える．
④ 白玉粉に水を加え，耳たぶほどの硬さにこねる．直径1cmくらいのだんごに丸め，軽く押さえて熱湯でゆでる．浮き上がってきたら水に取る．
⑤ 果物は食べやすい大きさに切り，器に赤エンドウマメ，白玉だんご，寒天とともに入れ，シロップをかける．サクランボを上に飾る．

! **みつ豆**
ゆでたエンドウ，さいの目切りした寒天，ぎゅうひ（求肥），果物などを盛った上から糖みつをかけたもの．江戸末期，新粉細工の舟にエンドウマメや新粉もちを盛り，糖みつをかけて売り出したのがその起源．

! **白玉粉**
もち米を水に浸けて細かくひき，水にさらして圧搾，乾燥させたもの．

! **寒天**
角寒天は，浸漬時間が長いほど膨潤度が大きくなり，溶けやすくなるので，あらかじめ水に浸けておく．品質により異なるが，20℃で1～2時間くらい必要である．粉末寒天は5～10分で膨潤する．粉末寒天は，約1/2の量で角寒天と同じ硬さのゲルが得られる．また，寒天の種類を問わず，寒天濃度の低いものほど溶けやすいので，寒天濃度が1％くらいで煮溶かしてから，所定の濃度に煮詰めるとよい．

調べてみよう！
① 油の種類について調べてみよう．
② 合わせ酢の種類について調べてみよう．
③ 寒天とゼラチンの違いを調べてみよう．

実習 04 炒め物，蒸し物，和え物の基本手法

炒肉片（チャオ ロウ ペエヌ：豚肉薄切りの炒め物）
珍珠丸子（ツェン ツウ ワン ズ：もち米だんごの蒸し物）
拌豆芽（バン トウ ヤ：モヤシの和え物）

栄養価記入欄（1人分）

	エネルギー(kcal)	タンパク質(g)	脂質(g)	NaCl(g)
炒 肉 片				
珍 珠 丸 子				
拌 豆 芽				

A 炒肉片（チャオ ロウ ペエヌ：豚肉薄切りの炒め物）

材料（1人分；g）

豚もも薄切り	50	サヤエンドウ	8
下味		油	4
酒	3.5	混合調味料	
塩	0.6	湯（タン）	25
卵白	1.5	砂糖	1.5
かたくり粉	2	しょう油	4.5
サラダ油	2	塩	0.5
揚げ油		かたくり粉	1
ゆでタケノコ	30	ゴマ油	2
干しシイタケ	2		

① 豚肉は長さ5cmくらいの薄切りにして，酒，塩，卵白を混ぜ，かたくり粉，油を加えて下味を付けて10分おき，80～100℃の油で揚げる（油通し；p.87，**泡油**参照）．
② ゆでタケノコは薄切り（片），シイタケはもどして薄切り（片）にする．
③ サヤエンドウは筋を取り，1%の塩湯でさっとゆで，冷水にとる．
④ 混合調味料を合わせる．
⑤ 中華鍋を温め，油を熱し，②のシイタケとタケノコを炒め，①の豚肉を加えて炒め，④の混合調味料を加え，水溶きかたくり粉を加えてとろみをつけ，③のサヤエンドウを加え，鍋のまわりからゴマ油を加えてさっと混ぜて，器に盛る．

! 豚肉

イノシシ科．中国では古くから食用にされていた．牛肉に比べて硬い部位がなく，どの部位も各種料理に利用される．ビタミンB₁含量が他の畜肉よりも多い．

B 珍珠丸子 （ツェン ツウ ワン ズ：もち米だんごの蒸し物）

材料（1人分；g）	
もち米	適量 20
豚ひき肉	70
a ネギ	3
ショウガ汁	1
砂糖	1　（小 1/3）
しょう油	2　（小 1/3）
塩	0.5　（小 1/10）
かたくり粉	1.5　（小 1/2）
カラシじょう油	
練りガラシ	少々
しょう油	少々

① もち米は洗う．水に3～4時間浸しておく．ざるにあげ，水気を切っておく．
② ネギはみじん切りにする．
③ ひき肉にaを加えて粘りが出るまでよく混ぜ，直径2cmくらいのだんごにする．
④ もち米をふきんの上に広げ，③のだんごをころがして，もち米をまぶしつける．手のひらに取り，軽く押さえて米を落ち着かせる．
⑤ 蒸気の立った蒸籠に油を塗って④を間隔をあけて並べ，強火で5分，中火で10～15分くらい蒸す．
⑥ カラシじょう油を添える．

> **!** 蒸籠（チョン ロン）
> p.83 参照．

> **!** ひき肉料理
> ひき肉は，ひき肉のみを丸めて加熱すると，形が崩れやすい．そのため，よくすってペースト状にして粘着力を増したり，卵液やデンプンを加えて肉組織をつないだりすると，崩れにくくなる．また，ひき肉は軟らかいほうがおいしいので，赤身：脂身を7：3くらいで混ぜるとよい．

> **!** もち米の処理，扱い方
> もち米は水浸後，水気が自然に取れてサラサラとなるくらいまで乾かすと，だんごにつきやすくなる．水気を取るためふきんの上から押したりすると，米が割れてしまう．

C 拌豆芽 （バン トウ ヤ：モヤシの和え物）

材料（1人分；g）	
モヤシ	50
干しエビ	3
調味酢	
しょう油	9
酢	4
砂糖	0.5
ゴマ油	1

① 干しエビはぬるま湯でもどしておく．そのあと，殻などを除き，さっと湯通しする．
② モヤシはきれいに水洗いし，水気を切ってから，さっとゆでて冷ます．
③ 調味酢の材料を合わせ，冷やしておく．
④ ①，②を皿に盛り，供する直前に③を上からかける．

調べてみよう！
① 炒め物の特徴について調べてみよう．
② 和え物の種類について調べてみよう．

第3章

日本料理

section 3・1 日本料理の基礎

1　日本料理の特徴

　日本は，四方を海に囲まれた地形であり，四季を有する気候であることから，古くから海産物や農産物など豊富な食材に恵まれてきた．日本料理は，これらの食材を使い，季節感を大切にすること，また昆布やカツオのだしを用いることにより，素材自身の味を生かした調理方法を心がけることなどを旨としている．

　しかしながら，発酵食品であり，地域の伝統食品でもあるみそ，しょう油，みりん，酒，酢などの調味料を用い，淡白な味ではあるが，複雑な味の変化を楽しむことができる．また，シソやショウガなどの香味植物を用いることで香りや彩りを添え，繊細な味や香りの変化または季節の変化を感じさせる工夫も多様である．

　さらに，中国料理や西洋料理とは異なり，盛り付けに重きをおくことも大きな日本料理の特徴の一つである．空間を意識し，自然を表現する盛り付けをする．そのため，器も茶碗，汁椀，深鉢，皿など多種であり，形も材質も多種多様である．このように，日本料理は，食べる者の五感を満足させることを意識した料理であるといえよう．

2　献立構成

　日本料理の供応膳の形式は平安時代に始まり，室町時代には，複数の膳に銘々に盛り付けられた料理があらかじめ配置される**本膳料理**の形式が確立された．現在では，冠婚葬祭などの正式な儀式用の料理として，このような供応形態がとられることがある．

　一方，安土桃山時代，茶の湯が千利休により完成され，このお茶事に付随して**懐石料理**が成立した．茶をたてて勧める前に供する軽い食事のことをいう．まず少量の**ご飯**，**みそ汁**，**向こう付け**が折敷（おしき）で運ばれ，**椀盛り**，**焼き肴**，**箸洗い**，**八寸**，**強肴**〔しいざかな：**預鉢**（あずけばち）ともいう〕，**香の物**，**湯桶**（ゆとう）の順に供される．

　本膳料理と懐石料理の影響を受けながら，江戸時代に確立されたのが**会席料理**である．会席料理は，現在，もっともよく用いられている料理の供し方である．一品ずつできたての料理を配膳し，最後にご飯と汁物，香の物が供される．これらの供応料理の献立形式が，現在の日常食の献立形式にも取り入れられている．

　献立を考えるとき，ご飯（**主食**），肉や魚を使用したメインのおかず（**主菜**），野菜を使用した副えのおかず（**副菜**）1〜2品を組み合わせると，栄養バランスもとれた献立となる．材料や調理法，また味の重複がないように注意することも大切である．**図3・1**が一汁三菜の基本的な配膳図となる．

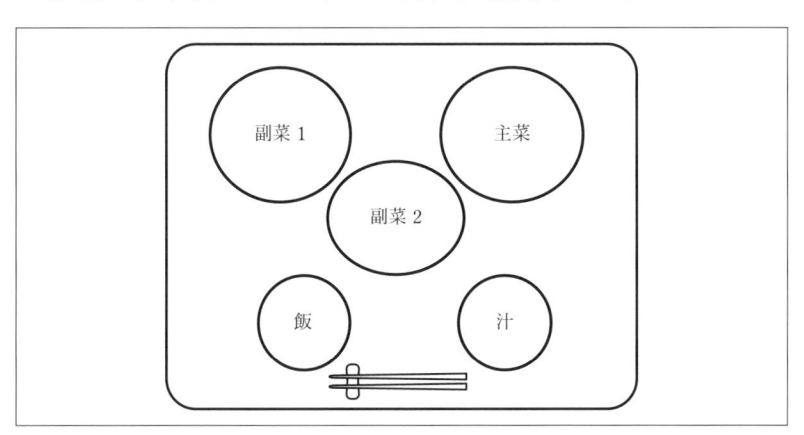

図3・1　基本的な配膳図（一汁三菜）

　現在では，日本において世界各国の食品や料理を楽しむことができ，これらの料理を和風にアレンジした折衷料理が供されることも多くなっている．家庭内での日常食の中でも，本来の日本料理といわれるものだけでなく，西洋料理や中国料理を取り合わせることも多い．これらの料理では，大皿に盛り付けられるものも少なくない．大皿に盛り合わせるときは，取り箸や取り皿などを用意し，**図3・1**を参照して，その料理が本来置かれるべき位置に取り皿を置き，配膳する．

3　食事作法

　日本料理は，基本的に箸でいただくものであり，食事作法のうえで，もっともこの扱いに気をつけなくてはならない．箸の正しい扱い方を**表3・1**に示した．箸先はあまり深く汚さないように，箸先3 cmくらいを使うように心がける．また，食器の扱いにも気をくばることが望ましい．
　表3・2に椀の扱い方，**表3・3**にその他のおもな和食の食事作法について示した．

表3・1　箸の扱い方

項　目	要　領
箸の置き方	塗り箸　　箸置き　　　割り箸
箸の取り方	① 右手の指をきちんとそろえて箸の右寄りを持つ． ② 左手で箸の左端を下側から支えるように持ち上げる． ③ 右手を箸の上にすべらせ，親指を手前に，人差し指を向こう側に添える．
箸の持ち方	動かすときは，① 中指を2本の箸の間にはさみ，② 上の箸を人差し指と中指の2本の指で動かす．下の箸は動かないようにする．

表3・2　椀の扱い方

項　目	要　領
椀の蓋のあけ方	① 左手を椀の縁に添える．右手親指を糸底の外，人差し指を内側に置き，糸底をつまんで蓋の向こう側を少し持ち上げ，つゆを切る．残りの3本の指は，糸底の上をふさぐように，まっすぐに伸ばして添える． ② 蓋の手前から"の"に字を書くように蓋をあける． ③ 上向きになった蓋に左手を添え，膳の右側に置く．
椀の持ち方	4本の指をそろえて糸底に当て，人差し指または中指でしっかり糸底を支える．親指は縁にかける．

表 3・3　和食の食事作法

項　目	要　　領
箸	・汁を一口飲んで，箸を湿らせて使うと，箸に汚れが付きにくい． ・ねぶったり，突き刺したり，振り回したりしない．どれにしようかと迷ったり，突いたりしない．いずれも見苦しいからである． ・持ち方に気をつける．
椀の蓋の取り方	・右手にあるものは右手で取り上げ，左手を添えて右手で，右端に上向きに置く． ・左手にあるものは左手で取り上げ，右手を添えて左手で，左端に上向きに置く．
汁椀，茶碗	・汁のいただき方は，汁を一口吸い，汁の実をいただき，汁を吸って椀を置く． ・糸底（底の凹み）に中指を入れてしっかり持っていただく． ・ご飯のお代わりは両手で．よそってもらったら，一度食卓に置いてから食べる．
食べる順序	・汁がまず一番で，次いでおもなものから食べていく．漬け物から食べ始めたりしない． ・熱いものは熱いうちに，冷たいものは生ぬるくなる前にいただく．
焼き魚	・上の身を食べ，背骨をはずして向こう側に置き，次に下の身を食べる．骨は見苦しくないように1か所に寄せておく．
刺し身	・しょう油の入った小さな器は手に持っていただく．**けん**（p.203，**つま**参照）も残さずいただくほうがよい．生臭みを取るのに役立つ．
煮物	・汁がたれそうなときは，器を持ってもよい． ・口元で引きちぎらず，小さくしてから口元へ運ぶ．
酢の物	・揚げ物を食べた後などに酢の物を食べるとさっぱりする．
和え物	・小鉢は手に取り，持っていただく．
食べ残し	・食べられないものには箸をつけない． ・端に寄せて見苦しくないように気配りする． ・こぼした食べ物は拾っておく．食べ散らかしがないかどうか気配りする．
器をていねいに扱う	・箸を片手に持ったまま別の動作をしない． ・ていねいな動作は上品に見え，美しい．粗相（そそう）も起こりにくい．必ず両手で器を持つこと． ・食事作法の極意は**ていねい**の一語に尽きる．

section 3·2 実習 05

日本料理の実習（献立別）

炊き込み飯
若竹汁
炊き合わせ（フキ，タケノコ，高野豆腐）

栄養価記入欄（1人分）

	エネルギー(kcal)	タンパク質(g)	脂質(g)	NaCl(g)
炊き込み飯				
若竹汁				
炊き合わせ				

A 炊き込み飯

材料（1人分；g）

米	60	油揚げ	2	こんにゃく	5
水	78	鶏肉（もも）	10	ゴボウ	5
薄口しょう油	6（塩分は水量＋具の1%）	ニンジン	5	グリンピース	3
酒	6	干しシイタケ	0.5		

① 米は洗って，定量の水に30分以上浸漬する．
② 油揚げは，油抜きして長さ2cmのせん切りにする．
③ 鶏肉は0.5cm角に切り，ニンジンは長さ2cmのせん切りにする．
④ 干しシイタケは水でもどし，石づきを除いてせん切りにする．
⑤ こんにゃくは，ゆでてせん切りにし，ゴボウは包丁の背で皮をこそげ，ささがきにして水にさらし，ざるにあげる．
⑥ 冷凍のグリンピースは熱湯をくぐらせておく．
⑦ 調味料と②～⑤を混ぜ，①に加えて炊く．蒸らし終わったら，⑥を入れて混ぜる．

B 若竹汁

材料（1人分；g）

煮だし汁	150	ゆでタケノコ	10
a ｛ 塩	1	塩蔵ワカメ	10
薄口しょう油	1.5	木の芽	0.1

① タケノコは長さ3～4cmの短冊に切り，穂先はくし形に薄切りする．
② 塩蔵ワカメは，さっと洗って表面の塩を落とし，約1分，水に浸けてざるに上げ，茎を除いて長さ3cmに切る．
③ 煮だし汁（とり方はp.223，**付表1参照**）に①，②を入れ，さっと煮てaで調味し，吸い口に木の芽を添える．

! 吸い口の扱い方

盛り付けてから時間をおくと，吸い口のよい香りは失われて，苦味が出てくるので，供する時間に合わせて用意する．香りを飛ばさないために，吸い口を入れて椀蓋をしたら，食べるまで，蓋は開けない．汁はいただくとき，吸い口を口元に近づけ，吸い口を通して汁を味わうと，その芳香により，料理の味わいが深くなる．

! 炊き込み飯
塩やしょう油の入った水に浸漬した米は，吸水が悪いので，調味料は，加熱の直前に加えるようにしたほうがよい．

! 油抜き
揚げてある食品を調理する前に，熱湯をかけたり，湯通しをして，余分な油分，臭み，過酸化物質を除く操作をいう．味の浸透がよくなる．

! タケノコ飯
タケノコ飯にする場合は，ゆでタケノコ20g，鶏肉10g程度用いてもよい．

! タケノコ
掘り立ての新鮮なものは，軟らかくてうま味があり，えぐ味（あく）は感じられないが，時間の経過とともにえぐ味が出てくる．
タケノコは，穂先の黄色いものが軟らかく，まっすぐなものよりも曲がっているものがよいとされている．

! 木の芽
サンショウの若葉や幼芽を木の芽といい，実をサンショウという．日本料理の薬味として，天盛りや吸い口に用い，彩り，香り，季節感を添える．これを両手でたたくと香りが増す．

! タケノコのゆで方

タケノコのえぐ味は，ホモゲンチジン酸やシュウ酸による．ゆでることにより，タケノコのシュウ酸を溶出させ，タケノコに含まれる酵素のはたらきを止めて，えぐ味の増加を防止できる．

① タケノコを洗って，穂先を斜めに切り落とし，皮付きのまま縦に1本の切り込みを入れる．
② 水にぬか（水の量の約10%）と赤トウガラシ1～2本を加え，落とし蓋をして竹串がすっと通るような軟らかさにゆでる（米のとぎ汁でゆがいてもよい）．
③ 火を止め，自然に冷めるのを待ってタケノコを取り出し，皮をむいて水で洗う．

! タケノコの部位別の調理法

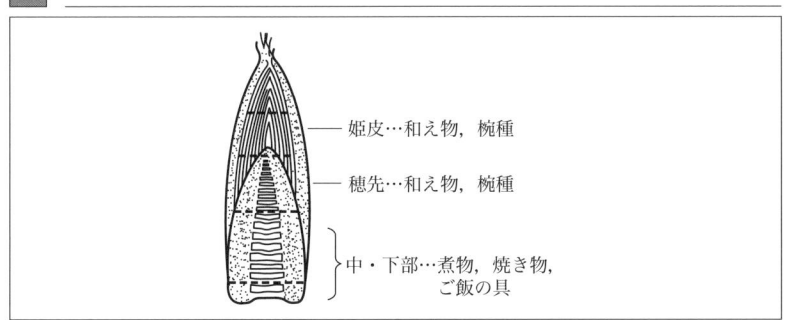

- 姫皮…和え物，椀種
- 穂先…和え物，椀種
- 中・下部…煮物，焼き物，ご飯の具

図 3・2　タケノコの部位別の調理法

C 炊き合わせ（フキ，タケノコ，高野豆腐）

材料（1人分；g）						
フキ		20	ゆでタケノコ	40	高野豆腐	8　(1/2枚)
塩		0.2	煮だし汁	40	煮だし汁	60
a	煮だし汁	20	みりん	5	砂糖	2
	砂糖	2	薄口しょう油	6	b　みりん	1.5
	薄口しょう油	3			塩	0.5
	塩	0.2			薄口しょう油	3
					木の芽	少量

① フキは塩少量をふり，板ずりをして，1%の塩を入れた熱湯中で色よくゆで，冷水に取り，皮を上下両方からむき，4 cmくらいの長さに切りそろえる．
② aの煮だし汁と調味料をさっと煮立てて取り上げ，冷まし，冷めた煮汁の中に①のフキを入れ，フキの色を失わずに味を含ませる．
③ ゆでタケノコは輪切りまたは縦に四～六つ割りに切り，煮だし汁を加える．煮立つとみりんを加え，さらに薄口しょう油を加え，煮汁が半分くらいになるまで煮る．
④ 高野豆腐は，温湯(60℃程度)に浸けてもどし，2，3回，水を替えて押し洗いし，固く絞る．鍋にbともどした高野豆腐とを入れて，煮汁が1/3になるまで弱火で煮含める．
⑤ 器に②～④を盛り付け，木の芽を中央にのせる．

! フキ

フキは春に出回る．生のまま皮をむくと褐変するので，皮付きのまま塩でもみ，熱湯でゆでる．冷水で冷やしてから皮をむく．

! 高野豆腐の扱い

高野豆腐はもどすと5～6倍になるので，もどす際には，5倍以上のたっぷりの温湯に浸け，膨潤させた後は，手のひらで押しながら洗うようにする．

調べてみよう！
① 味付け飯の種類について調べてみよう．
② 野菜の旬について調べてみよう．
③ ダイズから加工される食品について調べてみよう．

実習 06

沢煮椀
アジの南蛮漬け
切り干しダイコンの煮物

栄養価記入欄（1人分）				
	エネルギー(kcal)	タンパク質(g)	脂質(g)	NaCl(g)
沢　煮　椀				
アジの南蛮漬け				
切り干しダイコンの煮物				

A 沢煮椀

材料（1人分；g）				
豚肉	10	ミツバ		1
ダイコン	10	ショウガ		1
ニンジン	5	煮だし汁		150
干しシイタケ	1	塩・酒		各1
ゴボウ	5	薄口しょう油		1

!　沢煮椀
沢煮（さわに）椀は，具をせん切りにした実だくさんの汁物である．淡泊な味，歯ざわりのよい澄んだ汁に仕上げる．

① 豚肉は長さ3 cmくらいに切り，肉の繊維に沿って幅5 mmくらいの細切りにする．熱湯にさっと通しておく．
② ダイコン，ニンジン，さらに，水にもどした干しシイタケは，長さ3 cmのせん切りにする．ゴボウは細いささがきにして水にさらしておく．また，ミツバも長さ3 cmに切っておく．
③ 煮だし汁に②のミツバ以外の野菜を入れ，煮立ったら①の豚肉を加える．調味料で味をととのえ，最後にミツバを入れる．
④ 椀に入れ，吸い口は，繊維に沿って細いせん切りにした針ショウガを中央に置く．または，ショウガをおろして，つゆとして加えてもよい．

B アジの南蛮漬け

材料（1人分；g）				
小アジ	80 （2尾）	合わせ酢		
かたくり粉	10	a	酢	35
揚げ油	適量		しょう油	18
赤トウガラシ	1/5本		砂糖	10
ネギ	5			

① 小アジは，ぜんご（ぜいご），えら，内臓を取って水洗いし，水気をよくふき取る．かたくり粉をまぶし，160℃で揚げる．
② ネギ，赤トウガラシ（種を除いておく）は小口切りし，a の合わせ酢に加える．揚げたての ① を漬ける．時間をおくほうが，味がなじんでおいしい．

> **! 南蛮漬け**
> 小魚を揚げてトウガラシやネギなどの入った合わせ酢に漬けたもの．室町から江戸時代に外国人によりこの調理方法が伝えられたことから名づけられた．

C 切り干しダイコンの煮物

材料（1人分；g）			
切り干しダイコン	10	薄口しょう油	8
ニンジン	10	みりん	2
油揚げ	10	砂糖	2
煮だし汁	100		

① 切り干しダイコンは，たっぷりの水でもどし，食べやすい大きさに切る．
② ニンジンは長さ2cmのせん切りにする．
③ 油揚げは油抜きをして，長さ2cmのせん切りにする．
④ 煮だし汁に，①〜③ を入れて煮る．
⑤ 切り干しダイコンが少し軟らかくなったところに，砂糖，みりんを入れ，中火で3分煮る．最後に薄口しょう油を入れ，煮汁が1/3になるまで煮る．

> **! 切り干しダイコン**
> 乾燥野菜の代表的なものである．切り方でいろいろな名前がついている．せん切り干し，上切り干し，角切り干し，割り干しなどがある．煮るか漬け物にして食べるとおいしい．

調べてみよう！
① 野菜の切り方の種類と名称について調べてみよう．
② 酢の効果について調べてみよう．
③ 乾物の製造法について調べてみよう．

section 3・2 **日本料理の実習（献立別）**

実習 07

シジミのみそ汁
だし巻き卵
きんぴらゴボウ
即席漬け

栄養価記入欄（1人分）	エネルギー(kcal)	タンパク質(g)	脂質(g)	NaCl(g)
シジミのみそ汁				
だし巻き卵				
きんぴらゴボウ				
即席漬け				

A シジミのみそ汁

材料（1人分；g）	
シジミ（殻付き）	70
水	150
みそ	12
粉サンショウ	少々

① シジミはざるに入れ，たっぷりの水に浸け，砂を吐かせる．もむようにして水洗いする．
② 定量の水にシジミを入れて加熱する．貝の口が開いたら，取り分けた少量の汁でみそを溶いて，入れる．
③ 椀に盛り，粉サンショウをかけて供する．

! 貝の扱い方
貝の砂を吐かせるには，アサリ，ハマグリは3%の塩水に，シジミは真水に浸けて2〜3時間，冷暗所に置く．

! みそ汁
2種類以上のみそを混ぜて，合わせみそとして使うと，汁にこくが出る．季節や好みによって，みその配合を変えるとよい．

! 貝の汁物
貝は水から入れて煮ると，うま味が充分に出るので，煮だし汁を使用しなくてよい．貝が硬くならないように，貝の口が開いたらすぐにみそを溶き入れる．

B だし巻き卵

材料（1人分；g）			
卵	50	キュウリ	20
煮だし汁	15	塩	0.3〜0.4
砂糖	0.7	甘酢	
塩	0.3	酢	10 (小2)
薄口しょう油	0.5	砂糖	3
油	2	塩	0.3

① 煮だし汁に砂糖，塩，しょう油で調味する．
② 卵を泡立てないようにほぐし，①を加えて混ぜる．
③ 卵焼き器に油を多めに入れて火にかけ，鍋のすみずみまで充分に油をなじませた後，油を器にあける（油ならしという）．
④ 卵焼き器を火にかけ，油布でふく．卵液の1/4くらいを流し入れ，箸で手早くかき混ぜる．表面が半熟状態になったら，向こうから箸を入れて三つくらいに折り重ね，向こう側を油布でふき，卵を移す．次に，手前も油布でふいて卵液を流し，焼けた卵を持ち上げて下に卵液をゆきわたらせて，向こうから巻き重ねる．これをくり返して，焼けたら熱いうちに巻き

! だし巻き卵
だし巻き卵は関西風の巻き焼き卵で，煮だし汁が多く入っていて，薄口しょう油を用い，砂糖の使用量が少なく，卵の色を生かした淡白でしっとりしているのが特徴．

す（簀）にとって形を整える（3人分で1本焼く）.
⑤ キュウリは，板ずりした後，しばらく置いてから水洗いする．これをじゃばら（蛇腹）に切って，甘酢に浸ける．
⑥ ④を切り分け皿に盛り付け，じゃばらキュウリを手前に添える．

> **! ふんわりと軟らかいだし巻き卵**
> ふんわりと軟らかいだし巻き卵にするには，卵焼き器に卵液を1滴落として，ジュッと音がしてすぐに固まるくらいの高温で卵液を流し入れ，卵液の表面が軟らかいうちに巻いていくのがコツである．

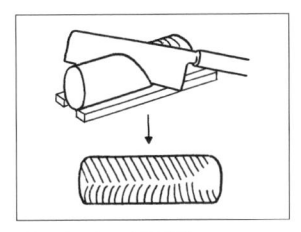

図 3・3　じゃばら切り
（p.204 参照）

C　きんぴらゴボウ

材料（1人分；g）				
ゴボウ	35	煮だし汁	15	七味トウガラシ 少量
ニンジン	5	砂糖	2	白ゴマ 1
ゴマ油	3	酒	5	
		しょう油	5	

（a = 煮だし汁・砂糖・酒・しょう油）

① ゴボウは，タワシでこすって洗い，長さ4cmくらいの細いせん切りか，縦に切り込みを入れ，ささがき（p5, 図1・3参照）にして，水にさらし，あく抜きをする．
② ニンジンは3～4cmのせん切りにする．
③ 鍋を熱してゴマ油を入れ，水切りをした①のゴボウと②のニンジンを入れて強火で炒め，aを加えて，煮汁がほとんどなくなるまで火力を弱めて煮る．七味トウガラシを入れる．
④ 白ゴマを煎（い）り，ふきんの上で包丁で切り刻んで，盛り付けたきんぴらの上にふる．

> **! ゴボウのあく抜き**
> ゴボウはささがきにしてすぐに酢水に浸し，水を何回も取り替えると白くできる．

> **! ゴボウのおいしさ**
> ゴボウのおいしさは，歯切れのよさとその香りにあり，香りの成分は皮の部分に多く含まれている．

D　即席漬け

材料（1人分；g）		
キャベツ	15	
キュウリ	10	
ニンジン	5	
キクラゲ（乾）	1	
青ジソ	1	（1枚）
塩	0.8	（材料の2～2.5%）
レモン汁	3	

① キクラゲは水に浸してもどし，石づきを除いて，熱湯にさっとくぐらせ，せん切りにする．青ジソは軸を除いてせん切りにし，キャベツ，キュウリ，ニンジンもせん切りにする．
② ボールに①を入れ，塩をふって軽くもみ，レモン汁をふりかけて重石（材料の総重量と等量～2倍の重さ）をする．2～3時間漬け込む．
③ ②の水気を軽く絞って小皿に盛り付ける．

> **! 即席漬け**
> **一夜漬け**，**早漬け**ともいう．漬け込み期間の短い，保存を目的としない漬物．一般に，野菜を2～4%程度の塩分濃度で塩漬けしたものを示す．野菜に加えた食塩が野菜の水分で食塩水となり，それが細胞液との浸透圧の差で細胞内の水が浸出することにより，野菜がしんなりとする．

調べてみよう！
① 貝類のうま味について調べてみよう．
② 卵の熱凝固性について調べてみよう．
③ 浸透圧について調べてみよう．

実習 08

かきたま汁
筑前煮
青菜の煮浸し

栄養価記入欄（1人分）			
	エネルギー(kcal)	タンパク質(g)	脂質(g)	NaCl(g)
かきたま汁				
筑　前　煮				
青菜の煮浸し				

A　かきたま汁

材料（1人分；g）	
煮だし汁	150
薄口しょう油	1.5
塩	0.9　（0.6%）
かたくり粉	1.5　（1〜1.5%）
水	2.5
卵	20
ミツバ	5

① 煮だし汁を煮立てて調味料を入れ，かたくり粉の水溶きを入れる．
② ①に溶き卵を糸状に流し入れ，長さ3 cmに切ったミツバを入れて火を止める．

! かきたま汁のデンプン

デンプンがα化して分子構造の鎖が伸び，からみ合って網目構造になったところへ卵がからまり，卵は汁中に浮かんだような形になる．

汁が冷えるとデンプンは老化するので，卵は沈む．

汁にデンプンを加えると，汁の温度降下を遅らせる効果がある．

B 筑前煮

材料（1人分；g）			
鶏肉（もも肉）	40	こんにゃく	15
a ｛しょう油	3	干しシイタケ	2
砂糖	2	サヤインゲン	5
酒	3	油	5
ニンジン	20	煮だし汁	50
タケノコ	20	砂糖	4
レンコン	20	酒	3
ゴボウ	20	しょう油	8

① 鶏肉は一口大に切る．
② ニンジン，タケノコ，レンコン，ゴボウは乱切りにする．レンコンとゴボウは水にさらし，あく抜きする．
③ こんにゃくは，一口大に手でちぎって，ゆでておく．
④ 干しシイタケはもどして軸を取り，二つまたは四つに切る．
⑤ サヤインゲンは筋を取り，ゆでておく．
⑥ 鶏肉を炒め，取り出してaの調味料をかけておく．鶏肉をとり出した鍋で②～④を炒め，煮出し汁を加えて煮る．砂糖，酒を入れて7～8分煮る．さらに，しょう油を何回かに分け入れ，最後のしょう油と鶏肉を汁ごと加え，煮汁がなくなるまで煮る．最後にサヤインゲンを加えて混ぜ，火を止める．

> **!** 筑前煮
> 鶏肉と野菜の炒め煮．福岡県の郷土料理でもあり，**筑前炊き**，**がめ煮**とも呼ばれる．

> **!** レンコン，ゴボウの酵素的褐変
> レンコンやゴボウにはポリフェノール類が多く含まれており，酵素的褐変を起こしやすい．切って，すぐ水や酢水に浸けることにより，酸化酵素のはたらきを抑えることができる．また，ゴボウやレンコンに含まれている色素は，フラボノイド系であり，酸性で白色，アルカリ性で黄色になる．白く仕上げたいときは，酢水に浸けるとよい．

C 青菜の煮浸し

材料（1人分；g）	
青菜（小松菜）	80
｛煮だし汁	20
薄口しょう油	3
砂糖	0.5

① 小松菜は色よくゆで，冷水に取り，水気を絞り，長さ3cmくらいに切る．
② 煮だし汁に薄口しょう油，砂糖を入れて煮立て，小松菜を入れ，煮てすぐ火から下ろす．
③ 器に青菜を盛り，冷ました煮汁をかける．

> **!** 煮浸し
> 煮物の一つで，量の多い薄味の煮汁で煮含めたものである．煮た材料に調味液をかけて供する．
> 小松菜，京菜がよく用いられる．

調べてみよう！
① 卵の鮮度判定について調べてみよう．
② 野菜の種類について調べてみよう．
③ 野菜の色素について調べてみよう．

実習 09

シソ飯
イワシのかば焼き
五目豆
焼きナス

栄養価記入欄（1人分）				
	エネルギー(kcal)	タンパク質(g)	脂質(g)	NaCl(g)
シ ソ 飯				
イワシのかば焼き				
五 目 豆				
焼 き ナ ス				

A シソ飯

① 米を洗い，定量の水に浸漬しておく．塩を加え，炊飯する．
② 青ジソは太い葉脈を切り取り，細かいせん切りにし，塩でもんで，水気を切る．
③ 炊き上がった塩味飯に②を混ぜ合わせ，茶碗に盛る．

材料（1人分；g）	
米	60
水	90
塩	0.8
青ジソ	1 （1枚）
塩	少々

! シソについて

シソは，大きく赤ジソと青ジソに分けられる．赤ジソの色素は，アントシアン系のシソニンであり，酸によって鮮やかな赤を呈する．そのため，赤ジソの葉は梅干しの色付けとして用いられることが多い．梅酢に漬けたものや塩漬けしたものを乾燥して粉にしたものを**ゆかり**という．青ジソの葉は，大葉ともいい，薬味や，さし身のつまなど広く用いられる．青ジソの独特の芳香成分はペリラルデヒドであり，これには防腐効果もある．無機質やビタミンを多く含んでおり，栄養価も高い．葉ジソのほかに，シソの実の熟していない緑色の実を付けた穂先である穂ジソや，発芽直後の芽である芽ジソも用いられる．芽ジソには，青ジソの青芽と赤ジソの紫芽（むらめ）がある．実はつくだ煮などに用いられる．

シソは，早くからご飯に混ぜると色が悪くなり，香気もなくなるので，盛り付ける直前に混ぜる．

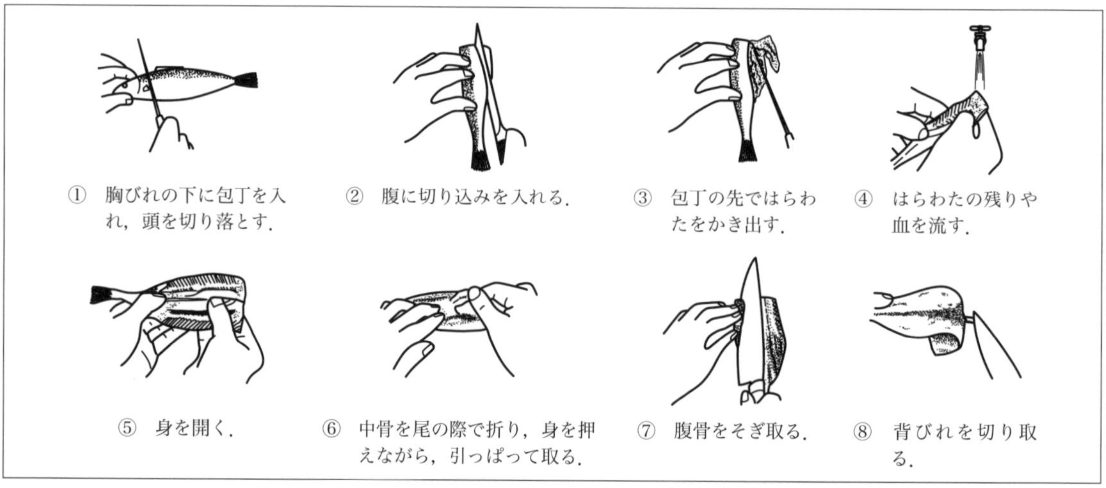

① 胸びれの下に包丁を入れ，頭を切り落とす．
② 腹に切り込みを入れる．
③ 包丁の先ではらわたをかき出す．
④ はらわたの残りや血を流す．
⑤ 身を開く．
⑥ 中骨を尾の際で折り，身を押えながら，引っぱって取る．
⑦ 腹骨をそぎ取る．
⑧ 背びれを切り取る．

図3・4 イワシの手開き

第3章 日本料理

B イワシのかば焼き

材料（1人分；g）			
イワシ	約160　（中2尾）	砂糖	9
かたくり粉	6	しょう油	12
アサツキ	5	a みりん	9
サラダ油	6	酒	6

① アサツキは，小口切りにする．
② イワシは手開き（図3・4）にした後，かたくり粉をまぶす．
③ フライパンを熱し，油を入れて，身のほうから先に焼く．
④ 焼き色がついたら裏返し，両面が焼けたら取り出す．
⑤ フライパンにaを入れて少し煮詰め，イワシを入れて，たれをからめる．器に盛り，アサツキを散らす．

> **! 手開き**
> イワシは身が軟らかいので，手で開くことができる（図3・4参照）．

C 五目豆

材料（6人分；g）					
ダイズ（水煮缶詰）	200	ニンジン	30	砂糖	25
レンコン	50	こんにゃく	70	酒	15
ゴボウ	40	昆布	7	しょう油	25

① レンコンは皮をむき，1.5〜2cmの乱切り．ゴボウはたわしでよく洗って乱切り．それぞれ水に浸けてあくを抜いておく．
② ニンジンは1cmの角切りにする．
③ こんにゃくは8mm角に切り，小さじ1/2ぐらいの塩でもみ，さっとゆでておく．
④ 昆布は，濡れぶきんでふいて長さ1cmのせん切りにする．
⑤ 鍋にダイズと①〜④を入れ，材料がひたひたになるくらいの水またはだし汁を入れて加熱し，沸騰したら火を弱め，落とし蓋をして煮る．
⑥ 材料が軟らかくなったところで，分量の1/2の砂糖と酒を加えて，弱火で煮続ける（10分）．
⑦ さらに残りの砂糖としょう油4/5量を加え，煮汁がほとんどなくなるまで煮る．
⑧ 残りのしょう油を消火直前に入れて軽く煮合わせる．そのまま冷やし，味を含ませる．

> **! 乾燥のダイズを煮るとき**
> ダイズを洗い，一晩水に浸け，加熱し，沸騰したら弱火で軟らかくなるまで煮る．途中であくを取る．圧力鍋を利用すると，約10分間で軟らかく煮上がる．

D 焼きナス

① ナスのがく（萼）を切り除き，焼き網の上で回しながら強火で焼く．
② 水にさっと浸け，繊維に沿って縦に皮をむく．竹串で裂き，へたを切り取る．
③ おろしショウガの1/2量をしょう油と合わせ，②に和える．器に盛り付け，残りのショウガを天盛りにする．

材料（1人分；g）	
ナス	100
ショウガ	2
しょう油	6

> **! ナスの調理法**
> ナスは，スポンジ状の組織をしていることから，油脂を吸収しやすく，味のうえでも油との調和がよい．無機質やビタミン類が少なく栄養価は低いので，田楽などのように，みそなどを補うとよい．また，高温で加熱することにより，あく成分が甘味に変わる．

調べてみよう！
① 料理の味付け塩分濃度について調べてみよう．
② 魚介類の筋肉の種類について調べてみよう．
③ ダイズについて調べてみよう．
④ 緑黄色野菜とその他の野菜の分類について調べてみよう．

実習 10

栗飯
土びん蒸し
包み焼き
白和え

栄養価記入欄（1人分）				
	エネルギー(kcal)	タンパク質(g)	脂質(g)	NaCl(g)
栗　　　飯				
土びん蒸し				
包 み 焼 き				
白　和　え				

! 栗飯

鬼皮に切れ目を入れて，焼いて皮をむいてもよい．

もち米を入れる場合は，米の総量の1/3くらいまでとし，加水量は（うるち米の重量×1.5 +もち米の重量×1.0）とする．

サツマイモや栗をゆでるときに0.5%ミョウバンを加えると，色止めや煮崩れ防止に効果がある．

! 土びん蒸し

スダチを土びんの中に絞り込み，猪口を使って，具と汁をいただく．

! 生麩（なまふ）

生麩は小麦粉をこね，デンプンを流し，残ったグルテン（タンパク質）にもち米粉を加えて蒸したもので，消化吸収がよく，栄養価の高い食品である．

! ハモ

ウナギに似た細長い胴体で，鋭い歯をもっている．旬は夏であり，関西の夏祭りには欠かせない．産卵後，ハモの食欲のもどった秋から冬にかけても珍重される．

! ハモの骨切り

ハモの身は白身で，淡白でうま味に富んでいる．小骨が多いので，皮を下にして，皮を切らないように身を1〜2mm間隔ぐらいに細かく包丁で切る骨切りを行なって用いる．

! マツタケ

秋に赤松などの林に生える．人工栽培がむずかしく，輸入物が多く出回っている．肉質は緻密で特有の香りをもつ．傘が中開きで，軸が短く太いものがよい．

A 栗飯

① 米を洗って分量の水に浸けておく．
② 栗は熱湯に20分以上浸けて皮を軟らかくし，平らな面をまな板にのせて底を切り，鬼皮と渋皮をむき，適当な大きさに切り，水に浸ける．熱湯で約5分間ゆでた後，水で洗い，あくを取る．
③ ①の米に調味料と②の栗を加えて炊飯し，よく蒸らして混ぜ，器に盛り付ける．

材料（1人分；g）	
米	60
水	86
酒	4
塩	0.9
栗	50　（2個）

B 土びん蒸し

材料（1人分；g）			
マツタケ	10	ミツバ	3
白身魚（ハモ）	30	スダチ	5　（1/6個）
エビ	15　（1尾）	煮だし汁	150
塩	0.1	塩	1
生麩（もみじ麩）	8	薄口しょう油	1
ギンナン	4　（2粒）	酒	4.5

① マツタケは石づきを斜めに削り，濡れぶきんで傘の上を軽くたたくようにしてふき，塩水で洗う．大きく長いマツタケは，先に長さを二つ切りにし，傘のほうは大きさに合わせて縦六つ割りまたは八つ割り，軸は厚さ2mmくらいに縦切りにする．
② エビは背わたと尾の一節を残して殻を取り，塩をふる．
③ 骨切りしたハモは，熱湯に通し，霜ふりにする．
④ 生麩（ふ）は厚さ5mmくらいに切る．
⑤ ミツバは長さ3cm，スダチはくし形に切り，中央の筋を除いておく．
⑥ ギンナンは鬼皮を取り，塩少々を入れた熱湯でゆでながら，玉杓子の底でこすり，薄皮をむく．すぐ冷水で冷やし，ざるに取る．
⑦ ミツバ以外の材料を土びんに入れる．
⑧ 調味した熱い煮だし汁を注ぎ，蓋をして強火で約10分くらい蒸す．直接火にかけてもよい．でき上がり直前にミツバを入れる．
⑨ 蓋の上にくし形のスダチを置き，受け皿にのせて供する．

第3章 日本料理

C 包み焼き

材料（1人分；g）			
白身魚	60	ニンジン	10
塩	0.6	スダチ	5　（1/6個）
酒	2	ポン酢	
鶏ささ身	20	酢	7
塩	0.2	薄口しょう油	8
酒	0.6	煮だし汁	3
生シイタケ	20	アルミ箔	30×30 cm
塩	0.2		
酒	0.6		

① 白身魚は切り身にし，皮に浅く切り目を入れ，塩，酒をふりかけ，下味を付けておく．
② 鶏ささ身は筋を取り除き，そぎ切りにして塩，酒をふり，下味を付ける．
③ 生シイタケは石づきを取り，固く絞った濡れぶきんで汚れをふき取り，塩，酒をふりかける．
④ ニンジンはできるだけ薄くそぐように切っておく．
⑤ アルミ箔にニンジンを並べ，その上に白身魚，鶏ささ身，生シイタケを添え，空気を抜くようにして包む．
⑥ 天板に⑤のアルミ箔の包みを並べ，220℃のオーブンで10分焼く．
⑦ 皿にアルミ箔の包みを盛り，右手前にくし形に切ったスダチを添え，ポン酢を小皿に入れて供する．

! 包み焼き

包み焼きの調理は蒸し焼きの状態となり，風味が逃げない，汁が外に流れ出ない，細かい形の材料にもよいなどの利点があるので，世界各国の料理にこの調理法がみられる．中身の食品材料や外側の包み紙の種類を替えると，外観，味の変化を楽しむことができるのも特徴である．

! ポン酢

本来，かんきつ類の果汁のことであるが，しょう油を混ぜ合わせたもののこともポン酢という．かんきつ類を表すオランダ語のポンズ（pons）が由来．ダイダイ（橙），カボス，スダチ，ユズ，レモンなど．甘味の少ないかんきつ類の果汁を用いる．

D 白和え

材料（1人分；g）			
柿	30	豆腐	25
こんにゃく	20	白ゴマ	2
キクラゲ（乾）	0.7	白みそ	2
a 煮だし汁	20	b 塩	0.5
薄口しょう油	2	砂糖	3
砂糖	1	煮切りみりん	3

① もどしたキクラゲと皮をむいた柿は，ともに長さ約3 cmにせん切りする．
② 塩もみして洗ったこんにゃくは，下ゆで後，長さ2 cmの細切りにしておく．
③ ①のキクラゲ，②のこんにゃくをaで煮て下味を付け，冷ましておく．
④ 豆腐は大きく切り，熱湯でさっとゆで，水で冷やし，ふきんで水気を切る．
⑤ 和え衣として，軽く煎った白ゴマをすり鉢ですり，白みそ，④の豆腐を入れてすり混ぜ，bで味をととのえる．
⑥ ⑤の和え衣の中に③と柿を加えて和える．小鉢に中高に盛る．

! 和え衣

和え衣にはさまざまな種類がある（p.20，表2・13参照）が，いずれの場合も，冷ました具を供卓直前に和える．

調べてみよう！
① 魚介類の旬について調べてみよう．
② 蒸し焼きの方法について調べてみよう．
③ 食べる直前に和え衣を具と和える理由について調べてみよう．

実習 11

そぼろ飯
菊花豆腐のすまし汁
ヒジキの炒め煮
サヤインゲンの落花生和え

栄養価記入欄（1人分）				
	エネルギー（kcal）	タンパク質（g）	脂質（g）	NaCl（g）
そ ぼ ろ 飯				
菊花豆腐のすまし汁				
ヒジキの炒め煮				
サヤインゲンの落花生和え				

A そぼろ飯

材料（1人分；g）

米	80	ショウガ汁	1	卵	50（1個）
水	108	しょう油	4	砂糖	2
酒	6	a 砂糖	2.4	塩	0.2
薄口しょう油	6	酒	4	ノリ	0.2
鶏ひき肉	40	サヤエンドウ	10	紅ショウガ	5

① 米は洗って水切りした後，分量の水に30分以上浸漬し，調味料を加えて炊き，桜飯をつくる．
② 鶏ひき肉，ショウガ汁とaの調味料を鍋に入れ，弱火で煮汁がなくなるまで炒（い）り煮して，そぼろをつくる．
③ サヤエンドウは，筋を取り，色よくゆでて斜めにせん切りする．
④ 卵は溶いて，調味料を加える．厚手の鍋に入れて4～5本の箸でかき混ぜながら，弱火で細かい炒り卵をつくる．
⑤ ノリはあぶり，細く切っておく．
⑥ 紅ショウガをせん切りにする．
⑦ ①をどんぶりに盛り，その上に②～⑥を彩りよく飾る．

B 菊花豆腐のすまし汁

材料（1人分；g）

煮だし汁	150	豆腐	50
塩	1	シュンギク	10
薄口しょう油	1.5	ユズの皮	少量

① 豆腐は，3.5 cm くらいの角切りにし，底のほうを0.5 cm 残して縦横に0.5 cm くらいの間隔で切り目を入れる．
② シュンギクは，ゆでて3 cm 長さに切る．
③ 煮だし汁に調味料を加えて一煮立ちさせる．
④ 1％の塩を入れた熱湯に②を入れて温めて，椀にとる．次に①をくずさないように入れて温め，穴杓子ですくいとって水気を切り，椀に入れる．これに③を注いで，豆腐を花のように開き，その中央に丸くむいたユズの皮をおく（ユズの皮の代わりに土ショウガをおろして添えてもよい）．

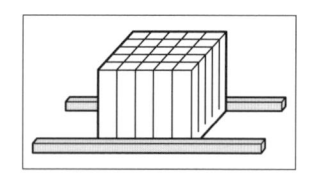

図3・5 菊花豆腐

! 豆腐の扱い方

豆腐を長く煮ると，タンパク質が熱変性を起こして"す"ができ，口当たりのなめらかさが失われるが，煮汁に食塩が入ると，豆腐中に残っている凝固剤のカルシウムが食塩と反応して，大豆タンパクと結合するのを防ぐため，固くならない．

第3章 日本料理

C ヒジキの炒め煮

材料（1人分；g）			
ヒジキ	5	砂糖	5
ニンジン	5	みりん	3
厚揚げ	15	しょう油	8
油	5	煮だし汁	25

① ヒジキはさっと洗い，水に約15分浸けてもどす．砂や小石が混ざらないように，浸け水から取り出す．
② ニンジンは長さ3cmのせん切りにする．厚揚げは油抜きし，1cmの厚さに切る．
③ 鍋に油を入れ，ニンジン，ヒジキ，厚揚げの順に炒め，煮だし汁，調味料を加えて，煮汁がなくなるまで弱火で煮る．

> **！ 炒め煮の効果**
> 材料を油で炒めてから煮汁を入れて煮上げるので，材料のうま味が逃げず，また，こくのある料理となる．

> **！ ヒジキ**
> ヒジキは，古くから食用にされてきた海藻の一種であり，褐藻類のホンダワラ科に属する．生は，黄褐色で硬くて渋みが強いので，蒸して乾燥させたものが出回っている．生ヒジキとして出回っているものも，一度加熱したものである．市販の乾燥ヒジキには，芽ヒジキと長ヒジキがあり，光沢のある黒色のものがよい．カルシウムや鉄を多く含む．乾燥品をもどすと，6～7倍の重量になる．油との相性がよいので，炒めてから使うとよい．もどしすぎたり，炒めすぎると，風味が悪くなるので注意する．水煮ダイズ，油揚げ，ちりめんじゃこなどを取り合わせてもよい．

D サヤインゲンの落花生和え

材料（1人分；g）			
サヤインゲン	40	しょう油	2
落花生	6	煮だし汁	3
砂糖	1.5		

① サヤインゲンは筋を取り，色よくゆで，斜めに切る．
② 落花生は薄皮をむいて粗く刻んだ後，すり鉢でよくする．調味料と煮だし汁を加えて和え衣をつくり，①を和える．

> **！ 落花生**
> 別名ナンキンマメ，ピーナッツ．花が落ちると子房の基部が地中にもぐって成長し，実となることから，落花生の名になった．脂質は約47%で，オレイン酸やリノール酸といった不飽和脂肪酸が多い．

調べてみよう！
① 肉と魚の繊維についてその違いを調べてみよう．
② 炒め煮は，ほかにどんなものがあるか調べてみよう．

実習 12

吉野鶏のすまし汁
かぶら蒸し
ヤマイモとミツバの和え物

栄養価記入欄（1人分）			
	エネルギー(kcal)	タンパク質(g)	脂質(g)	NaCl(g)
吉野鶏のすまし汁				
かぶら蒸し				
ヤマイモとミツバの和え物				

A 吉野鶏のすまし汁

材料（1人分；g）			
煮だし汁	150	酒	1
a ｛ 塩	1	くず（かたくり粉）	1
薄口しょう油	1.5	ミツバ	5
鶏ささ身	20	木の芽	少量
塩	0.2		

> **！ 結びミツバ**
> 吸い物に入れるときなどは，ミツバを軽く結ぶ．
> 茎を軽くしごいて結ぶか，さっとゆでて結ぶ．

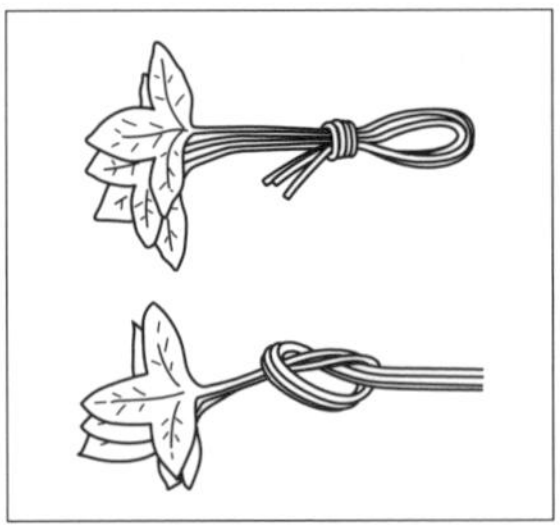

図3・6　結びミツバ

① 煮だし汁を用意して火にかけ，aで調味し，吸い地をつくる．
② 鶏ささ身は，筋を除き，そぎ切りにして，塩，酒をふり，しばらく置いてふきんで水分をふく．
③ ②は，乾いたまな板の上で，すりこ木でたたいて平たく延ばし，両面にくずを薄くまぶし付ける．
④ ③を熱湯でゆで，ざるにあげて湯を切り，椀に入れる．
⑤ ミツバは結びミツバ（図3・6）にし，①の吸い地にをくぐらせ，椀に入れる．
⑥ 熱い①の吸い地を椀に注ぎ，季節の吸い口を添える．

> **！ 吉野鶏**
> くずの産地として有名な吉野の地名にちなんだ料理名で，**鶏のくずたたき**ともいわれる．デンプンをまぶすことによって，うま味が流出せず，なめらかな舌ざわりが得られる．

B かぶら蒸し

材料（1人分；g）			
白身魚（切り身）	60	ミツバ	10
エビ	25 （1尾）	カブ	100
シイタケ	8 （中1/2枚）	卵白	10
ニンジン	5	酒	1
キクラゲ	1	塩	少々
ユリ根	10	とろみあん	
ギンナン	4 （2粒）	煮だし汁	60
煮汁		酒	1
煮だし汁	20	塩	0.5
酒	3	薄口しょう油	少々
みりん	10	かたくり粉	1.5
薄口しょう油	5	ワサビ	適宜

① エビは，背わたを取り，塩熱湯でさっとゆで，殻を取る．
② シイタケは，石づきを取り，せん切りにする．ニンジンは，皮をむいて4 cm 長さのせん切りにする．キクラゲは，水にもどしてせん切りにする．
③ ユリ根は1枚ずつはがして，酢を入れた熱湯でさっとゆでる．
④ ギンナンは殻を割って取り出し，塩少々を入れた熱湯でゆでながら，玉杓子の底でこすり，薄皮をむく．すぐに冷水で冷やし，ざるに取る．
⑤ 鍋に煮汁の材料を入れて煮立て，白身魚の切り身および①〜④の材料を混ぜないように並べて，中火でゆっくり火を通し，器に入れておく．
⑥ カブは，皮をむいておろし，巻きすにとって軽く水気を切り，卵白，酒，塩を加えてよく混ぜ合わせる．
⑦ ⑤の器に2 cm 長さに切ったミツバを入れ，その上にこんもりと⑥を置く．蒸気のあがった蒸し器に入れて，強火で5〜7分蒸す．
⑧ とろみあんをつくる．煮だし汁を熱して調味し，水溶きかたくり粉を入れて濃度をつける．
⑨ ⑦が蒸し上がったら，⑧をたっぷりかけ，ワサビを天盛りにして，ふたをして供する．

■C ヤマイモとミツバの和え物

材料（1人分；g）			
ヤマイモ	30	合わせ酢	
ミツバ	8	煮だし汁	5
ノリ	1	酢	10
		薄口しょう油	1
		砂糖	2
		塩	0.2

① 合わせ酢をつくっておく．
② ヤマイモを洗い，皮をむいて長さ3 cm に切って水に浸ける．
③ ②をすぐに取り出し，千六本に切って，合わせ酢に浸ける．
④ ミツバは色よくゆで，冷水に取って水気を切り，長さ3 cm に切る．
⑤ 盛り付ける直前に③のヤマイモと④のミツバを混ぜ，中高に小鉢に盛り，残りの合わせ酢を少量，小鉢の中に回しかける．
⑥ 火であぶったノリをはさみで細かく切り，天盛りにする．

！ ヤマイモ

ヤマノイモ．サトイモ（里芋）に対して一般にヤマイモ（山芋）と呼ばれる．自然種と栽培種があり，自然種は別名**じねんじょ**（自然薯）といわれる．栽培種はその形態から，棒状の長イモ，扇状のいちょうイモ，球状のつくねイモの3種に大別される．主成分であるデンプンは，分解酵素であるアミラーゼを多く含んでいるため生食が可能で，消化がよい．

！ かぶら蒸し
アマダイなどの白身魚の切り身の上におろしたカブをのせて蒸した料理．秋から冬にかけてよくつくられる．

！ かぶら
一般に，肥大した根を食用とするが，その大きさ，色，形など各地域ごとに独特の品種がある．京都の聖護院カブは直径15〜30 cmにも達し，肉質が緻密で甘味がある．このカブでつくる千枚漬けは有名であり，かぶら蒸しにも適している．

！ 千六本（せんろっぽん）
p.5, 図1・3 参照

調べてみよう！
① かたくり粉やくず粉などのデンプンがどのように調理に利用されているか調べてみよう．
② カブに卵白を混ぜることで得られる効果とは何か調べてみよう．
③ ヤマイモの粘り成分について調べてみよう．

実習 13

けんちん汁
サバのみそ煮
あちゃら漬け

栄養価記入欄（1人分）				
	エネルギー(kcal)	タンパク質(g)	脂質(g)	NaCl(g)
けんちん汁				
サバのみそ煮				
あちゃら漬け				

A けんちん汁

材料（1人分；g）			
豆腐	30	サトイモ	20
こんにゃく	10	ネギ	2
ダイコン	20	塩	1
ニンジン	10	しょう油	3
干しシイタケ	1	煮だし汁	150
ゴボウ	10	ゴマ油	5

> **！ けんちん**
> 巻繊と書く．豆腐を主材料にしたけんちん地を用いた料理を指す．中国から伝来した卓袱（しっぽく）料理や普茶（ふちゃ）料理に由来する．

① 豆腐は軽く重しをして，水気を切っておく．
② こんにゃくは短冊に切って下ゆでする．
③ ダイコン，ニンジンはいちょう切り，干しシイタケはもどしてせん切りにする．ゴボウはささがき（p.5，図1・3参照）にして，水に浸けてあくを取る．
④ サトイモは皮をむき，塩をふってぬめりを取り，5 mmの輪切りにする．ネギは小口切りにする．
⑤ 鍋でゴマ油を熱し，ネギ以外の野菜とこんにゃくを炒める．さらに，かたまりのままの豆腐を加え，大きめに砕きながら炒めていく．煮だし汁を入れてあくを取りながら，材料が軟らかくなるまで煮る．
⑥ 調味料を加えて味付けをし，ネギを入れて一煮立ちさせ，器に盛り付ける．

B サバのみそ煮

材料（1人分；g）			
サバ	約60 （1/4尾）	酒	10
水	50	土ショウガ	5
しょう油	4.5	赤みそ	10
砂糖	5		

① サバは下処理する（うろこ，内臓，頭を取り，血合い部分や汚れを洗い落とす．以後は直接水につけないほうがよいので，ていねいに行なうこと）．
② 二枚におろす（図3・7）．片身を2切れに切り，表に飾り包丁を入れる．
③ 土ショウガを薄切りにする．
④ 鍋に水としょう油，砂糖，酒，土ショウガを入れ，煮立たせる．
⑤ 魚を重ねないように並べ，落とし蓋をして10分間煮る．
⑥ みそを煮汁で溶かして加え，3〜4分煮る．

第3章 日 本 料 理

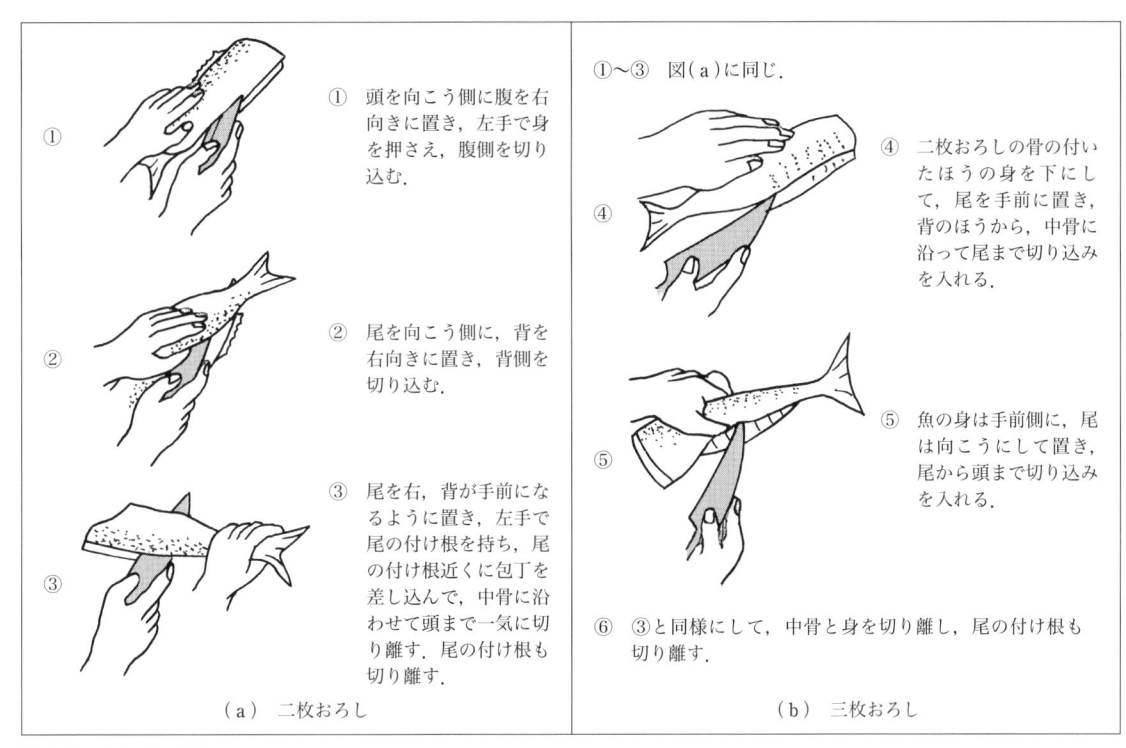

①	① 頭を向こう側に腹を右向きに置き，左手で身を押さえ，腹側を切り込む．	①〜③ 図(a)に同じ．	
②	② 尾を向こう側に，背を右向きに置き，背側を切り込む．	④	④ 二枚おろしの骨の付いたほうの身を下にして，尾を手前に置き，背のほうから，中骨に沿って尾まで切り込みを入れる．
③	③ 尾を右，背が手前になるように置き，左手で尾の付け根を持ち，尾の付け根近くに包丁を差し込んで，中骨に沿わせて頭まで一気に切り離す．尾の付け根も切り離す．	⑤	⑤ 魚の身は手前側に，尾は向こうにして置き，尾から頭まで切り込みを入れる．
		⑥	⑥ ③と同様にして，中骨と身を切り離し，尾の付け根も切り離す．
(a) 二枚おろし		(b) 三枚おろし	

図3・7 魚のおろし方

! **サバの特徴**

サバの生き腐れといわれるように，外観からでは鮮度判定がむずかしく，しかも傷みやすい．水分が多く，軟らかい肉質は，身割れが起きやすく，細菌による腐敗が起きやすい．また，うま味成分であるヒスチジンが，自己消化によってヒスタミンを生じるため，鮮度が低下したサバは，アレルギー症状を呈することがあり，注意が必要である．高度不飽和脂肪酸であるEPAやDHAが豊富である．

C あちゃら漬け

材料（1人分；g）			
小カブ	30	ユズの皮	少々
カブの葉	5	a ┌ 酢	5
ニンジン	5	├ 塩	0.3
レンコン	10	└ 砂糖	3
昆布	0.5		

① カブは短冊切り，ニンジンはせん切りにして重量の1%の塩をし，20分おき，水気を絞っておく．カブの葉は，ゆでて小口から切る．
② レンコンはいちょう切りにし，さっとゆでる．
③ 昆布は固くしぼった濡れぶきんでふき，細かいせん切りにする．
④ ユズの皮は，短く細いせん切りにする．
⑤ aで甘酢をつくり，①〜④を加える．

! **あちゃら**

あちゃら（亜茶羅）とは，ペルシャ語由来の言葉で，いろいろな材料を取り合わせるという意味である．また，漬け物を指す言葉であるともいわれる．季節の野菜を数種，塩でもんだり，さっとゆがいたりして，甘酢に漬けたものを**あちゃら漬け**という．

調べてみよう！
① 卓袱（しっぽく）料理や普茶料理について調べてみよう．
② サバの鮮度低下が速いとされる理由について調べてみよう．

実習 14

茶わん蒸し
ブリの照り焼き
ミズナのカラシ和え

栄養価記入欄（1人分）				
	エネルギー(kcal)	タンパク質(g)	脂質(g)	NaCl(g)
茶わん蒸し				
ブリの照り焼き				
ミズナのカラシ和え				

A 茶わん蒸し

材料（1人分；g）			
鶏ささ身	20	ミツバ	2
a ｛薄口しょう油	1	かまぼこ	10　（1枚）
酒	1	卵	30
エビ	25　（1尾）	煮だし汁	120
生シイタケ	15　（小1枚）	b ｛塩	1
ギンナン	2　（1個）	薄口しょう油	1
ユリ根	10		

① 鶏ささ身は筋を取り，薄くそぎ切りして a で下味を付けておく．
② エビは尾を残して殻をむき，背わたを取る．
③ 生シイタケは軸を取り，傘に十文字の切り目を入れる．身の厚いものはそぎ切りする．かまぼこも切っておく．
④ ギンナンは殻をむき，塩少々を入れた熱湯でゆでながら，玉杓子の底でこすり，薄皮をむく．ユリ根は1枚ずつはがしてゆでる．
⑤ ミツバは3cmくらいの長さに切る．
⑥ 熱い煮だし汁を b で調味し，冷ましておく．
⑦ 卵を割りほぐし，⑥を加え，泡立てないように混ぜてこす．
⑧ 茶碗に①〜④の材料を入れて⑦を注ぎ入れる．蒸気の立った蒸し器に入れ，85〜90℃で約15分蒸す．竹串を刺して，出てくる汁が濁っていなければよい．蒸し上がり際にミツバを入れる．

> **！ 茶碗蒸し**
> "す"が立ちやすいので，蒸し器内を85〜90℃に保つために火加減に注意し，蓋をずらしたり，ふきんを下に敷いたりするとよい．また，露止めに蒸し器と蓋の間にふきんをはさむ．

B ブリの照り焼き

材料（1人分；g）				
ブリ	80		甘酢	
しょう油	8	（魚の10%）	酢	8
みりん	8	（魚の10%）	砂糖	3
小カブ	40		塩	0.4
塩	0.8	（カブの2%）		

① しょう油，みりんを合わせ，ブリを15〜20分浸けておく．
② ブリは筋繊維に直角に串を打つ．
③ 火から15 cmくらい離し，強火の遠火で焼く．
④ ブリの中心まで火が通って焦げ目がついた後，両面各3回くらい照り汁（浸け汁を少し煮詰める）をつけて焼く．串は熱いうちに回しておく．
⑤ 小カブの皮をむき，薄切りか菊花カブにし，塩をして甘酢に漬ける．
⑥ 魚は串を抜いて盛り付け，右手前に菊花カブを添える．

! **照り焼き**

照り焼きには，サワラ，サケ，ブリなどが向く．フライパンに油を入れて焼く**鍋照り焼き**もある．

C ミズナのカラシ和え

材料（1人分；g）	
ミズナ	50
薄口しょう油	2
煮だし汁	3
練りガラシ	1

① ミズナは，さっとゆでて長さ4〜5 cmくらいに切っておく．
② 調味液を合わせ，①を和え，器に中高に盛る．

! **カラシ**

カラシの辛味成分はシニグリンやシナルビンという配糖体であり，ミロシナーゼという酵素によって糖が分離すると，辛味を呈するようになる．カラシを溶くとき，ぬるま湯を使うと，この酵素がはたらきやすく，早く辛味が増す（p.117参照）．

! **ミズナ**

一般に**京菜**と呼ばれているものの関西での呼び名．壬生菜もこの仲間になる．

調べてみよう！
① 希釈卵液に各種調味料を加えた場合の影響について調べてみよう．
② 焼き物の種類について調べてみよう．
③ 香辛料の種類やその効果について調べてみよう．

実習 15

さつま汁
竜田揚げ
みぞれ和え

栄養価記入欄（1 人分）

	エネルギー(kcal)	タンパク質(g)	脂質(g)	NaCl(g)
さ つ ま 汁				
竜 田 揚 げ				
み ぞ れ 和 え				

A さつま汁

材料（1 人分；g）

煮だし汁	180	ゴボウ	5
豚肉（薄切り）	25	ネギ	5
ダイコン	20	赤みそ	15
ニンジン	10	ショウガ	少々
サトイモ	20		

> **！ さつま汁**
> 本来は，骨付き鶏肉のぶつ切りを用いた鹿児島の郷土料理であったが，最近は一般化し，鹿児島地方に限らず各地でつくられ，豚肉が用いられることが多い．
>
> 材料中の煮だし汁の分量は，蒸発分 30 g を含んでいる．

① 豚肉は 2 cm 幅に切る．
② ダイコン，ニンジンは 0.3 cm 厚さのいちょう切りにする．
③ サトイモは皮をむいて，1 cm の輪切りにして固めにゆでるか，塩でもみ，ぬめりを取り除いて水洗いする．
④ ゴボウはささがき（p.5, **図 1・3 参照**）にし，水に浸けてあく抜きをする．
⑤ ネギは小口切り，ショウガはすりおろす．
⑥ 煮だし汁に ②〜④ を入れて火にかけて煮立てる．次に，豚肉とみそ 1/2 を入れて，あくを取りながら煮る．野菜とサトイモが軟らかくなったら残りのみそを溶き入れ，⑤ を加えて，煮立ったら火を止めて器に盛る．

B 竜田揚げ

材料（1 人分；g）

サバ	60	かたくり粉	5
┌ しょう油	6	揚げ油	適宜
│ 酒	3	シシトウ	7（2 本）
│ みりん	3	塩	0.2
└ ショウガ汁	2		

> **！ 竜田揚げ**
> 揚げたそのもみじ色を，紅葉の名所奈良県の竜田川にちなんで，竜田揚げの名がつけられた．

① サバは 3 枚におろし，切り身にする．水気を軽くペーパータオルで取っておく．
② しょう油，酒，みりんの調味液にショウガのおろし汁を加え，① のサバを 10〜20 分浸ける．
③ 下味を付けたサバの浸け汁を切り，表面全体に薄くかたくり粉をつけ，約 160℃の油で揚げる．
④ シシトウは包丁の先で切り目を入れ，160℃くらいの油で揚げ，熱いうちに軽く塩をふっておく．
⑤ 皿にサバを盛り，右手前にシシトウを添える．

> **掻敷**（かいしき）
>
> 料理をより引き立てるために，料理の下に紙や葉を敷くことがある．この敷紙や木の葉などを掻敷という．

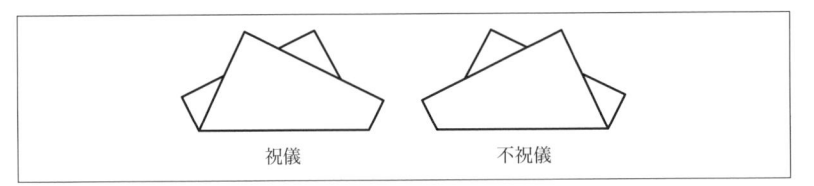

祝儀　　不祝儀

図 3・8　敷紙の折り方

C みぞれ和え

材料（1 人分；g）				
卵	15	ダイコン	50
塩	0.1	合わせ酢	
砂糖	0.5	酢	8
生シイタケ	30 （2 枚）	砂糖	3
しょう油	2	塩	0.8
みりん	2	薄口しょう油	1
ミツバ	8		

① 卵に薄味を付け，薄焼き卵をつくり，長さ 3 cm くらいの短冊に切る．
② 生シイタケは網で焼いて薄切りにし，しょう油とみりんで炒り煮する．
③ ミツバは色よくゆで，巻きすで水気を絞り，長さ 3 cm くらいに切っておく．
④ ダイコンはおろして，すだれの上に置き，自然に水気を切る．
⑤ 合わせ酢の中に①の卵，②の生シイタケ，③のミツバ，④のダイコンを入れ，全体を和えて盛り付ける．

> **みぞれ和え**
>
> みぞれ和えとは，和え衣の一種で，**おろし和え**ともいう．ダイコンおろしを二杯酢や三杯酢と混ぜたみぞれ酢で和えたものである．ダイコンおろしを加えた状態が，冬のみぞれ風であることからこの名がある．

> **ダイコン**
>
> ビタミン C とデンプン分解酵素のアミラーゼを多く含む．部位によって甘味や辛味が異なり，葉に近いほうが甘味があり，先のほうほど辛味が強くなる．辛味の成分はイソチオシアナート類で，おろしにすると，遊離して辛味を生じる．この辛味成分は揮発性で，長時間放置すると消えるが，ビタミン C の酸化が促進される．酸を加えることで辛味は和らぎ，ビタミン C の酸化も抑制される．

調べてみよう！
① 郷土料理の汁物について調べてみよう．
② 背の青い魚に多く含まれる高度不飽和脂肪酸について調べてみよう．
③ 辛味成分について調べてみよう．

実習 16

巻きずし・いなりずし
庄内麩とジュンサイの赤だし
シュンギクのゴマ和え

栄養価記入欄（1人分）					
	エネルギー(kcal)	タンパク質(g)	脂質(g)	NaCl(g)
巻きずし・いなりずし				
庄内麩とジュンサイの赤だし				
シュンギクのゴマ和え				

A 巻きずし・いなりずし

材料（6人分；g）				
米	600		かんぴょう	12
水	840		煮だし汁	120
昆布	9	c	砂糖	12
合わせ酢			みりん	12
酢	90		薄口しょう油	18
砂糖	39		卵	120 （L寸2個）
塩	9		煮だし汁	25
巻きずし（3本分）		d	砂糖	2.5
高野豆腐	24 （1½枚）		塩	1.4
煮だし汁	180		ミツバ	30
砂糖	6		ノリ	9 （3枚）
a　みりん	4.5		いなりずし（18個分）	
塩	1.5		すし揚げ（油揚げ）	135 （9枚）
薄口しょう油	9		煮だし汁	300
干しシイタケ	9		砂糖	42
もどし汁	70	e	酒	15
b　砂糖	9		しょう油	36
しょう油	9		ゴマ	10
			おの実（麻の実）	6
			葉らん	適量
			酢どりショウガ	30

! いなりずし

甘く煮た油揚げにすし飯を詰めたもの．油揚げが，稲荷の神の使いとされるキツネの好物であるということがこの名の由来．関東では，油揚げを横二つに切り四角くするが，関西は，対角線に切って三角にすることもある（p.218参照）．

! 合わせ酢

合わせ酢は，すしの種類によって割合を変える．にぎりずしは砂糖を控えたり，反対にちらしやいなりずしの場合は多くするなどする．合わせて時間をおくと，味がなじんでよい．

! すし飯の要領

すし飯をつくる場合，後で合わせ酢を合わせるので，炊飯時の加水量を控えて，硬めに炊飯する．昆布を直接入れず，だしで炊飯する場合もある．合わせ酢と合わせる場合，ご飯が粘らないように注意しながら混ぜ，余分な水蒸気を飛ばし，つやのあるすし飯とするため，急冷する．

! 半切り

すし飯をつくるときに用いる木製の桶（おけ）．

使う前に，酢水または水で湿らせておくと，合わせ酢が半切りに浸透するのを防ぐことができる．

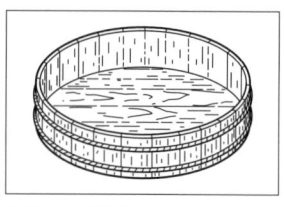

図3・9　半切り

① 米を洗い，切り目を入れた昆布とともに水に浸漬し，30分以上おいてから炊飯する．昆布は，沸騰直前に取り出す．
② 合わせ酢の材料を合わせ，砂糖が溶ける程度に温めて合わせ酢をつくっておく．
③ 炊き上がったご飯を熱いうちに半切り（図3・9）に山形に取り出し，合わせ酢をかける．しゃもじ（杓文字）で切るように混ぜ合わせて，合わせ酢が全体にいきわたったら，うちわであおいで，つやが出るように急冷する．巻きずしといなりずし用に2等分する．
④ 高野豆腐は，温湯（60℃程度）に浸けてもどし，2,3回水を替えて押し洗いし，固く絞る．鍋にaともどした高野豆腐を入れて，煮汁がなくなるまで弱火で煮含める．汁気を切って拍子木切りにする．
⑤ 干しシイタケはもどして軸を除き，bのもどし汁でしばらく煮た後，砂糖をいれて煮る．しょう油を加え，煮汁がなくなるまで煮てからせん切りに

第3章　日本料理

する．

⑥ かんぴょうはさっと水洗いして，塩でもんで軟らかくし，ゆでる．**c**の煮だし汁と調味料でゆっくり煮含める．

⑦ 卵は**d**で調味し，厚焼き卵を焼く（くわしくはp.42，**だし巻き卵**参照）．ノリの長さに合わせて棒状に切る．

⑧ ミツバはゆでておく．

⑨ ノリは2枚を中表に合わせ，火取る．

⑩ すし揚げは油抜き（p.38参照）し，落とし蓋をして**e**の調味液でゆっくり煮る．

⑪ ゴマ，おの実は煎っておく．

⑫ **巻きずし**をつくる．乾いた巻きす（簀）にノリを横長に置く．手を酢水で湿らせてすし飯を取り，向こう3 cmくらい残して全体に広げる．飯の中央に④〜⑧の具をのせ，手前のすし飯を向こう側のすし飯の端に合わせるつもりで巻き，巻きすを少し浮かせて締めながら，残してあるノリの上をころがし，形を整える．濡れぶきんで包丁を濡らしながら1本を八つに切る．

⑬ **いなりずし**をつくる．すし飯に⑪を混ぜ，1個当たり40 gくらいに軽く握って揚げに詰める．

⑭ 葉らんは，表を下にして包丁で飾り切りする（図3・10）．

⑮ 巻きずし半本といなりずし3個で1人分とし，酢どりショウガと葉らんを

> ! **拍子木切り**
> p.5，**図1・3**参照．

> ! **火取る**
> さっとあぶる（焙る）こと．ぱりっとした食感となる．ノリの色素であるフィコエリトリン（赤色）がフィコシアン（青色）に変わる．中表にして片面だけあぶることにより，香りや水分が抜けるのをある程度防ぐことができる．

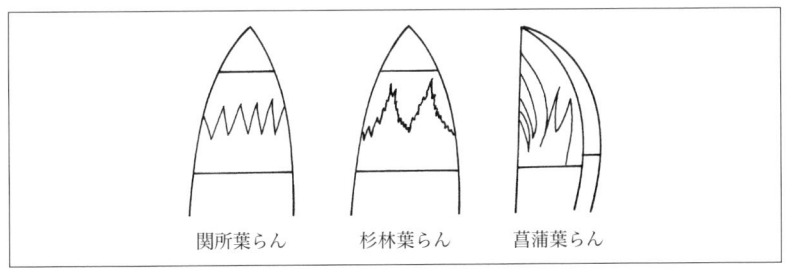

関所葉らん　　杉林葉らん　　菖蒲葉らん

図3・10　葉らんの切り方

> ! **酢どりショウガ**
> 酢どりショウガとは，ハジカミや土ショウガをゆでて甘酢に漬けたものをいう．土ショウガは皮を取り，繊維に沿って縦に薄切りにし，塩を入れた熱湯でさっとゆで，すぐにざるあげして，煮立てて冷ました甘酢（酢：砂糖＝10：6〜10．ただし重量比）に漬けておく．酢に漬けることにより，ほんのり桜色に染まる．

B 庄内麩とジュンサイの赤だし

材料（1人分；g）	
煮だし汁	150
赤だし用のみそ	12
庄内麩	1.5
ジュンサイ	15
ミツバ	1

① 庄内麩は，濡れぶきんに包んで湿らせ，幅1 cmに切り分けておく（乾燥したまま切ると割れる）．
② ジュンサイはざるに入れ，水気を切り，熱湯をかけておく．
③ ミツバは長さ1 cmに切る．
④ 煮だし汁を火にかけ，赤だし用のみそをだしこしに入れ，少量の煮だし汁でのばして合わせる．
⑤ ①の庄内麩，②のジュンサイを加え，煮立ったら③のミツバを散らし，火から下ろして椀に注ぐ．

> **！ 庄内麩**
> 焼き麩の一種．用いるときは，濡れぶきんで湿らせて切り分ける．

> **！ ジュンサイ**
> 池や沼に自生しているスイレン科の植物．葉は，粘質物で覆われており，独特のぬめりが特徴．旬は初夏．

> **！ 赤だし**
> 赤みそ（米麹みそ）または八丁みそ（豆麹豆みそ）を用いる．八丁みそは熟成期間が長い．愛知，岐阜，三重県の特産で，**三州みそ**ともいう．

C シュンギクのゴマ和え

材料（1人分；g）				
シュンギク	50		砂糖	2
エノキタケ	10	a	しょう油	5
白ゴマ	5		煮だし汁	5

① シュンギクとエノキタケは，ゆでて長さ3 cmに切る．
② ゴマは煎って，すり鉢ですり，aを加え，和え衣をつくる．
③ 食べる直前に①を②で和え，小鉢に中高に盛る．

> **！ ゴマ**
> ゴマは不飽和脂肪酸を多く含み，レシチン，ビタミンE，鉄，カルシウムなどの多い健康食品である．黒ゴマと白ゴマに大別され，黒ゴマのほうが香りがやや強い．生のゴマは扁平なしずく型をしているが，煎ると丸くふくれ，皮にひびが入るので，煎るときの目安にするとよい（p.107参照）．

調べてみよう！
① 酢どりショウガが桜色になる理由を調べてみよう．
② かんぴょうや高野豆腐は，水でもどすと元の重量の何倍になるか調べてみよう．
③ みその種類とその使用方法について調べてみよう．

実習 17

和菓子（桜もち，くず桜，イチゴ大福，ワラビもち，果汁かん，栗まんじゅう，どらやき，じょうよまんじゅう）
日本茶（番茶，煎茶，玉露，抹茶）

A 和菓子

桜もち

① あんは丸めておく．
② 桜の葉は水に浸けて塩抜きする．
③ 分量の水に，砂糖を入れて火にかけ，沸騰したら，水溶きした少量の食紅と道明寺粉を入れ，木杓子で手早く混ぜる．
④ 再び沸騰したら弱火にして，5分程度煮て火を止め，蓋をして10分間蒸らす．
⑤ 手水（水50 ml，砂糖3 g）を用意して，④であんを包み，桜の葉の裏を外側にして包む．

材料（1個分；g）	
道明寺粉	12
水	25
砂糖	3
食紅	少量
こしあん	20
桜の葉（塩漬け）	1枚

! 桜もち
関西では道明寺粉を用いたものが多いが，関東では小麦粉，白玉粉などを皮種として薄く焼いたものであんを包む．

! 道明寺粉
もち米を水に浸けて蒸し，乾燥してひいたもの．和菓子や料理に用いられる．

くず桜

① こしあんを丸めておく．
② くず粉に，分量の水を少しずつ加えて溶かし，砂糖を加えてよく混ぜて，こす．
③ 鍋に②を入れて中火にかけ，木杓子で絶えずかき混ぜ，半透明になったら火から下ろす．熱いうちに，水で手を濡らしてくず種を取り，あんを包み，へぎにのせる．
④ 蒸し器に濡れぶきんを敷いて③をのせ，強火で4～5分蒸す．全体が透明になったら，火から下ろし，上から打ち水をし，急冷する．完全に冷めたら桜の葉で包む．

材料（1個分；g）	
くず粉	6
水	25
砂糖	9
こしあん	25
へぎ	1枚
桜の葉	1枚

! くず粉
マメ科のクズの根からとったデンプン．クズを使った料理は，その有名な産地が奈良県の吉野地方であることから，"吉野"を冠して呼ばれることが多い．最近は，かたくり粉で代用する場合もある．くずデンプンは，糊化すると透明度，粘度ともに高く，付着性が強い．糊化温度も比較的低く，熱湯を入れてかくはんするだけで完全糊化する．くず湯は，これを利用した飲み物．

イチゴ大福

① 洗ってへたを取ったイチゴを白あんで包んでおく．
② 耐熱ボールに白玉粉，砂糖，水を入れて木杓子でよく混ぜ，電子レンジ（600 W）で2分程度，加熱する．
③ 取り出してよく混ぜ，再び電子レンジで1分加熱する．
④ 粉の部分が残らないように，もう一度よく混ぜ，半透明になるくらいまで電子レンジで加熱する（1～2分程度）．
⑤ バットに多めのかたくり粉を敷いて，その上に④の生地を取り出す（ここで個数分に生地を分けておく）．
⑥ ⑤の生地で①を包む．

材料（1個分；g）	
白玉粉	12
砂糖	5
水	15
白あん	25
イチゴ	15（中1個）

! 白あん
白アズキ，白インゲンなどが原料として用いられる．

! 電子レンジの加熱時間
今回，12個分程度の分量の加熱時間を示した．分量によって加熱時間が変わるので，様子を見ながら加熱すること．

! 栗大福
小豆あんと栗の甘露煮を使用すれば，栗大福になる．

section 3・2 **日本料理の実習（献立別）**

> **！ ワラビ粉**
> 本来ワラビの地下茎からとったデンプンである．日本では古くから料理や菓子用に利用されてきた．現在一般に市販されているワラビ粉の多くは，サツマイモのデンプンを原料としている．

> **！ デンプンの調理**
> 糊化したデンプンは，冷やしすぎると老化して白濁し，粘性が減少する．砂糖を多く用いると，老化しにくく，粘り，つやが増す．

ワラビもち

① 鍋にワラビ粉と砂糖を入れ，水を加えて木杓子でよく混ぜた後，中火にかけて，よく練りながら加熱する．全体が透明になった後も約3分程度加熱し，水で濡らした流し箱に入れ，冷やす．
② 適当な大きさに切り分け，砂糖入りのきな粉をまぶす．

材料（1人分；g）	
ワラビ粉	20
砂糖	10
水	80
きな粉	3
砂糖	1.5

ワラビもち（別法：電子レンジを使用したつくり方）

① 耐熱ボールにワラビ粉，砂糖，水を入れて混ぜる．
② ラップをして電子レンジに1分かけ，そのあと木杓子でよく混ぜる．
③ ②の操作を5～6回繰り返し，透明で粘りのある生地に仕上げる（電子レンジの出力，容器などによって回数が異なるので，注意すること）．
④ 生地を氷水に取り，その中で適当な大きさにちぎり，きな粉を入れたバットに入れる．
⑤ 鍋にaの材料を入れて混ぜ，弱火にかける．混ぜながら，とろみがつくまで煮詰めて冷まし，黒みつをつくる．
⑥ ワラビもちを器に盛り付け，きな粉，黒みつをかける．

材料（1人分；g）	
ワラビ粉	15
砂糖	10
水	60
きな粉	適宜
a　黒砂糖（粉末）	6
砂糖	10
水	20

果汁かん

① 寒天は洗って30分～1時間水に浸けておく．
② 果汁を用意する．イチゴは洗ってへたを取り，裏ごす．ミカンは皮をむき，袋を除いて果汁を搾る．
③ 寒天の水を絞ってほぐし，定量の水を加えて火にかけ，寒天が溶けたら砂糖を加えて煮溶かし，650 gに煮詰める．ふきんでこして，60℃くらいに冷ます．
④ ③に②を入れ，流し箱に入れて，冷やし固める．
⑤ 6～8切れに切り分け，ガラス皿に盛る．

材料（流し箱約13×15×4 cm 1個分；g）	
寒天	7（角寒天1本）
水	600
砂糖	100
果汁（イチゴ，ミカンなど）	200

栗まんじゅう

材料（1個分；g）			
白あん	30	卵	4
栗甘露煮（びん詰）	5（1/2個）	砂糖	5
小麦粉	13	ドリュール	
重曹	0.05	卵黄	2
水	0.5	みりん	0.6
		かたくり粉（打ち粉）	適量

① 甘露煮の栗を細かく刻み，白こしあんと混ぜ，丸めておく．
② ボールに卵，砂糖を入れて木杓子でよく混ぜ，白っぽいクリーム状に

する.
③ ②に水溶き重曹と,ふるった小麦粉を加えて軽く混ぜ,生地がなめらかになったら,上にふきんをかけ,寝かしておく(2個以上つくるときは,打ち粉をふった板の上に取り,まとめて棒状に延ばし,個数分に切る).
④ ③の生地を延ばして①の白あんを包み,両手で回しながら高めに形づくる.生地の上面と周囲半分くらいの高さまでドリュール(卵黄+みりん,またはカラメル ソースを1〜2滴入れてもよい)を塗る.
⑤ 天板にシートを敷き,間隔をあけて並べる.天火の中段に入れ,170℃で13分くらい焼く.

> **!** ドリュール
> p.140 参照

> **!** アミノ-カルボニル反応
> 栗まんじゅうの焼き色がその例である.ほかに,ケーキやパンなどを焼くことにより,色調・風味がよくなるのもこの反応によるものである.

どら焼き

① ボールに卵を割ほぐし,砂糖と水あめを加え,六分立てくらいに泡立てる.
② 重曹を小さじ1の水で溶かしたものと,水の半量を①に加え,さらに,ふるった小麦粉を入れて混ぜ合わせる.これを20分休ませる.
③ ②に,とろりと落ちるくらいの硬さになるように,残りの水を加減しながら加えていく.
④ ホットプレート(フライパン)で円形に焼く.
⑤ 焼き上がった皮は,固く絞った濡れぶきんをかけてしっとりとさせる.
⑥ あんを平たく丸めておく.皮2枚の間にあんをはさみ,まわりを軽く押える.

材料(1個分;g)	
卵	20
砂糖	15
水あめ	3
重曹	0.2
水	10〜13
小麦粉	20
つぶあん	30

> **!** どら焼き
> 銅鑼(どら)の形に似ていることから名付けられた焼き菓子の一種.江戸時代に考え出された.奈良では**三笠焼き**といわれる.

> **!** 水あめ
> デンプンを加水分解したもので,酸で糖化した酵素糖化あめに分けられる.砂糖に比べて甘みは低く,保湿性に富む.水あめを加えると,つや,照りが出やすく,でき上がりのきめが細かくなり,舌ざわりがよい.

じょうよまんじゅう

① ヤマノイモは皮をむき,酢水に浸けてあくを抜く.これをすり鉢でおろし,砂糖を少しずつ加えて,空気を入れるようにすり混ぜ,上新粉をふり入れ,手で延ばし,棒状にまとめる.
② こしあんを丸くする.
③ ①の生地で②のあんを包み,左右から両手を前後に動かしながら中高に丸くする.
④ 蒸し器に濡れぶきんを敷き,経木(なければアルミ箔)を底につけた③を並べ,霧を吹き,上部に露止めのふきんをかけて,強火で約10分蒸す.蒸し上がったら,あおいでつやを出す.

材料(1個分;g)	
ヤマノイモ	3
砂糖	5
上新粉	5
こしあん	20
経木(またはアルミ箔)	3×3 cm

> **!** じょうよ(薯蕷)とは
> ヤマトイモ,ヤマノイモ,ツクネイモなどのこと.

> **!** 上新粉
> うるち米を水に浸して軟らかくし,すりつぶして乾燥させたもの.菓子材料として用いられる(p.105参照).

調べてみよう!
① 砂糖の添加がデンプンゲルに及ぼす影響について調べてみよう.
② 寒天液に果汁を加えたときの影響と注意点について調べてみよう.
③ アミノ-カルボニル反応について調べてみよう.

B 日本茶

日本茶には，番茶，煎茶，玉露，抹茶などがある．茶の葉を摘（つ）み，蒸気で蒸すか，釜煎りで酵素のはたらきを止め，乾燥させたものである．

茶のうま味成分テアニンと適度な苦さのタンニンがバランスよく含まれるように浸出させるために，水質，湯の温度，浸出時間，茶の注ぎ方の注意が必要となる．

! お茶の入れ方

茶を入れるお湯は，一度沸騰させた熱湯を，茶の種類に応じて温度を下げて用いる．2煎目は，1煎目の後の茶葉に1煎目よりもやや高い温度の湯を注ぎ，抽出時間も長くして入れる．

番茶

① きゅうす（急須）に茶葉を入れて熱湯を注ぐ．
② 30秒くらい置いて並べた茶碗に均等に注ぐ．

材料（1人分；g）	
番茶	2
熱湯（100℃）	100

煎茶

① きゅうすと湯呑み茶碗を温めておく．きゅうすに煎茶を入れ，80℃の湯を注ぎ，1分間浸出する．
② 人数分の茶碗を並べ，きゅうす中の各層の茶が入るように，茶碗に1/3くらいずつ注ぐ．2度目は逆の順に注ぎ，濃度，味を均一にする．最後の1滴まで注ぎ切る．

材料（1人分；g）	
煎茶	3
湯（80℃）	80

玉露

① 煎茶の入れ方と同様にし，湯温を60℃に下げ，2～3分浸出する．
② 注ぎ方は煎茶と同じで，香り，甘味がもっともよく出るように注意して注ぐ．

材料（1人分；g）	
玉露	3～4
湯（60℃）	50

抹茶

① 抹茶茶碗に熱湯を入れ，温める．湯を捨てて布で軽く湿りを取る．
② 抹茶を入れ，熱湯を80℃くらいにして注ぎ，左手で茶碗を支え，右手で茶筅（ちゃせん）を前後に速くふり動かし，混ぜて泡立てる．最後に，茶筅を回して中央から抜くと，泡立ち状態がよい．

材料（1人分；g）		
抹茶	1.2	（茶杓1杯）
湯	60～70	

! 番茶
煎茶を摘んだあとの硬化した番外の葉茎を原料としたのでこの名がついたが，現在では，一番茶の芽をそろえるために整枝される硬い葉茎や，煎茶をつくる工程で除かれたくず茶や硬化した葉茎が使用される場合も多い．

! ほうじ茶
番茶類を強火で炒り（焙じ），香ばしい風味をつけたもの．タンニンが少ない．番茶と同様，熱湯で浸出させる．

! 玄米茶
煎茶や番茶に焦がしぎみに炒った玄米を混ぜたもの．独特の香ばしい香りが特徴．熱湯で浸出させる．

! 煎茶
緑茶の代表的なもので，最も生産量が多い．採取時期によって**一番茶**，**二番茶**，**三番茶**と区別する．さわやかな香り，ほどよい甘味と渋味をもつ．

! 玉露
香りが高く，甘味のある最高級の緑茶．一番茶の芽が成長するときに覆いをすることで軟らかくした葉を原料とする．

! 抹茶
玉露用の茶葉を蒸し，乾燥させて石臼で粉末にひいたもの．**碾（ひ）き茶**ともいう．

調べてみよう！
① うま味成分、苦味成分それぞれについて調べてみよう．
② お茶を入れるときにお湯の温度を下げる理由を調べてみよう．
③ 茶の製造法による分類について調べてみよう．

第4章

中国料理

section 4・1　中国料理の基礎

1　中国料理の特徴

　中国は東西南北に広がる広大な国であり，地理的条件によって風土や気象が違う．当然，そこから生み出される食べ物，産物も違ってくる．また，歴史，政治，経済，流通などのかかわりの中で，その土地に住む人びと固有の風俗，文化，習慣が形成されてきた．そのため，各土地ごとに独特の料理が生み育てられ，特色ある食文化が編み出された．

（1）中国料理の系統

　中国料理の系統は，大きく四つに分けられる（**表4・1**）．

表4・1　中国料理の四つの系統

系　統	特　徴
北京料理（北方系）	明朝時代に建都され，清朝へと移行したときに宮廷料理が発達した．日本の秋田県と緯度が同じで寒冷．料理は肉（北京家鴨が代表的）を丸ごと使い，揚げ物，炒め物が多い．小麦の生産が多いために麺（メン），包子（パオズ），餅（ピン）が多い．
広東料理（南方系）	南中国の玄関口にあたる．亜熱帯気候で果物，農産物，海の幸といった豊かな食材に恵まれている．早くから欧米との交流が深く，洋風食材，トマトケチャップなどの洋風調味料も使い，広く海外でも普及している．
四川料理（西方系）	揚子江上流にあたり，山岳に囲まれた広い盆地．海産物に恵まれず，調理の変化をつけるため，味の工夫がうまくされている．山菜〔銀耳（インアル：白キクラゲ），竹蓀（ヂウソン：キヌガサタケ）の産地で有名〕や香辛料，薬，漬け物〔岩塩が用いられる．榨菜（ヂャアツァイ：ザーサイ）が有名〕を巧みに利用している．
蘇州（スーチョウ），寧波（ニンポー），杭州（ハンチョウ），無錫（ウーシー），上海料理（東方系）	中国の中部地区にあたり，揚子江の下流で海に面している．コイ料理，川魚料理，カニ，エビなどの生食料理が有名．揚子江下流の米地帯でもある．上海は租界であった時代もあるため，洋風料理の影響を受けて，油と砂糖を使った濃厚な味付けになっている．

（2）調理法と供卓法

① **素材**　材料は豊富であるが，生食は少なく，乾物が多い．これは食品の保存や流通のための必要性から生まれた．
② **調理法**　乾物は硬く，煮えにくいが，油を使って200℃前後の高温で炒めたり揚げると，硬い繊維も短時間で軟らかくすることができる．使われた油は水分と分離しやすいため，デンプンでとろみ（あん）をつけると，料理が冷めにくく，味が付けやすく，口当たりがなめらかになる．
③ **調理のポイント**　味，色，形，テクスチャー，香りに留意していることである．味は，甘味，酸味，塩味，辛味などをうまく組み合わせる．色は，焼け色，あんの色，調味料の色，材料の色を巧みに出して，鮮やかな色の変化を誘い出す．形は包丁を使って繊細につくられる．テクスチャーは多様な硬さの組み合わせから成り立っている．コリコリしたもの，プリプリしたもの，とろっとなめらかなもの，バリッと砕けるものなど巧妙である．香りでは，熱，素材，芳香材料と調味料相互間の変化によって複雑な香味がつくりだされる．

④ **医食同源** 中国の諺（ことわざ）であり，食は健康を保つ源とされ，大切に扱われてきた．食材は薬でもあり，巧みに香辛野菜を使って食欲をかき立て，体調を整える．不老長寿を願う思想に裏打ちされている．

⑤ **供卓法** 大皿に盛り，取り分けて食べる．料理が冷めにくく，分配に融通がつきやすく，皿の節約にもなる．また会話も進みやすい．

（3） 料理名の特色

多くの料理名は4文字で統一され，調理法，主材料名，切り方の順で書かれる．たとえば，涼拌三絲（リャン バン サン スウ）は涼（冷製の），拌（和え物），三（3種類の材料を使った），絲（せん切り）の意味を表わす．献立の名前を読めば，料理の内容がよくわかるようになっている．

料理名には，用いた材料の数，人名，地名，料理の色や形などを形容した言葉も入っていることがある．代表的な例を**表4・2**に示した．

表4・2 色や形などを表現する料理名

表現・形容	料理名	意味
色の表現	銀絲（糸）（イエン スウ） 紅（ホン） 白（パイ）	銀色の糸のような． しょう油で色濃く仕上げる． 白く仕上げる．
形の形容	芙蓉（フウ ロオン） 水晶（シュイ チン） 玻璃（ポォ リィ） 花（ホワ） 金銭（チン チェン） 珍珠（チェン ツウ） 桂花（コェイ ホワ）〔木犀（ム シュ）〕 如意（ルウ イ） 仏掌（ブッ ショウ） 丸子（ワン ヅ）	卵をふわふわ仕上げた状態． 水晶のように透き通った． ガラスのように透き通った． 花のようにふわふわした． 金貨のように丸くて薄い． 真珠のように光って丸いだんご状． モクセイの花のような． 僧侶の如意（にょい：仏具）を形どって巻いた状態． 仏の手を形どったもの． だんご状に丸めた．
数にちなんだもの	八宝（パァ ポォ） 什錦（シイ ヂン） 一品（イー ピン）	たくさんの材料を使ったという形容． 1000種の材料を取り合わせる意味． 最高の料理の意味．
貴さの表現	竜，龍（ロン） 鳳（フォン）	皇帝を表わす． 皇后を表わす．

2 献立構成

　中国では，献立を菜単（ツァイ タン）という．宴席料理の順序と内容を次に示した（**表4・3**）．来客用に献立を組む場合には，次のようなルールに従うとよい．

　西洋料理に似ていて，前菜から始まって果物で終わる．スープは，大菜（主要料理）のなかでは後に出されるが，フカのヒレ（魚翅：ユイ チィ），ツバメの巣（燕窩：イエン ウオ），アワビ（鮑魚：パオ ユイ），ナマコ（海参：ハイ シェン）などの高級な特殊材料のスープや煮物は，魚翅席（ユイ チィ シィ），燕窩席（イエン ウオ シィ），鮑魚席（パオ ユイ シィ），海参席（ハイ シェン シィ）などと称して，前菜のすぐ後に出される．

　また，料理の数や盛り付けの品数は偶数にすることが多い．

表4・3　宴席料理の献立の組み方と供される順序

献立		内容	組み方，供される順序
前菜（チェヌ ツァイ）	拼盤（ピン パン）	前菜の盛り合わせ	最初に出されるオードブル．
	冷菜（ロン ツァイ）	動物性の材料を使った冷たい前菜．	冷前菜が先で，熱い前菜は後．
	冷葷（ロン ホン） 　四個冷葷（ユゥ ゴ ロン ホン）	4種の冷たい前菜	
	熱葷（ロオ ホン）	動物性の材料を使った熱い前菜．	
大菜（ダァ ツァイ） 〔本菜（ペヌ ツァイ）〕			これらのおもな料理の中から，以下の点に留意して選ぶ． ① 鹹（塩）味が先で，甜（甘）味は後にする． ② 薄口な魚介類は先で，肉類は後にもっていく． ③ 魚の姿料理（コイの甘酢あんのような）は，最後にもっていく． ④ 揚げ物は先，煮物は後． ⑤ 野菜の料理は後へ． ⑥ スープは最後に．
	炒菜（チャオ ツァイ）	炒め物	
	炸菜（ヂア ツァイ）	揚げ物	
	溜菜（リウ ツァイ）	あんかけ物	
	蒸菜（ツェン ツァイ）	蒸し物	
	煨菜（ウエイ ツァイ）	煮込み物	
	燴菜（ホエイ ツァイ）	蒸したり，煮た物	
	烤菜（カオ ツァイ）	直火焼き	
	湯菜（タン ツァイ）	スープ	
	鍋菜（グォ ツァイ）	鍋物	
	醃菜（イェヌ ツァイ）	漬け物	
			材料，調味料（味付け），調理法，切り方などが重複しないようにして，味の濃淡や起伏をもたせて変化をつける．
点心（ティエン シン）			飯，麺，甜菜のいずれかを組み合わせる．
	甜菜（ティエヌ ツァイ）	中国菓子類	
	鹹菜（シエン ツァイ）	麺飯粉類	
水菓（スイ グォ）		果物	

3　調理器具

調理器具は単純で種類も少ない．おもな調理器具を**表4・4**に示した．

表4・4　おもな調理器具

分　類	中国名	用　　途
鍋	鍋子（クォ ズ）	取っ手のついた北京鍋〔北京鍋子（ペ キン クォ ズ）〕などで，煮物，揚げ物，炒め物をすべて行なう．
蒸し器	蒸籠（チョン ロン）	せいろ，饅頭（マン トウ），焼売などの蒸し物用．
杓子（しゃくし）	鉄鏟（テイエ チャン） 鉄勺（テイエ シャオ） 漏鏢（ロウ ビァオ） 炸鏈（ヂャア エヌ）	炒め杓子 玉杓子 網杓子 穴杓子
包丁	菜刀（ツァイ タイ）	鶏骨をたたき切ったりすることもでき，重さがあるので出刃の役目もする．
まな板	菜板（ツァイ バヌ）	まな板

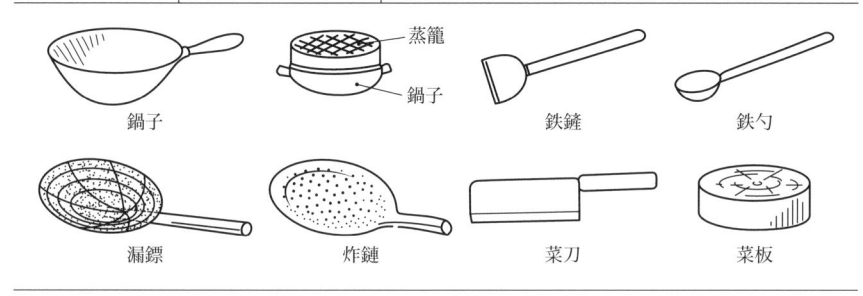

鍋子　　　蒸籠・鍋子　　　鉄鏟　　　鉄勺

漏鏢　　　炸鏈　　　菜刀　　　菜板

4　食器と配膳

(1) 主な食器

おもな食器は，個人用と大盛り用に分けられる．最低必要な食器を表4・5に示した．

表4・5　おもな食器

分類	中国名	個数	用途
個人用	盆碟（ペヌ ディエ） 小盆碟（シャオ ペヌ ディエ） 小湯碗（シャオ タン ワヌ） 酒杯（ヂュウ ペイ） 匙座（チィ ズオ） 湯匙（タン チィ） 筷子（クァイ ズ）	1枚 1枚 2個 1個 1個 2個 1対	銘々皿 調味料入れ小皿 スープ碗，デザート取り分け碗 盃 さじ置き ちりれんげ（スープ用とデザート用） 箸
大盛り用	大圓盤（ダァ ユアヌ バヌ） 菜盤（ツァイ バヌ） 盤子（バヌ ズ） 長圓盤（チャン ユアヌ バヌ） 大碗（ダァ ワヌ）		拼盤（冷菜盛り合わせ）用の丸い大皿 前菜や炒め物，揚げ物用の丸皿 汁気のあるものを盛る台付きの少し深めの皿 魚用の楕円形の皿 スープ用大鉢

(2) 食器の並べ方

個人用の食器の並べ方の例を図4・1に示した．円卓には8人分配膳することが多い．

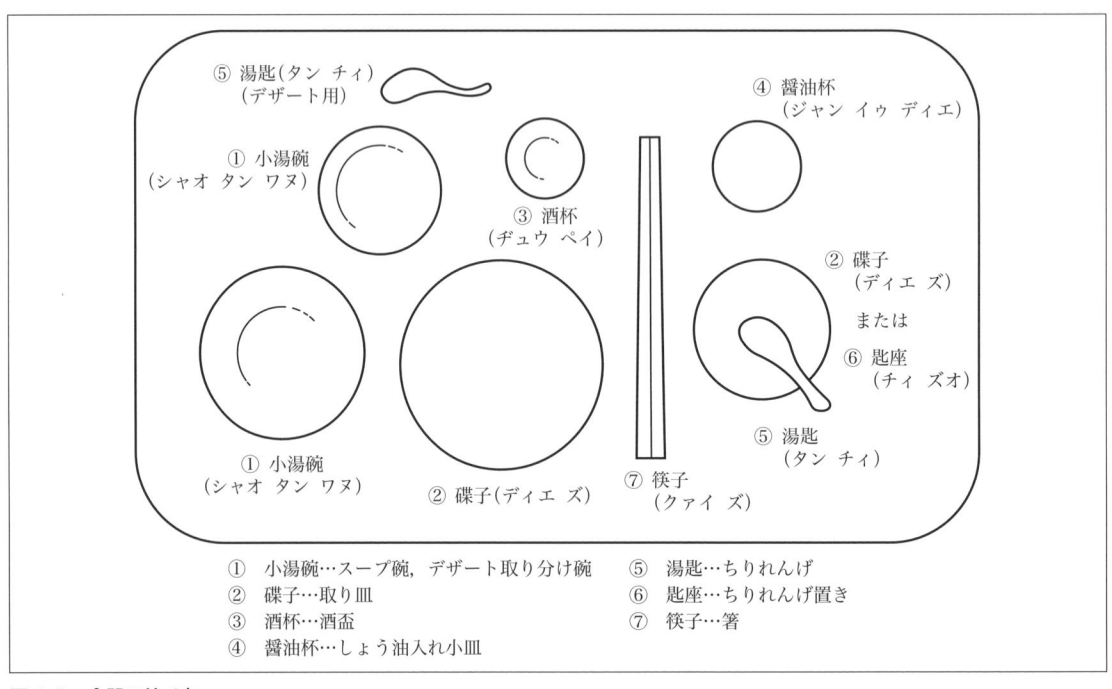

① 小湯碗…スープ碗，デザート取り分け碗
② 碟子…取り皿
③ 酒杯…酒盃
④ 醤油杯…しょう油入れ小皿
⑤ 湯匙…ちりれんげ
⑥ 匙座…ちりれんげ置き
⑦ 筷子…箸

図4・1　食器の並べ方

5 食事マナー

(1) 座席

席の順番を図4・2に示した．座席は入り口にもっとも遠いテーブルの中央が主賓，それに相対した下座が招待者で，主賓の左側が2番，右側が3番目によい席である．

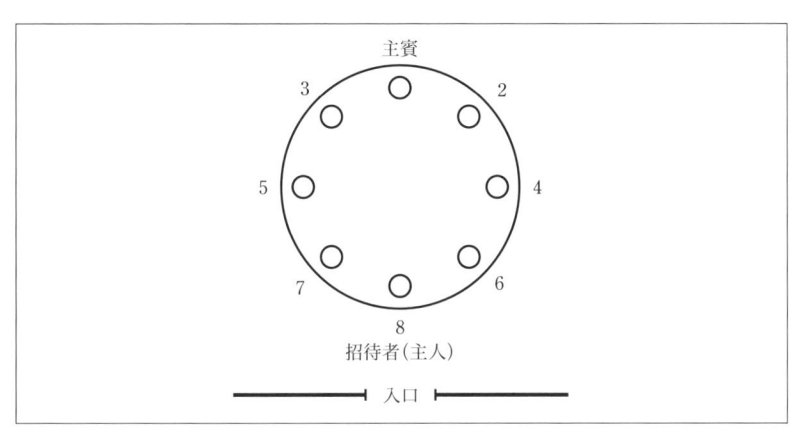

図4・2 席順の決め方

(2) マナー

宴席では，方卓を8人で囲むのが正式とされていた．現在は，円卓を用いて，中央の回転台を回しながら料理を取る形式のことが多い．給仕人の世話にならないで取り分ける場合，取り方に注意が必要である．

① 主人は客を座席に案内する．
② 料理は主客から取って，順次回転台を回しながら取り分けていく．取り終わったら，次の人の前へゆっくり回転台を右回りに回す．
③ 8～10人分の料理が盛られているので，取りすぎないように留意する．
④ 取りすぎて残すことのないように留意する．
⑤ 前菜は，全体が取り終わって主賓が箸をつけてから食べ始める．
⑥ 料理に取り箸やサーバーがついていない場合，箸は各個人のものを直箸（じかばし）で用いるので，他人に不快感を与えないようにする．
⑦ 食事が終わると，主客が感謝を述べて先に退席し，他の者はその後に続く．

section 4・2 中国料理の実習（献立別）

実習 18

熗黄瓜（チャン ホワン クワ：キュウリの和え物）
八宝菜（パア ポウ ツァイ：五目炒め）
蛋花湯（ダヌ ホワン タン：かきたま汁）

栄養価記入欄（1人分）				
	エネルギー(kcal)	タンパク質(g)	脂質(g)	NaCl(g)
熗　黄　瓜				
八　宝　菜				
蛋　花　湯				

A 熗黄瓜（チャン ホワン クワ：キュウリの和え物）

材料（1人分；g）					
キュウリ	40		しょう油	1.5	（小 1/4）
油	2.5	（小 1/2 強）	砂糖	4	（大 2/5）
塩	0.5	（小 1/10） a	酢	6	（小 1 1/5）
赤トウガラシ	少々		ゴマ油	少々	

① キュウリは板ずりして洗い、縦半分または1/4に切り、長さ4〜5cmくらいに切る．
② 鍋に油と赤トウガラシを入れて熱し、塩を加えて、キュウリをさっと炒め、aの調味料を入れ、すぐ器にあけ、そのまま冷まして供する．

B 八宝菜（パア ポウ ツァイ：五目炒め）

材料（1人分；g）					
豚肉（薄切り）	30		干しシイタケ	1	
酒	1.5	（小 1/3）	タマネギ	15	
塩	0.3		キャベツ	15	
a コショウ	少々		サヤエンドウ	5	
かたくり粉	0.5	（小 1/6）	ショウガ	1	
イカ	20		炒め用油	8	（小 2）
塩	0.2		湯（タン）	30	（大 2）
b 酒	0.5	（小 1/10）	しょう油	5	（小 5/6）
かたくり粉	0.3	（小 1/10）	c 塩	0.8	（小 1/6）
タケノコ	15		酒	3	（大 1/5）
ニンジン	10		砂糖	0.7	（小 1/4）
			かたくり粉	1.5	（小 1/2）

① 豚肉は一口大に切り、aの下味を付けておく．
② イカは0.2〜0.3cm間隔に斜め格子の切り目を入れ、3×4cmの短冊切りにして、bで下味を付けてさっと湯通しをする．
③ タケノコ、ニンジンは2×4cmの短冊切り、もどしたシイタケはいちょう切り、タマネギ、キャベツは3cm角に切る．ショウガはみじん切りにする．
④ ニンジンはさっとゆで、サヤエンドウは筋を取って色よくゆでておく．

! **熗（チャン）**
生や、さっと火を通した材料に酸味または辛味のきいた調味料で和える調理法である．

! **八宝菜の意味**
八宝菜はよい材料を多く使ってつくった料理のこと．ほかにアワビ、エビ、ウズラ卵などを加えるとよい．

! **炒（チャオ）**
少量の油で直接炒める方法と、下味を付け、油通しした後で炒めるなどの方法がある．材料を強火で短時間炒めるのが特徴．これは材料の持ち味を生かして栄養素の損失を防ぎ、でき上がりをよくするためである．

074　第4章　中　国　料　理

⑤ 中華鍋をよく熱して油を入れ，ショウガを加えて，香りが立ってきたら①を入れる．色が変わったら，次に②と③のタケノコ，シイタケ，タマネギ，キャベツと④のニンジンを加えて炒める．Cの調味料を全部入れて，水溶きかたくり粉でとろみをつけ，サヤエンドウを混ぜて仕上げる．

! 炒のポイント

① 材料の大きさ，切り方をそろえ，火の通りを均一にする．片（ペン），絲（スウ）に切ることが多い．
② 材料は全部切って材料別にまとめておく．
③ 調味料はすべて準備しておく．
④ 鍋を充分に焼く．
⑤ 油を熱してから材料を入れる．
⑥ 強火で手早く調理する．
⑦ 材料に八分どおり火が通れば，盛り付ける．

C 蛋花湯 （ダヌ ホワン タン：かきたま汁）

材料（1人分；g）			
カニ（缶詰）	15	湯（タン）	150
卵	20	塩	1 （小1/6）
ネギ	5	酒	1.5 （大1/10）
かたくり粉	1.5 （小1/2）	コショウ	少々

① カニは軟骨を取って，ざっとほぐす．
② 卵は割りほぐしておく．
③ ネギは斜め切りにする．
④ かたくり粉は水溶きにする．
⑤ 湯に①のカニを入れ，煮立てば調味し，水溶きかたくり粉でとろみをつける．
⑥ 溶き卵を流し込み，ネギを加えてさっと混ぜ，火を止めて，器に盛り付ける．

! 水溶きかたくり粉

炒め物やあんかけ料理にとろみをつけるとき，水溶きかたくり粉を加えるが，その際，材料を鍋の一方に寄せて汁のみを鍋中央に集め，そこへ水溶きかたくり粉を加えて，均一にデンプンを糊化させてから材料を混ぜる．その後，不必要に長時間加熱せずに，すぐ火を止める．

デンプン糊液はかき混ぜながら加熱すると，機械的せん断力により，残存結晶部の破壊と分子鎖の切断によって粘度が減少し，溶解度が増大し，とろみが弱まってしまう．また，材料中に水溶きかたくり粉を混ぜると"だま"になってしまい，きれいにとろみがつかない．

かたくり粉は，水に溶いて静置しておくと沈殿するので，使用直前によくかき混ぜてから用いる．とろみをつけることによって，味が材料にからんだり，光沢が得られたり，保温効果を高めるなどの利点が出てくる．

! 湯（タン）

日本料理の煮だし汁，西洋料理のスープ ストックにあたる中国料理のだし汁（p.223, 付表1参照）．

調べてみよう！
① キュウリの独特の青臭さの成分，特徴のある香り成分を調べてみよう．
② デンプン懸濁液の示す非ニュートン流動について調べてみよう．
③ 中国，韓国，日本の箸を比較してみよう．

実習 19

- 涼拌海蜇（リャン バン ハイ ツォ：クラゲの和え物）
- 乾炸鶏塊（カン ヂア ヂィ クアイ：鶏のから揚げ）
- 麻婆豆腐（マア ブォ ドウ フゥ：豆腐と豚ひき肉のトウガラシ炒め）

栄養価記入欄（1人分）

	エネルギー(kcal)	タンパク質(g)	脂質(g)	NaCl(g)
涼拌海蜇				
乾炸鶏塊				
麻婆豆腐				

A 涼拌海蜇（リャン バン ハイ ツォ：クラゲの和え物）

材料（1人分；g）

塩クラゲ（細切り）	25	かけ汁	
キュウリ	25	酢	6
		しょう油	3
		砂糖	1.5
		ゴマ油	1.5

① 塩クラゲは洗って塩を落とす．
② 鍋に熱湯を沸かし，火を止めて，①のクラゲを入れて箸で混ぜる．縮れてきたら手早く冷水に取る．ぬるま湯で洗ってから一晩流水にさらす（水に浸けておくときは，4〜5回水を替えて，そのつど，もみ洗いをする）．
③ キュウリは板ずりし，斜め薄切りにしてからせん切りにする．
④ ②のクラゲの水分をふきんなどでよく取ってから，長さ5cmくらいに切る．
⑤ かけ酢の調味料を合わせて，その一部で④のクラゲを和える．
⑥ 器にキュウリを敷いて，クラゲを盛り付ける．かけ酢を添えて供する．

表4・6 拌菜の調味料の配合例

調理法		油	糖分	塩分	酢	備考
和え物	かけ汁	ゴマ油使用 1%	0.5〜1%	0.8〜2%	入れる場合 1.5〜5%	練りガラシ，芝麻醤，サンショウ（粒・粉），辣油などを加える．
	甘酢漬け	2〜5%	7〜10%	1.2〜1.5%	9〜15%	

B 乾炸鶏塊（カン ヂア ヂィ クアイ：鶏のから揚げ）

材料（1人分；g）

鶏骨付き肉	100		かたくり粉	2	(小2/3)
a	しょう油	6 (小1)	揚げ油		
	酒	5 (小1)	花椒塩	適量	
	ショウガ汁	2 (小1/2)	パセリ	適量	

① 鶏骨付き肉は，一切れ50gくらいのぶつ切りにする．aを加えてまんべんなく混ぜ合わせ，ときどき返しながら約30分間置く．
② 鶏肉の汁気をふき，一切れずつかたくり粉をまぶす．
③ 150℃の揚げ油に②を入れ，ゆっくりと揚げる．火が通れば（肉が縮ん

! **拌菜（バン ツァイ）**
拌は，材料の上から味付けした汁を注ぐ調理法のこと．拌菜は，和え物，酢の物にあたる．材料によって生のまま，加熱しておくもの，下味を付けておくものなどがある．かけ汁は食前にかける場合が多い．

! **海蜇（ハイ ツォ）**
クラゲのこと．クラゲは熱を通すと縮れて硬くなるが，一晩水に浸けることにより，プリプリと歯ごたえがよくなり，臭みが抜ける．

! **乾炸（カン ヂア）**
から揚げ（デンプン，小麦粉などをつけて揚げる）．素炸は素揚げのことで，下味だけで何も付けずに揚げること．

第4章 中国料理

で骨が突き出してくる）取り出す．油の温度を180℃にして1～2分揚げ，取り出す．

④ パセリをあしらって盛り付け，好みで花椒塩をつけていただく．

> **!** **花椒塩（ホワ ヂャオ イェヌ）**
> 山椒の実の乾燥させたものを粉末にし，食塩を混ぜ合わせたもの．鶏や豚肉の揚げ物や魚料理の臭み消しに用いられる．割合は好みでよい．

C 麻婆豆腐（マア ボ ドウ フゥ：豆腐と豚ひき肉のトウガラシ炒め）

材料（1人分；g）				
豆腐	100	豆板醤	1	(小 1/5)
豚ひき肉	20	甜麺醤	4	(大 1/5)
ネギ	5	a ┌ 酒	6	(大 2/5)
ショウガ	1	a │ しょう油	3	(小 1/2)
ニンニク	1	a └ 湯（タン）	15～30	(大 1)～(大 2)
豆豉	2 (小 1/2)	かたくり粉	1	(小 1/3)
油	4 (小 1)	ゴマ油	2	(小 1/2)

① ネギ，ショウガ，ニンニク，豆豉はみじん切りにする．
② aの調味料は混ぜ合わせておく．かたくり粉は2倍量の水で溶いておく．
③ 豆腐は1.5 cm角に切り，熱湯に30秒ほど通しておく．
④ 中華鍋を熱して油を入れ，①を炒め，香りが出たら豆板醤，甜麺醤を入れてじっくりと炒める．次に豚ひき肉を入れ，色が変わってから，③の豆腐を入れてさっと炒め，②の調味料を加えて煮立て，水溶きかたくり粉を入れて濃度をつける．ゴマ油を入れて，すぐに火を止める．

> **!** **麻婆豆腐の由来**
> 名前の由来は"麻子"（あばたのこと）のあった女性がこの料理を考案したことによるとされる．豆腐は熱湯を通すことにより，煮崩れしにくくなる．

> **!** **豆板醤（トウ バヌ ヂャン）**
> ソラマメを発酵させ，トウガラシ，小麦粉，塩などを加えてしばらく寝かせたトウガラシみそ．辛味を出す四川料理には欠かせない調味料．豆板醤，甜麺醤を炒め物などで火を通して使うときは，弱火で焦がさないように炒めて，香りと辛味を引き出してから使う．

> **!** **豆豉（トウ シ）**
> 蒸した黒豆に塩を加えて発酵させたもの．日本の浜納豆，大徳寺納豆に似ている．塩辛く，くせのある味なので，油につけて使ったり，細かく刻んで加えたりするとよい．広東料理に多く使われ，広西省や四川省産のものが有名．

> **!** **甜麺醤（ティエヌ ミェヌ ヂャン）**
> ダイズを使わず，小麦粉と塩でつくられている．水でこねて蒸して，種麹を加えて発酵させたもの．甘味が強い．北京ダックを食べるときにも用いる．

調べてみよう！
① ダイズの消化吸収性を高める加工処理の例を調べてみよう．
② 揚げ物の吸油率について調べてみよう．
③ 中国料理で使用される乾物を調べてみよう．

実習 20

涼拌三絲（リャン バン サン スウ：三種のせん切り和え物）
宮爆大蝦（クウ パオ タア シア：エビの炒め物）
玉米湯（ユイ ミイ タン：トウモロコシのスープ）
炸春捲（ヂア チュヌウ ジュアヌ：春巻き）

栄養価記入欄（1人分）				
	エネルギー(kcal)	タンパク質(g)	脂質(g)	NaCl(g)
涼 拌 三 絲				
宮 爆 大 蝦				
玉 米 湯				
炸 春 捲				

A 涼拌三絲（リャン バン サン スウ：三種のせん切り和え物）

材料（1人分；g）				
キュウリ	20	かけ汁		
ハム	10		酢	5 （小1）
春雨	10		砂糖	1 （小1/3）
卵	10	a	しょう油	4 （小2/3）
砂糖	0.4 （小1/8弱）		ゴマ油	1 （小1/4）
塩	0.2		ショウガ汁	少々

① キュウリは板ずりし，長さ4〜5cmの斜めせん切りにする．
② ハムは長さ5cmのせん切りにする．
③ 春雨は沸騰した湯の中に入れ，透明になったらざるにあげ，長さ5cmに切る．
④ 卵は砂糖・塩を加え，薄焼きにして長さ5cmのせん切りにする．
⑤ かけ汁の a を合わせておく．
⑥ 材料をそれぞれ冷やしておき，皿に彩りよく盛り付け，かけ汁は供する前にかける．

! 薄焼き卵とデンプン

2%のデンプンを加えることにより，糊化したデンプンの保水力で破れにくく焼きやすくなる．3%では破断強度，伸長率ともに上昇するが，色は白っぽくなる．薄焼き卵を細切りにしたものを**錦糸卵**という．

! 絲（スウ）

せん切りのこと．

! 春雨（粉条：フェン ジャオ）

春雨（はるさめ）は緑豆春雨を用いるとよい．

B 宮爆大蝦（クウ パオ タア シア：エビの炒め物）

材料（1人分；g）					
大正エビ	80	（4尾）	豆板醤		少々
┌ 塩	0.2		油	5	（小1強）
│ 酒	2	（小2/5）	a ┌ 湯（タン）	10	
かたくり粉	3	（小1）	│ 砂糖	1	（小1/3）
卵白	6		│ 塩	0.5	（小1/12）
揚げ油			│ 酒	3	（小3/5）
ネギ	6		└ トマトケチャップ	8	（大1/2弱）
ショウガ	1		辣油		少々
ニンニク	少々				

① 大正エビは殻・背わたを取り，塩・酒をふりかけておく．
② ネギ，ショウガ，ニンニクは，できるだけ細いみじん切りにしておく．
③ ①のエビにかたくり粉をまぶし，卵白を入れてよく混ぜておき，熱した油にさっとくぐらせ，油を切っておく．
④ 揚げ油を移し，その鍋に油を入れて熱し，ショウガ，ニンニク，豆板醤を炒め，aを加え，③のエビ，ネギを入れて手早く炒りつけ，辣油を入れて仕上げる．

> **！ 爆（パオ）**
> ごく高温の油の中で瞬間的に炒め揚げる料理で，炒め物に属する．

> **！ エビと中国料理**
> クルマエビ，高麗エビ（大正エビ），シバエビ，北海エビ，サクラエビ，イセエビなどがある．中国料理では，クルマエビなどの大型種は共通して明蝦（ミン シア），大蝦（ダア シア）．またシバエビなど中・小型エビのむき身は，ほとんど蝦仁（シア レン）と表現する．これは形をそのまま使った場合のみ用いられる名称である．

> **！ ニンニク**
> 中国料理では，ニンニクがよく用いられる．ユリ科に属するネギ類で，香辛料や強壮剤として使われてきた．とくに重視されるのは，ビタミンB_1との関係である．すなわち，生のニンニクをすりおろすと，アリインが酵素分解によりアリシンを生ずるが，この刺激成分のアリシンは，ビタミンB_1と結合するとアリチアミンとなり，B_1と同等の作用をもち，吸収が著しくよい．このアリチアミンがよくできるためには，ニンニクをすりおろす，刻む，つぶすなどをする必要がある．薬用のほか，肉や魚のにおいを消すためにも用いられる．

C 玉米湯（ユイ ミイ タン：トウモロコシのスープ）

材料（1人分；g）		
トウモロコシ（缶詰）	75	
卵白	15	
湯（タン）	150	
┌ 塩	1.5	（小1/3弱）
└ 酒	1.5	（小1/3強）
かたくり粉	0.75	（小1/4）
ハム	2	

① トウモロコシは湯とともにしばらく煮て，裏ごしにかける（またはミキサーにかける）．
② 卵白は軽く泡立てておく．
③ ①を鍋にもどして，煮立ったら塩，酒を加えて調味し，水溶きかたくり粉でとろみをつける．この中に②を入れ，軽くかき混ぜる．
④ 温めた器に③を注ぎ，ハムのみじん切りを上に散らす．

> **！ トウモロコシ**
> タンパク質（3.3%），脂質（1.4%）および糖質（18.7%）に富み，ビタミン類ではB_1，B_2，ナイアシンが多い．スイートコーンの味を支配する成分は水溶性の糖分で，その組成はショ糖，ブドウ糖および果糖である．成熟するにつれて遊離の糖分が縮合してデンプンに変化し，甘味が減って食味が低下する．

D 炸春捲（ヂア チュヌウ ジュアヌ：春巻き）

材料（1人分；g）				
皮（2枚）			タケノコ	10
{	小麦粉（中力粉）	20	モヤシ	5
	温湯	10+α	ネギ	3
	塩	0.4	{ 塩	0.3
打ち粉		適量	コショウ	少々
豚肉		15	炒め油	適量
{ 酒		1	揚げ油	
塩		0.2	水溶き小麦粉	適量
干しシイタケ		0.6		

! **春捲**（チュヌウ ジュアヌ）
薄く延ばした皮で炒めた具を包み，油で揚げたものである．市販されている皮を利用すれば，手軽にできる．

① 小麦粉はよくふるい，塩を溶かした温湯を加えてよく混ぜ，耳たぶくらいの硬さになるまでよくこね，濡れぶきんをかぶせて，20～30分寝かせておく．
② 豚肉は細く切り，酒・塩で下味を付けておく．
③ 干しシイタケは，もどしてせん切りにする．タケノコは薄切りにする．モヤシは洗って水気を切っておく．ネギはせん切りにする．
④ 油を熱し，肉を炒め，シイタケ，タケノコ，モヤシ，ネギを加えて炒め，調味する．冷ましておく．
⑤ ①を15 cm角に延ばす．
⑥ ⑤に④を包み（図4・3），水溶き小麦粉でのり付けし，180℃の油でキツネ色になるまで揚げる．

! **炸菜のポイント**
① 揚げ油の温度を一定に保つ．多量の油を用い，材料は少量ずつ入れるようにする．
② 二度揚げを行なう．火の通りにくい材料やぶつ切りにした材料は，一度低温の油で揚げて中まで火を通し，二度目は高温の油で揚げ，カラッと油切れをよくするとともに，揚げ色をつけて仕上げる．

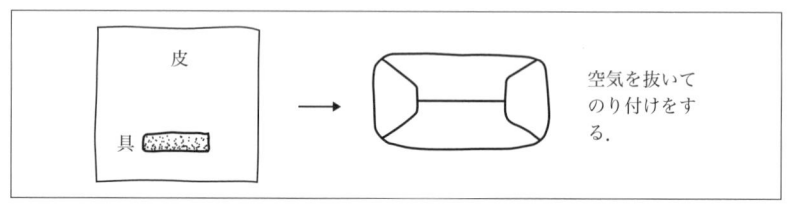

図4・3 春巻きの具の包み方

調べてみよう！
① 地上デンプン，地下デンプンの特徴と料理の応用について調べてみよう．
② ショウガの辛味成分について調べてみよう．
③ 絲以外の中国料理の切り方を調べてみよう．

実習 21

生菜包肉鬆（スン ツァイ パオ ロウ ソン：レタス包み）
芙蓉蟹（フウ ロオン シエ：カニ入り卵焼き）
腐竹清湯（フウ ヂウ チン タン：タケノコと湯葉のスープ）
粽子（ツオン ツ：ちまき）

栄養価記入欄（1人分）

	エネルギー(kcal)	タンパク質(g)	脂質(g)	NaCl(g)
生菜包肉鬆				
芙蓉蟹				
腐竹清湯				
粽子				

A 生菜包肉鬆（スン ツァイ パオ ロウ ソン：レタス包み）

材料（1人分；g）

鶏肉（もも）	50	ビーフン	3〜4
豚肉（ヒレ）	10	揚げ油	
しょう油	3　（小1/2）	炒め油	2〜3
かたくり粉	1.5　（小1/2）	a しょう油	4　（小2/3）
干しシイタケ	1	塩	1　（小1/6）
タケノコ	10	砂糖	1　（小1/3）
タマネギ	10	酒	1　（小1/5）
クワイ（缶）	10	ゴマ油	0.2
ネギ	1	コショウ	少々
ショウガ	少々	レタス	80〜100

① 干しシイタケをもどしておく．
② 材料は全部5mm角に切り，鶏肉，豚肉をいっしょにして下味を付け，かたくり粉をまぶす．
③ 揚げ油を熱してビーフンを揚げ，皿に盛って手で押さえておく．
④ 油を熱し，ネギ，ショウガ，タマネギ，タケノコ，①のシイタケ，クワイ，②の肉の順に炒めて，aの調味料で調味し，ゴマ油とコショウを少々ふって手早く仕上げ，ビーフンの上に盛る．
⑤ レタスに包んでいただく．

鬆（ソン）
みじん切りのこと．

鶏レバー
鶏レバーは，入れるとこくを出すが，好みによって入れなくてもよい．

B 芙蓉蟹 （フウ ロオン シエ：カニ入り卵焼き）

材料（1人分；g）					
カニ	25		油	5	(小 1¼)
干しシイタケ	1		あん		
タケノコ	10		湯（タン）	40	
ネギ	8		砂糖	2	(小 2/3)
グリンピース	3		薄口しょう油	4	(小 2/3)
油	3	(小 3/4)	酢	2	(小 2/5)
卵	50		かたくり粉	2	(小 2/3)
a　砂糖	1	(小 1/3)	酒	少々	
塩	0.5	(小 1/12)			
酒	5	(小 1)			

> **芙蓉**（フウ ロオン）
> 芙蓉の花のように，卵をふんわりと仕上げた料理．

① カニは軟骨を取り，身をほぐしておく．
② 干しシイタケは水でもどし，石づきを取り，せん切りにする．
③ タケノコは，長さ3 cmのせん切りにする．
④ ネギはせん切り，グリンピースは塩ゆでにする．
⑤ 鍋に油を熱し，シイタケ，タケノコ，ネギをさっと炒め，よく冷ましておく．
⑥ ⑤，①のカニ，aの調味料，卵をよく混ぜ合わせる．
⑦ 鍋に油を入れて熱し，⑥の材料を1人分か数人分入れ，箸でかき混ぜ，やや半熟になったら，形を整えて裏返して焼き，中側は軟らか加減で器に盛り付ける．
⑧ あんの材料を合わせ，火にかけて一煮立ちしたら，かたくり粉の水溶きを加え，とろみがついたら，グリンピースを加えて火を止める．
⑨ ⑦が冷めないうちに，上から⑧の熱いものをかける．

> **カニとエビの色素**
> カニ，エビは生体では青，紫，緑色などの混じった色である．加熱，酢に浸す，また鮮度低下などによって赤色に変わる．これは，アスタキサンチン（カロチノイド色素）がタンパク質とゆるく結合して青黒い色を呈していたのが，加熱により，タンパク質と分離し，同時に空気酸化を受けてアスタシン（鮮明な赤色）に変わるためである．

C 腐竹清湯 （フウ ヂウ チン タン：タケノコと湯葉のスープ）

材料（1人分；g）		
湯葉	0.8	
干しシイタケ	0.8	
タケノコ	16	
湯（タン）	150	
塩	1	(小 1/6)
しょう油	1	(小 1/6)

> **腐竹**（フウ ヂウ）
> ダイズを原料にしてつくられ，日本の湯葉（ゆば）と似ているが，形の違うものがある．形により，腐皮（フウ ピイ），豆腐衣（ドウ フウ ピイ），腐竹などと呼び名が変わる．腐皮は，豆腐の表面に出る膜を干したもので，腐竹は棒状に固めて干したものである．

① 湯葉は濡れぶきんの間にしばらく置き，2×3 cmの短冊切りにしておく．
② 干しシイタケはもどし，せん切りにする．
③ タケノコは穂先の形を出すように，薄い1×4 cmの短冊切りにしておく．
④ 湯を調味し，シイタケ，タケノコを入れ，煮えたら，湯葉を入れてすぐ火を止め，器に盛る．

D 粽子 （ツオン ツ：ちまき）

材料（1個分；g）				
もち米	80	砂糖	1	（小 1/3）
豚肉	25	a 塩	1	（小 1/6）
干しエビ	5	しょう油	5	（小 1 弱）
干しシイタケ	3	湯（タン）	75	
タケノコ	10	竹の皮	1 枚	
ニンジン	5	（または）			
ネギ	5	笹の葉	2 枚	
ラード	4	たこ糸			

① もち米は洗い，浸漬する．
② 干しエビはぬるま湯に浸けて殻を取り，干しシイタケは水でもどし，それぞれあられ切りにする．豚肉，タケノコ，ニンジン，ネギは，包みやすい形・大きさに切って，ラードで炒めて a で調味し，①のもち米を加え，さらに炒めて湯を加え，汁のなくなるまで煮る．
③ ②を，竹の皮か笹の葉で三角に包み，たこ糸でしばり，蒸籠で約 10 分間蒸す（干しエビのもどし汁を湯の一部に使うもよい）．

! 点心 （ティエン シン）
点心は軽食および菓子類をさす．味付けによって，塩味のもの（鹹点心）と甘い味のもの（甜点心）に分けられる．鹹点心（シェヌ ティエン シン）には，各種の麺，炒飯，燴飯，粥，餃子，焼売，包子，雲呑，粽子，餅，饅頭などがある．甜点心（ティエヌ ティエン シン）は，粉類，干した果物を主材料として，砂糖，氷砂糖，蜜，餡などを用いてつくった甘い菓子類や，塩味の包子，餅類の餡を甘い味に変えたものなどである．

! 蒸籠 （チョン ロン）
蒸し器のこと（図 4・4）．湯を沸かす鍋子（クォ ズ）より 4 cm ほど小さい蒸籠が望ましい．鍋子の上に蒸籠を重ね，蒸気が上がると材料を入れて蒸し上げる．蒸籠は木と竹でできており，余分な水分を吸収する．さらに，ふたにカーブのあるあじろ編みなので，蒸気が平均的に当たり，また蒸気が適当に抜けるため，しずくが落ちないので，温度管理しやすい．なお，熱の当たりが軟らかいので，ふきんなどを敷く必要がない．

! 粽子
中国三大節の一つ，端午節（5月5日）に食べられる点心．もち米その他を材料にし，笹や茅や竹の葉で巻いて蒸すか，ゆでたもの．茅（ちがや）の葉で巻いたので**茅巻き**（ちまき）という．

! 笹の葉
笹で包むのは，今日でいう包装の考え方を取り入れたもので，笹の葉には防腐効果があり，笹で包めば保存性がよくなることを古代の人は身につけていたといえる．

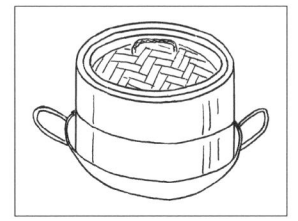

図 4・4　蒸籠と鍋子

調べてみよう！
① もち米の調理特性を調べてみよう．
② 卵のタンパク質組成について調べてみよう．

実習 22

白切鶏（パイ チェ ヂィ：鶏の酒蒸し）
海瓜子炒蛋（ハイ クワ ズ チャオ タヌ：アサリと卵の炒め物）
青椒牛肉絲（チン ジャオ ニュウ ロウ スウ：ピーマンと牛肉の炒め物）
焼売（シャオ マイ：シューマイ）

栄養価記入欄（1人分）				
	エネルギー（kcal）	タンパク質（g）	脂質（g）	NaCl（g）
白 切 鶏				
海瓜子炒蛋				
青椒牛肉絲				
焼　　　売				

A 白切鶏（パイ チェ ヂィ：鶏の酒蒸し）

材料（1人分；g）				
鶏もも肉（塊）	50		キュウリ	20
a { ショウガ	2		トマト	20
ネギ	3		カラシじょう油	
塩	0.5	（小 1/12）	{ 練りガラシ	少々
老酒	5	（小 1）	しょう油	少々

① ショウガは薄切りにしておく．ネギは長さ5cmくらいに切る．
② 鶏もも肉を皿にのせ，aをふりかけ，しばらく置く．
③ ②を蒸気の上がった蒸し器で20分くらい蒸し，取り出して，汁に浸けたまま冷ます．
④ キュウリは板ずりし，斜めに薄切りにする．トマトは縦に薄切りにする．
⑤ ③の鶏肉を一口大に切る．肉を皿の中央に盛り付け，その周囲に④を飾る．カラシじょう油を添えて供する．

B 海瓜子炒蛋（ハイ クワ ズ チャオ タヌ：アサリと卵の炒め物）

材料（1人分；g）		
アサリ（殻付き）	70	
ニンニク	1	
アサツキ	1	
a { 酒	2.5	（小 1/2）
コショウ	少々	
卵	50	
塩	0.2	
油	6	（小 1½）

① アサリは塩水に浸け，砂を吐かせる．
② ニンニクはみじん切り，アサツキは薄い小口切りにする．
③ 鍋に，ニンニクとaと①のアサリを入れて蓋をする．アサリの口が開いたら取り出し，汁はこしておく．
④ ボールに卵を割り，塩とアサリの汁を加えて混ぜる．
⑤ 中華鍋をよく熱し，油を入れて熱して④を入れ，手早くかき混ぜる．少し固まったら③のアサリ，アサツキを加えて混ぜ，卵が半熟になったところで火を止め，すぐに皿に盛り付ける．

! 白切鶏
蒸した後，汁の中で自然に冷ますのは，肉質が硬くならずにすむため．また，蒸さずにゆでる方法もある．その場合，湯は強火で沸騰させ続けると，鶏肉の皮が破れて肉質が硬くなるので，弱火で火を通す．

! 老酒（ラオ ヂウ）
黄酒（ホワン ヂウ）と呼ばれる中国の醸造酒をいい，もち米，うるち米，キビなどを原料にしてつくった黄酒を長時間熟成したもの．代表的なものに紹興酒（シャオ シン チウ）がある．

第4章 中国料理

> **!** 海瓜子（ハイ クワ ズ）

アサリの食べ方が，ウリの種を歯でしごいて食べるのに似ているところから，海瓜子と呼ばれている．蛤仔（コウズ），蛤蜊（コウリイ）とも書く．アサリは通年供給されるが，2～4月がもっともおいしい．1～2％食塩水に，室温で数時間以上浸けて砂を吐かせる．一般に，むき身は殻付きの約15％である．うま味成分の主体はコハク酸で，約330 mg％含まれている．

C 青椒牛肉絲 （チン ジャオ ニュウ ロウ スウ：ピーマンと牛肉の炒め物）

材料（1人分；g）			
牛肉（薄切り）	50	ネギ	2
a { 酒	2.5 （小 1/2）	ショウガ	1.5
しょう油	1	油	7 （大 1/2）
水	10 （大 2/3）	b { しょう油	2 （小 1/3）
かたくり粉	2 （大 2/3）	オイスターソース	2.2 （小 1/2）
油	2 （小 1/2）	砂糖	0.4
ピーマン	50	酒	3 （大 1/5）

① 薄切りの牛肉は繊維に沿ってせん切りにして，a の酒，しょう油，水を順にもみ込んで，かたくり粉をまぶす．最後に油を混ぜておく．
② ピーマンは縦二つに切り，種を出してせん切りにする．ネギ，ショウガもせん切りにする．
③ 中華鍋を熱して2/3量の油を入れ，①の牛肉を入れてほぐすように炒め，肉の色が八分どおり変わったところで，手早く取り出す．
④ 次に残りの油を入れて熱し，ネギ，ショウガを炒め，香りが立ったらピーマンを炒め，b を入れ，ピーマンに軽く火が通ったところで③の牛肉をもどし入れ，手早く炒め合わせて仕上げる．

> **!** 蠣油（ハオ イユ）
>
> カキ ソース，オイスター ソース．カキの塩漬けを発酵させ，その上澄みでつくった調味料で，塩味とうま味がある．炒め物などにしょう油といっしょに少量加えると，味と香りが引きたって，大変おいしくなる．中国料理独特の風味を出す．

> **!** ピーマン

英名は sweet pepper．トウガラシの甘味種で，7～9月が最盛期であるが，現在は生産の周年化が進んでいる．ビタミン C 80 mg％，カロチン 270 μg/100 g と多く含まれている．ピーマンはカプサイシン（辛味成分）を含んでいないので，辛味はない．

> **!** 肉の下ごしらえ，肉類を炒めるときのポイント

① 必ず下ごしらえをする．
② **牛肉，豚肉** … 牛肉は水を吸うので，15～20％の水分を吸わせると軟らかく仕上がる．酒，ショウガ汁，しょう油などで下味を付けてかたくり粉をまぶし，皮膜をつくってうま味を逃がさないようにする．豚肉も同様にする．
③ **鶏肉** … 水を吸わないので，水分を加えなくてよい．下味を付けてから卵白，かたくり粉をまぶしておくと，食感がよくなる．
④ 酒や卵白を入れると，かたくり粉を余分につけがちになるので，だんごのようにならないよう注意する．かたくり粉をまぶした後，油を加えることがあるが，これは，炒めるときにほぐれやすくするためである．

D 焼売 (シャオ マイ：シューマイ)

材料（12個分；g）				
皮		あん		
強力粉	40	豚ひき肉	100	
温湯	20～28	干しシイタケ	2	
塩	0.5	ネギ	10	
打ち粉(かたくり粉)		ショウガ	3	
		塩	1	(小1/6)
		しょう油	3	(小1/2)
		砂糖	2	(小2/3)
		酒	15	(大1)
		ゴマ油	少々	
		かたくり粉	10	(大1強)
		グリンピース	13	(10粒)
		練りガラシ		
		しょう油		

> **! 打ち粉**
> 打ち粉に使うかたくり粉は，目の粗いふきんに包んで一面にふると，均一になってよい．打ち粉を使いすぎると，皮が硬くなるので注意する．焼売の皮は餃子の皮よりも薄くつくる．皮が乾きやすいので，濡れぶきんやラップをかけるなど工夫すること．

① 強力粉をふるって塩と温湯を加えて，耳たぶくらいの軟らかさになるまでよくこね，濡れぶきんをかけて約20～30分おく．これをかたくり粉を打ち粉にして薄くのばし，7 cm角の正方形を12枚つくる．
② あんの材料をみじん切りにして豚ひき肉と混ぜ，粘りの出るまで練って調味する．グリンピースは熱湯を通しておく．
③ 左手に皮をのせ，②のあんをのせて上部を軽くしぼり，ナイフで上面を平にならすようにして押さえ込み，包む（図4・5）．上にグリンピースをのせる．
④ 油をひいた蒸籠に並べ，強火で10～15分蒸し，熱いところを練りガラシとしょう油を添えて供する．

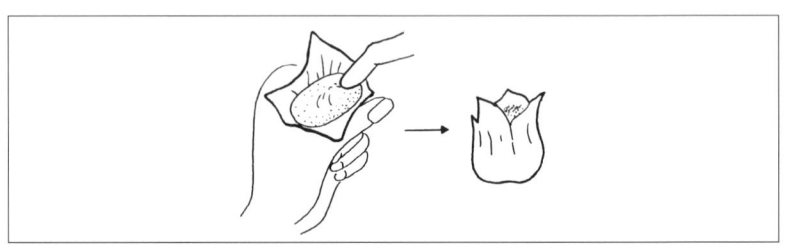

図4・5 シューマイの皮の包み方

調べてみよう！
① 肉の保水性について調べてみよう．
② 肉の軟化方法について調べてみよう．
③ 中国料理の調味料〔蠣油（ハオ イユ）をはじめとして〕を調べてみよう．

実習 23

宮保鶏丁（ゴォン バオ ヂィ ティン：ピーナッツと鶏肉のさいの目切り炒め）
古老肉（クウ ラオ ロウ：酢豚）
西湖魚羹（シイ ホウ ユイ ゴン：魚と卵白のスープ）

栄養価記入欄（1人分）

	エネルギー(kcal)	タンパク質(g)	脂質(g)	NaCl(g)
宮保鶏丁				
古老肉				
西湖魚羹				

A 宮保鶏丁（ゴォン バオ ヂィ ティン：ピーナッツと鶏肉のさいの目切り炒め）

材料（1人分；g）

鶏肉（もも）	40		ネギ	2	
a { 塩	少々		ニンニク	少々	
酒	2	(小1/2弱)	ショウガ	2	
ショウガ汁	2		赤トウガラシ		1/3本
しょう油	2	(小1/3)	炒め油	5	(小1強)
卵白	2		b { しょう油	3	(小1/2)
かたくり粉	2	(小2/3)	酢	2	(小1/2弱)
油	2	(小1/2)	酒	2	(小1/2弱)
ピーナッツ	20		砂糖	2	(小2/3)
揚げ油			湯（タン）	15	(大1)
干しシイタケ	1		かたくり粉	1	(小1/3)
タケノコ	30				

① 鶏肉は1.5 cmのさいの目切りにし，aの調味料で下味を付ける．かたくり粉をまぶして油を混ぜる．
② 揚げ油を130 ℃に熱し，①の鶏肉を入れてほぐすように混ぜる．色が変わったらすくい出す（油通し）．
③ ピーナッツは皮をむき，軽くゆで，水気をふき取った後，薄く色づくまで揚げる（100～120 ℃くらい）．
④ 干しシイタケは水でもどして軸を除き，1.2 cm角に切る．
⑤ タケノコは1.2 cm角に切る．
⑥ ネギ，ニンニク，ショウガはみじん切りにする．
⑦ 赤トウガラシは種を取り，細かく切る．
⑧ 中華鍋を熱し，炒め油を入れて，トウガラシ，ネギ，ニンニク，ショウガを炒め，油に辛味と香りをつける．シイタケ，タケノコを炒め，さらに②の鶏肉を加え，bで調味する．水溶きかたくり粉を加えてとろみをつけ，最後にピーナツを入れて，さっと混ぜ合わせる．

! 泡油（パオ イウ：油通し）

材料を炒める前に，100～140℃の低めの油であらかじめ揚げること．油通しによって，肉は加熱による収縮が小さく，軟らかい肉質を保つ．また，野菜は色が鮮やかになり，歯ざわりがよくなる．

! 宮保鶏丁
中国宮廷の高官が，この料理がおいしいと評価したことから，名前がつけられたという．

! 丁（ティン）
さいの目切りのこと(p.5, 図1・3参照)．

! ナッツ類の利用
ナッツ類の香ばしさと口当たりが，鶏肉などの軟らかい材料に調和しやすい．均一な色に揚げるためには，ナッツを混ぜながら揚げるとよい．

! ピーナッツ
脂肪が約50%，タンパク質が約25%含まれており，ビタミンはB群やEが多く含まれる．油で揚げるとき，固くなりすぎないように，軽くゆでてから揚げるとよい．

! 落花生油
油を落花生油にすると，風味が増す．落花生油は落花生の種子から採った油で，淡黄色で特有のよい香りをもっている．おもな脂肪酸はオレイン酸50～80%，リノール酸10～25%なので，品質は安定であるが，低温では固体脂が析出しやすい．

section 4・2 **中国料理の実習（献立別）**

B 古老肉 （クウ ラオ ロウ：酢豚）

材料（1人分；g）				
豚肉（ばらまたはもも，塊）	50		土ショウガ	2
a しょう油	3	（小 1/2）	ニンニク	1
酒	3	（小 1/2 強）	炒め油	6 （小 1 1/2）
ショウガ汁	3		b 湯（タン）	30
かたくり粉	3	（小 1）	しょう油	5 （小 1 弱）
揚げ油			塩	1 （小 1/6）
タケノコ	20		酢	5 （小 1）
ニンジン	15		砂糖	5 （大 1/2 強）
タマネギ	40		酒	2 （小 1/2 弱）
干しシイタケ	1		かたくり粉	1 （小 1/3）
ピーマン	20	（1/2 個）	ゴマ油	少々

① 豚肉は，2 cm くらいの角切りにする．a の調味料で下味を付ける．かたくり粉を入れてよく混ぜ，キツネ色にカラリと揚げる．
② タケノコ，ニンジンは2〜3 cm に乱切りし，ニンジンはゆでておく．
③ タマネギは縦半分に切り，ばらばらにほぐし，幅3 cm に切る．
④ 干しシイタケは水でもどして軸を除き，二〜四つに切りにする．
⑤ ピーマンは縦に二つに切り，種を取り，3 cm の角切りにする．
⑥ 土ショウガ，ニンニクはみじん切りにする．
⑦ 中華鍋を熱し，油を入れ，ショウガ，ニンニクを炒め，油に香りをつける．タマネギを入れて炒め，透明感が出たら，タケノコ，干しシイタケ，ニンジン，ピーマンを入れてさらに炒める．b の調味料を加え，煮立ってから，水溶きかたくり粉を入れてとろみを出す．豚肉を加えてさっと混ぜる．火を止めてゴマ油をかける．

> **! 古老肉**
> 酢豚は豚肉と野菜を甘酢あんかけ（糖醋）した料理であるが，名前が滑䱷肉，糖酷肉，咕咾肉，古滷肉などでも呼ばれている．

> **! 溜菜**（リュウ ツァイ）
> 揚げ物，炒め物，煮物，ゆで物，蒸し物などの仕上げに水溶きデンプンを加えて，とろみをつけた料理のこと．あんは料理の保温効果や光沢を出したり，口当たりをなめらかにする．

! 溜菜のポイント
① 材料の下味，火の通しを充分にしておく．
② 材料とあんが熱い状態でないと，味がなじみにくい．
③ あんの調味はやり直しができないので，味を確認してからデンプンでとろみをつける．
④ デンプンは煮立っている中に回し入れ，再沸騰させて，とろみを出す．

! シイタケ

うま味成分 5′-ヌクレオチドの一種である 5′-グアニル酸は，シイタケのうま味成分として有名である．5′-グアニル酸は，生シイタケや干しシイタケにはほとんど含まれていないが，生シイタケや水もどしした干しシイタケを加熱調理する過程で生成する．

干しシイタケのもどし方 干しシイタケをもどす目的は，シイタケを充分に膨潤させることにある．できるだけ低温で時間をかけてもどすのがよい．水温5℃で5時間以上，水温25℃では2.5時間くらいで好ましい膨潤になるといわれる．従来，急ぐときはぬるま湯でもどすといわれてきたが，50℃をこえると，ふっくらしたシイタケにもどすことができない．

干しシイタケのにおい 干しシイタケをもどしたり，生シイタケをつぶしたりするとシイタケ特有のにおいがする．これはシイタケ中のレンチニン酸が酵素的に分解され，レンチオニンと呼ばれる成分を生成するためである．

C 西湖魚羹（シイ ホウ ユイ ゴン：魚と卵白のスープ）

材料（1人分；g）			
白身魚	20	湯（タン）	150
a ┌ 塩	0.1	┌ 塩	1.2 （小 1/5）
└ かたくり粉	0.6 （小 1/5）	└ 酒	2 （小 2/5）
ネギ	4	かたくり粉	2 （小 2/3）
卵白	8		

① 白身魚はそぎ切りにして，aの塩をしてしばらく置いた後，かたくり粉をまぶして，熱湯でさっとゆでる．ネギは白髪ネギにして水にさらし，卵白はよくほぐしておく．
② 湯を火にかけ，塩・酒で調味し，煮立ったら，水溶きかたくり粉でとろみをつける．①の魚を入れ，軽く煮立っているところに卵白を細く流し入れ，卵白がふんわりと浮いてきたら，さらした白髪ネギを加えて火を止める．

！ とろみ
① とろみと卵白のからみ合いについては，p.75，**蛋花湯**参照．
② 卵白に少量のエバミルク（卵白1個35gにエバミルク12g）を用いると，むらくも状の卵白がより白く美しく見える．この場合は，スープに加える直前に卵白とエバミルクをよくかき混ぜること．

！ 汁物におけるデンプンの効果
デンプンがα化し，分子構造が変わり，からみ合って網目構造になったところへ卵がからまり，卵は浮かんだような形になる．汁が冷えるとデンプンは老化するので，卵は沈む．日本料理のかきたま汁にデンプンを入れるのは，同じ理由である（p.44，**かきたま汁のデンプン**参照）．

！ 白髪ネギ
ネギを白髪のように細く切ったもの．図4・6のように切る．

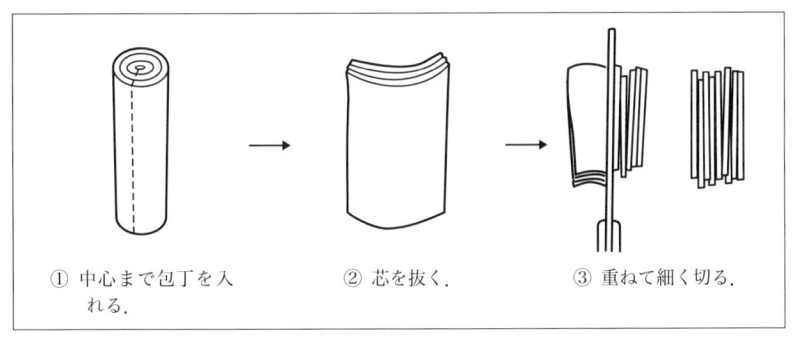

① 中心まで包丁を入れる． → ② 芯を抜く． → ③ 重ねて細く切る．

図4・6 白髪ネギの切り方

！ 西湖（シイ ホウ）
西湖とは中国の杭州にある湖のこと．

！ 羹（ゴン）
かたくり粉で濃度を高くとろみをつけた汁のこと．

調べてみよう！
① ジャガイモ デンプン糊の粘度と調味料の影響について調べてみよう．
② 中国料理の名前のつけ方について調べてみよう．

実習 24

炒墨魚（チャオ モウ ユイ：イカの炒め物）
又焼肉（チャ シャオ ロウ：焼き豚）
涼拌麺（リャン バン メン：冷やし麺）

栄養価記入欄（1人分）

	エネルギー(kcal)	タンパク質(g)	脂質(g)	NaCl(g)
炒 墨 魚				
又 焼 肉				
涼 拌 麺				

A 炒墨魚（チャオ モウ ユイ：イカの炒め物）

材料（1人分；g）

イカ（胴）	50		土ショウガ	2	
a ショウガ汁	1		ネギ	2	
酒	3	（小1/2強）	炒め油	2	（小1/2）
かたくり粉	2	（小2/3）	湯（タン）	35	
干シイタケ	2	（1枚）	塩	1	（小1/5）
タマネギ	20		b 砂糖	0.5	（小1/6）
タケノコ	15		酒	3	（小1/2強）
ニンジン	5		かたくり粉	1	（小1/3）
キュウリ	15		ゴマ油	少々	

① イカは洗って皮をむき，裏側（内臓側）に厚みの1/2くらいの深さに5mm間隔で縦・横に切り目を入れる．これを縦に四つくらいに切り，さらに長さ4cmの菱形に切って，aで下味を付けておく．
② ①にかたくり粉をまぶし，熱湯にさっと通して，すぐに冷水に入れ，取り出して，水を切っておく．
③ 干シイタケは，もどして軸を除き，1枚を四つにそぎ切りにする．
④ タマネギはくし形に切り，バラバラにほぐしておく．
⑤ タケノコは長さ4cmの短冊切りにする．
⑥ ニンジンは花形にして，薄切りにし，ゆでておく．
⑦ キュウリは厚さ4mmの斜め切りにする．
⑧ 土ショウガは薄切りにする．
⑨ ネギは長さ5cmくらいに切る．
⑩ 中華鍋を熱し，炒め油の1/2を入れて，塩を少々加え，キュウリを炒めて取り出す．残りの油を追加し，土ショウガ，ネギを入れて炒め，油に香りをつけて取り出す．次にタマネギを入れて炒め，透明感が出たらシイタケ，タケノコを入れて炒め，湯を加え，bで調味し，イカ，ニンジン，キュウリを入れて，煮立ってから，水溶きかたくり粉を入れてとろみを出す．火を止めてゴマ油をかける．

> **! ゴマ油**
> ゴマ種子を圧搾して得られる油．芝麻油，脂麻油，香油ともいう．揚げ物，炒め物などに利用されるほか，料理の仕上げに用い，つやを出したり，香りをつける役目もある．

> ! **イカについて**

イカ肉組織と皮（図4・7） イカ肉の表皮は4層からなっており，色素を含む第1，2層はむきやすいが，結合組織からなる第3，4層は逆にむきにくい．イカの胴肉は，筋繊維が体軸に直角に走っており，その筋繊維の間を結合組織で仕切られている．この第3，4層をつけたままイカ肉を加熱すると，その第4層のコラーゲン繊維が収縮して，体軸方向に丸まってしまう．そのためイカ肉を加熱する際は，表側の2層の皮を除いた後，イカ肉に切り込みを入れると，肉質が硬くならず食べやすくなる．なお，加熱しすぎると肉質が硬くなるので，短時間加熱で止める．

イカの切り方（図4・8） 切り方には布目切り，松笠切り，仏手（フォショウ）切り，唐草切りなどがあり，このような切り込みを入れて加熱すると，前述の理由により，切り目が開いて美しい飾り切りとなる．また，この切り目に味がからまりやすくなる．

イカ肉の味 主としてトリメチルアミンオキサイド，ベタイン，タウリン，プロリンなどのエキス窒素である．

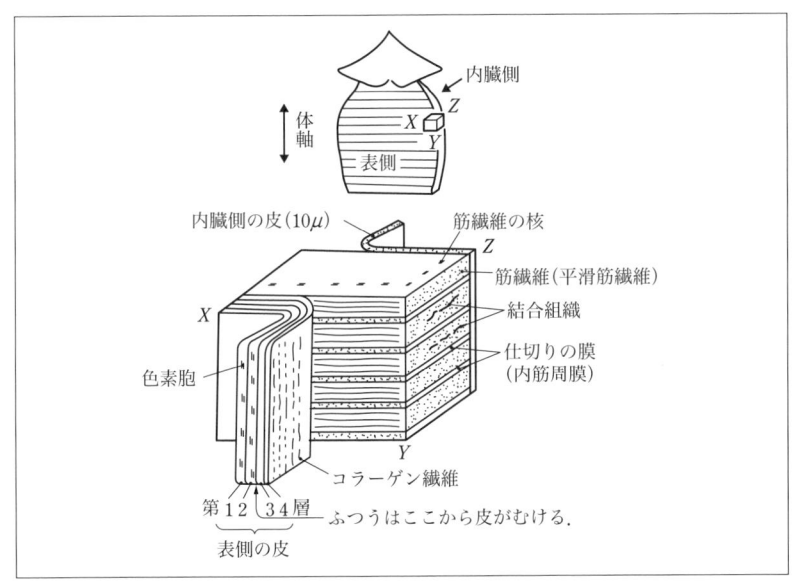

図4・7 イカの筋肉組織（山崎清子ほか：新版 調理と理論，同文書院，2008）

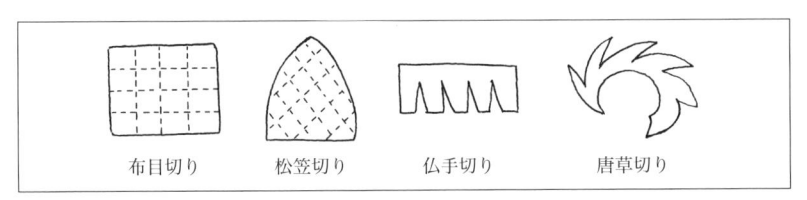

図4・8 イカの切り方

B 又焼肉 （チャ シャオ ロウ：焼き豚）

材料（6人分；g）		
豚肉（ももの塊）	300	
ショウガ	5	
ニンニク	10	
a ┌ しょう油	36	（大2）
├ 酒	15	（大1）
├ 砂糖	9	（大1）
└ ウイキョウ	少々	
┌ 練りガラシ	適宜	
└ しょう油	適宜	
トマト	適宜	
レタス	適宜	
たこ糸		

① 豚肉は直径5 cmくらいの円筒状になるように，塊のまま，たこ糸などを用いて形を整える．
② ショウガとニンニクは丸のままたたいた後で薄切りにし，aと合わせておく．この中に①を1〜2時間くらい，ときどき返しながら漬ける．
③ 天板に油を塗った網をのせ，②をのせて200 ℃の天火で30分ほど焼く．途中，漬け汁をはけで塗る．金串を刺し，肉汁が透明であれば取り出す．
④ 冷めてからたこ糸を除き，薄切りにして，トマト，レタスを添えて盛り付ける．カラシじょう油でいただく．

! 豚肉の調理

豚肉を使用する場合，寄生虫がいるおそれがあるため，完全に火を通すことが調理の条件である．豚肉は牛肉に比べて脂肪が多いので，焼き時間が長くかかる．これは，脂肪の熱伝導率が関係し，熱の伝わり方が遅いためである．脂肪の融点が36〜37℃以下の豚肉などでは，冷えて脂肪が固まっても，比較的軟らかく，しかも口中で融解する．それゆえ，焼き豚は冷たい状態で食べてもおいしい．

C 涼拌麺 (リャン バン メン：冷やし麺)

材料（1人分；g）			
中華麺（生めん）	80	かけ汁 A	
ゴマ油	2 (小1/2)	湯（タン）	100
キュウリ	20	白ゴマ	10 (大1強)
モヤシ	30	油	3 (小3/4)
卵	20	a 　酢	12 (大1弱)
塩	少々	しょう油	12 (小2)
砂糖	0.5 (小1/6)	塩	1 (小1/5)
油（錦糸卵用）	少々	砂糖	2 (小2/3)
ハム	10	かけ汁 B	
鶏ささ身	20	湯（タン）	45
酒	少々	b 　しょう油	24 (大1 1/3)
塩	少々	酢	24 (大1 2/3)
		砂糖	5 (大1/2強)
		ゴマ油	0.5 (小1/8)
		辣油	少々

① 中華麺はバラバラにほぐして，たっぷりの熱湯の中に入れ，箸でかき混ぜ，ゆでる．冷水に取り，ぬめりを取る．水切りしてゴマ油で下味を付ける．
② キュウリは板ずりし，斜めに薄く輪切りにして，せん切りにする．
③ モヤシはさっとゆでる．
④ 卵は塩・砂糖で調味して，薄焼き卵をつくり，錦糸卵にする．
⑤ ハムはせん切りにする．
⑥ 鶏ささ身は筋を取って，少量の酒と塩をふりかけてラップに包む．電子レンジにかけて，冷めてからほぐしておく．
⑦ かけ汁 A：白ゴマは煎る．すり鉢ですり，a の油を加え，さらに残りの a の調味料を加える．
⑧ かけ汁 B：鍋に b を入れて火にかけ，一煮立ちしたら火を消し，ゴマ油・辣油を加えて冷ましておく．
⑨ 中華麺を少し深みのある皿に盛り，キュウリ，モヤシ，卵，ハムを彩りよく並べる．好みのかけ汁を添える．

> ! かけ汁
> 好みに応じて，前述のゴマ風味や甘酢のかけ汁，さらに溶きガラシなどを添えてもよい．

> ! 中華麺
> 中華麺は，小麦粉にかんすい（鹹水）をこね，水などを加えて練って麺状にしたもの．かんすいは，炭酸カリウム，炭酸ナトリウム，炭酸水素ナトリウム，リン酸カリウムまたはナトリウムの単独あるいは混合物を指す．これは，小麦粉中のタンパク質のグルテンに作用して粘性を増したり，デンプンに作用して水の浸透を容易にする．中華麺の黄色は，小麦粉中のフラボン色素が，かんすいのアルカリによって発色したためである．

> ! 中華麺のゆで加減
> こしのある麺に仕上げるために，上記実習 ① の操作を手早く行なうこと，麺の中心部が透明になると，素早く冷水に取り，冷ます．加熱しすぎると，麺が煮崩れを起こしたり，弾力性を失ったりする．

調べてみよう！
① 豚肉の脂肪酸組成と牛肉の脂肪酸組成を比較してみよう．
② 食肉の色の変化について調べてみよう．

実習 25

金茹貝丁（チン クウ ペイ ティン：キノコと貝柱の和え物）
奶溜白菜（ナイ リュウ パイ ツァイ：白菜の牛乳あんかけ）
什錦炒飯（シイ ジン チャオ ファン：五目焼き飯）

栄養価記入欄（1人分）				
	エネルギー(kcal)	タンパク質(g)	脂質(g)	NaCl(g)
金 茹 貝 丁				
奶 溜 白 菜				
什 錦 炒 飯				

A 金茹貝丁（チン クウ ペイ ティン：キノコと貝柱の和え物）

材料（1人分；g）				
貝柱	40		土ショウガ	1
ナメコまたはシメジ	20		塩	0.4
グリーンアスパラガス（太い物）	15	a	砂糖	0.6 （小 1/5）
プチトマト	5 （1個）		酒	3 （大 1/5）
クレソン	5		ゴマ油	2.5 （小 1/2 強）
			サラダ油	2.5 （小 1/2 強）

① 貝柱は丁（ティン；p.5, 図1・3の⑨参照）に切る．
② グリーンアスパラガスは下処理をして，4～5 cm の斜め切りにする．シメジの場合，石づきを取ってほぐしておく．土ショウガはみじん切りにする．
③ 塩熱湯でアスパラガス，キノコをゆでる．ゆで上がったら広げて冷まし，軽く塩をする．
④ 貝柱は，少量の熱湯で少しずつさっとゆでる．すぐに冷水に取る（火を通しすぎないように注意する）．
⑤ 冷めた③と④に味付けをする．aをボールに入れてよく混ぜ，そこに水を切った③と④を入れ，冷蔵庫で20分以上冷やしておく．
⑥ 皿の中央に⑤を盛り，周囲に適宜に切ったプチトマトとクレソンを飾って供する．

B 奶溜白菜（ナイ リュウ パイ ツァイ：白菜の牛乳あんかけ）

材料（1人分；g）				
ハクサイ	60	a	塩	0.5 （小 1/10）
ハム	10		酒	2 （小 1/2 弱）
グリンピース	3		牛乳	25
ラード	5 （小 1 強）		かたくり粉	2 （小 2/3）
湯（タン）	30			

① ハクサイは1枚を縦半分に切り，長さ6～7 cm にそぎ切りする．
② ハムはせん切りにする．
③ グリンピースはゆでておく．
④ 中華鍋にラードを熱し，はじめにハクサイの軸を炒め，しんなりしたら葉先を加え，湯を加え，aで調味し，軟らかくなるまで煮込む．皿に盛り付ける．
⑤ ④の煮汁に牛乳を加え，水溶きかたくり粉を加えてとろみをつけ，ハク

! 奶溜（ナイ リュウ）
あんかけ料理（溜）の一つで，牛乳を加えて白く仕上げたあんのこと．

! そぎ切り
包丁を斜めに寝かせて，材料を薄くそぐように切ること．

サイの上にかける．
⑥ ハム，グリンピースを⑤の上に散らす．

> **!** **ハクサイ**
>
> ハクサイは洗った後，水気をふき取っておかないと，炒めるときに油が跳ねて危ない．また，牛乳は加えてから煮すぎると，分離したり，タンパク質が凝固したりして，見た目も味も悪くなるので注意する．牛乳と野菜を加熱した場合，キャベツ，ホウレンソウ，カリフラワーなどでは凝固しないが，アスパラガス，インゲン，ニンジン，エンドウなどは凝固しやすいと報告されている．

C 什錦炒飯 （シイ ヂン チャオ ファン：五目焼き飯）

材料（1人分；g）				
米	80	むきエビ	20	
水	100	a ┌ 塩	0.2	
卵	20	└ 酒	1	(小 1/5)
焼き豚（またはハム）	20	グリンピース	5	
タケノコ	10	ラード	9	(大 3/4)
干しシイタケ	1	┌ 塩	1.2	(小 1/4)
ネギ	5	└ コショウ	少々	
ショウガ	1	しょう油	1	(小 1/6)
		ゴマ油	少々	

① ご飯は硬めに炊いておく．
② 焼き豚，もどした干しシイタケ，タケノコは6～7 mm角に切る．グリンピースは塩ゆでしておく．ネギは縦四つ割りにし，みじんに切る．ショウガもみじん切りにする．むきエビは**a**の下味を付けておく．
③ 熱した中華鍋にラードを分量中から1人分2g入れ，溶いた卵を入れて手早くかき混ぜ，炒(い)り卵をつくり，器に取る．
④ 鍋にラード1人分2gを熱し，むきエビ，シイタケ，タケノコ，焼き豚を炒め，塩・コショウで調味して取り出す．
⑤ 鍋をきれいにして熱し，ラード1人分5gを入れ，中火にしてネギ，ショウガを入れ，よい香りが出るまで炒め，次にご飯を入れ，ほぐしながら炒める．ほぐれてきたら塩少々で調味し，③と④を入れ，しょう油を鍋肌からたらして香りをつける．グリンピースを混ぜて火を止める．好みにより，ゴマ油を2，3滴加えてもよい．

> **!** **什錦（シイ ヂン）**
>
> いろいろな材料が入っているという意味で，必ずしも10種類の材料が入っているわけではない．

> **!** **炒飯に用いる米と油**
>
> 炒飯には，粘り気のない長粒種（タイ米など）の米が適している．日本の短粒種の米を用いる場合は，硬めに炊くこと．
>
> うま味の点で油はラードがもっとも適している．植物油とラードを合わせて用いてもよい．

> **!** **炒め方のポイント**
>
> ① 粘りを出さないことが大事なので，一度に大量に炒めない．実習のときは2～3人分ずつに分けて炒めること．
> ② 具を炒め，続けてご飯を入れて炒めてもよいが，慣れないうちは，具を取り出し，鍋をきれいにしてご飯を炒めたほうが焦げつきにくい．
> ③ 炊飯直後の熱いご飯のほうが，冷飯よりも油の吸収がよく，炒めやすい．

調べてみよう！
① 各種のデンプンの種類と量を比較してみよう．
② 奶溜がもろつく場合の原因を調べてみよう．
③ 食用となるキノコの種類を調べてみよう．

実習 26

冬茹炒青梗菜（ドン グゥ チャオ チン ケン ツァイ：チンゲンサイの炒め物）
糖醋魚（タン ツウ ユイ：魚の丸揚げ甘酢あんかけ）
鍋貼餃子（クオウ ティエ ジャオ ツ：焼きギョーザ）

栄養価記入欄（1人分）			
	エネルギー(kcal)	タンパク質(g)	脂質(g)	NaCl(g)
冬茹炒青梗菜				
糖　醋　魚				
鍋 貼 餃 子				

A 冬茹炒青梗菜（ドン グゥ チャオ チン ケン ツァイ：チンゲンサイの炒め物）

材料（1人分；g）

チンゲンサイ	100	油	7	(小 1/2)
生シイタケ	20	湯（タン）	7	
土ショウガ	1	ゴマ油	2	(小 1/2)
a ┌ 塩	1.2	(小 1/4)		
├ 砂糖	0.8	(小 1/4)		
└ 酒	3	(小 3/5)		

① チンゲンサイは縦8等分して（5 cm幅ぐらいになる），葉と軸を切って別にしておく（図4・9）．
② 生シイタケは幅5～6 mmにスライスし，土ショウガをせん切りにする．
③ 中華鍋に油を熱して土ショウガを入れ，②のシイタケを入れる．軽く炒めて，チンゲンサイの軸を入れ，aを加えて混ぜ，湯を入れて蓋をする．しばらくしてからチンゲンサイの葉を入れ，しんなりすれば，ゴマ油を入れて盛り付ける．

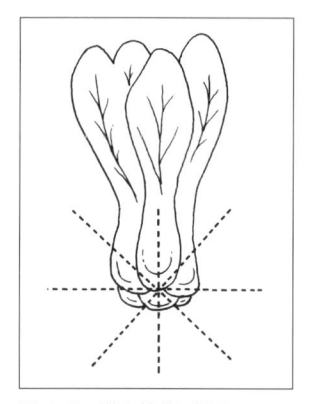

図4・9　縦8等分に切る

! 中国野菜

緑色の濃いものが多く，カロテン，ビタミンCが多く含まれる．カロテンは油に溶けて吸収されるので，油との組み合わせの炒め物に適している．また，あくの少ないものが多く，直接調理に用いられる点で栄養の損失も少ない．従来とは使用部位の違う花ニラ，黄ニラ，葉ニンニクなどが出回っているが，アリシンが含まれ，他の食品のビタミンB_1の吸収を高めるといわれている（付録3参照）．

野菜のうま味を出すためには，湯に少量の市販されているスープの素を加えるとよい．

B 糖醋魚（タン ツウ ユイ：魚の丸揚げ甘酢あんかけ）

材料（6人分；g）			
魚（タイ，イサキ，コイ）	500 （1尾）	ピーマン	20
a｛しょう油	25 （大1½弱）	ショウガ	5
ショウガ汁	5	油	10 （大3/4）
酒	15 （大1）	甘酢あん	
かたくり粉	50	｛湯	150
揚げ油		砂糖	40
タケノコ	50	しょう油	40
ニンジン	30	塩	1 （小1/5）
干しシイタケ	7	酢	35
ネギ	20	かたくり粉	10 （大1強）

① 魚はうろこ，えら，内臓を除き，洗ってよく水を切り，両面に3〜4か所切り込みを入れる．魚肉に，斜めに切り込みを入れ，背骨に達したら背骨に沿って1cm切り込む（**図4・10**）．aをふりかけ30分おく．

② シイタケはもどし，タケノコ，ニンジン，ピーマン，ネギとともに長さ5cmくらいのせん切りにする．ショウガはみじん切りにする．

③ ①の余分な水分を取ってかたくり粉をまぶし，魚の表になるほうを上にして，150〜160℃の油でゆっくりと揚げる（約15分）．魚が油から出ている場合は，油をかけながら揚げる．引き上げるときは油の温度を180℃にする．

④ 鍋に油を熱し，ショウガ，ネギ，タケノコ，シイタケ，ニンジン，ピーマンの順に炒め，甘酢あんの調味料を全部入れ，沸騰したら水溶きかたくり粉でとろみをつける．すぐに揚げ立ての③にかける．

> **！ 醋溜（ツウ リュウ）**
> 酢を効かせたあんのことをいう．一般的に，糖分は材料の7％，塩分は1.5％，酢は6％である．主材料によって，味付けは加減する．

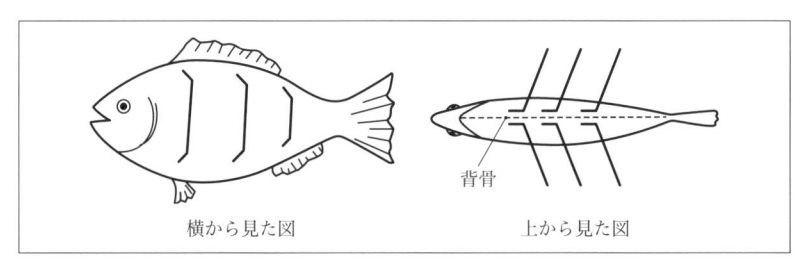

図4・10　魚の切り込みの入れ方
（横から見た図／上から見た図　背骨）

> **！ 尾頭付きの魚の揚げ方**
> 一尾付けの魚のように，火の通りにくい材料や厚みのあるものは，最初は低温でゆっくりと揚げ，中まで充分に火が通ったら，仕上げを高温にして表面をパリッとさせる．または二度揚げにしてもよい．この場合は，最初にやや低めの温度で七，八分目まで揚げておき，食べる直前に少し高めの温度で揚げ直す．材料の表面の水分が取れ，揚げ色も平均化して，カラリと仕上がる．

この料理は，コイを用いると糖醋鯉魚（タン ツウ リイ ユイ）になり，中国では，お祝いの食卓に出される縁起のよい料理になる．

C 鍋貼餃子（クオウ ティエ ジャオ ツ：焼きギョーザ）

材料（12個分；g）			
皮			
強力粉	80	a ｛ 砂糖	3　（小1）
熱湯	40　±a	塩	2　（小2/5）
塩	0.8　（小1/6）	しょう油	4　（小2/3）
かたくり粉（打ち粉）		酒	4　（小4/5）
肉あん		ゴマ油	2　（小1/2）
豚ひき肉	60	かたくり粉	6　（小2）
干しシイタケ	2	サラダ油	15
ネギ	10	練りガラシ	適宜
ハクサイ	30	しょう油	適宜
ショウガ	2	辣油	適宜
ニンニク	2	酢	適宜

> **！ 餃子（ジャオ ツ）**
> 餃子は小麦粉のドウを平らにして丸く延ばし，その中に肉，野菜などの具を包んで加熱したもので，点心の一つである．餃子には焼き餃子（鍋貼餃子），蒸し餃子（蒸し餃子），ゆで餃子（水餃子）などがある．市販の皮を使えば手軽にでき，手づくりにすれば，いっそうおいしくなる．また皮をつくる場合，焼き餃子と蒸し餃子は粉を熱湯でこねてつくり，水餃子は微温湯でこねるという違いがある．

> **！ 辣油（ラー油）**
> 上質のごま油を熱してトウガラシを加え，辛味を油に移したもの．和え物や炒め物，餃子のたれなどに使う．

① 強力粉をよくふるってボールに入れ，塩熱湯を注いで菜箸で混ぜる．冷めてきたら，手を使って耳たぶくらいの軟らかさになるまでこねてまとめ，濡れぶきんをかけて，約20〜30分寝かせておく．
② **皮をつくる**…①を細長い棒状にのばし，12個に切り分ける．短い麺棒で，直径7〜8 cmに丸く延ばす．
③ 水にもどしたシイタケ，ネギ，ハクサイ，ショウガ，ニンニクはみじん切りにしておく．
④ **肉あんをつくる**…豚ひき肉，③とaをよく混ぜ合わせ，12個に分けて丸めておく．
⑤ 皮の手前1/3くらいのところに④の肉あんを置いて，図4・11に示すように包む．
⑥ フライパンに油を入れて火にかけ，よく油をなじませ，⑤を入れて焼き，下に焦げ目がついたら熱湯50 mlくらいを加え，蓋をして中火で蒸焼きにする．皮が半透明になればよい．
⑦ 温めた皿に焼き目を表にして盛り付け，熱いところをカラシじょう油または酢じょう油でいただく．

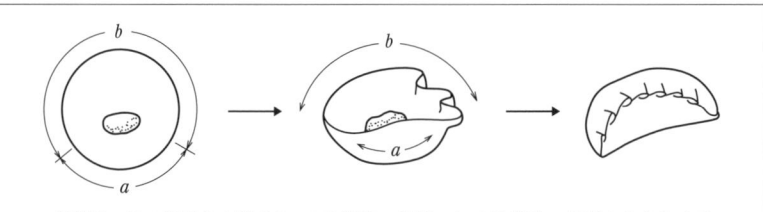

〔要領〕皮の円周を3等分し，1/3等分の円周 a に2/3等分の円周 b を合わせるようにひだを取り，包む．

図4・11　ギョーザの包み方

調べてみよう！
① 辣油のつくり方について調べてみよう．
② 魚の生臭み成分と除去法について調べてみよう．
③ 中国料理に用いる香辛料を調べてみよう．

実習 27

洋芋炒肉絲（ヤアン イ チャオ ロウ ス：ジャガイモと肉の炒め物）
川鵪鶉蛋（チュアヌ アヌ チュン タヌ：ウズラ卵入りスープ）
肉包子，豆沙包子（ロウ パオ ツ，トウ シャ パオ ツ：中華まんじゅう）

栄養価記入欄（1人分）

	エネルギー（kcal）	タンパク質（g）	脂質（g）	NaCl（g）
洋芋炒肉絲				
川鵪鶉蛋				
肉包子，豆沙包子				

A 洋芋炒肉絲（ヤアン イ チャオ ロウ ス：ジャガイモと肉の炒め物）

材料（1人分；g）

豚ロース肉（薄切り）	40		酒	3	（大 1/5）
a ┌ 酒	1.5	（大 1/10）	c ┌ しょう油	3	（小 1/2）
├ しょう油	3	（小 1/2）	├ 塩	少々	
└ 水	4.5		├ 砂糖	0.6	（小 1/5）
b ┌ 卵黄	4		└ 水	7.5～15	（大 1/2～1）
├ かたくり粉	2	（小 2/3）	ニンニクの芽	15	（1/5 束）
└ 油	2.6	（大 1/5）	┌ 酢	0.3	
ジャガイモ	80		└ ゴマ油	1.3	（小 1/3）
油	6	（小 1½）			
豆板醤	1.2	（小 1/4）			

① 豚肉をせん切りにし，aの調味料を入れてよく混ぜ，さらにbの卵黄を入れて混ぜる．次にかたくり粉をよくまぶし，その上に油を入れて混ぜておく．
② ジャガイモは厚さ3 mm，長さ7 cmのせん切りにして，塩水（水600 ml＋塩5 g）に一度浸けて洗って，ざるにあげて水気を切っておく．ニンニクの芽は長さ3 cmに切っておく．
③ 中華鍋をよく焼いてから油半量を入れ，①を入れて，さばきながら炒める．バラバラになり火が通れば，取り出す．
④ 次に残りの油を入れ，豆板醤を入れて炒め，香りを出す．そこに②のジャガイモを入れて炒め，続けてニンニクの芽を入れて軽く炒め，cの調味料を入れ，混ぜてから蓋をして，水分がなくなるまで2～3分蒸し煮をする．
⑤ 味を確認してから③の肉を入れ，よく混ぜて酢とゴマ油を入れ，すぐに火を止める（ジャガイモは炒めすぎないように注意）．

! **ニンニクの芽**
茎ニンニクとも呼ばれる．ニンニクの花芽のつぼみを取ったもので，中国では**蒜苔**（スワンタイ）という．軟らかくて，ニンニクほど強いにおいがない．ニンニクと同じく，ビタミンB_1の吸収をよくするアリチアミンを生成するので，ビタミンB_1を豊富に含む豚肉などとともに調理すると，効果的である．

! **トウガラシの辛味成分**
辛味成分は，カプサイシンとジヒドロカプサイシンの二種でトウガラシの辛味の主要成分の約80％を占める．赤色の色素成分は，主としてカプサンチンやβ-カロテンやカロチノイド．

! **ジャガイモの硬さ**
cの調味料の水の量は，ジャガイモの切り方により調節する．太いときは水を多めにする．

B 川鶉鶏蛋 (チュアヌ アヌ チュン タヌ：ウズラ卵入りスープ)

材料（1人分；g）		
ウズラ卵	10	(1個)
干し貝柱	1	(1/3個)
ハム	3	
ネギ	3	
湯（タン）	150	
塩	1	(小1/5)
薄口しょう油	1	(小1/6)

! 川（チュアヌ）
湯菜（タン ツァイ）の一つ．澄んだ中身のあるスープのこと．

! 干し貝柱
乾貝（カヌ ペイ）ともいい，ホタテガイやタイラガイの貝柱を干したもの．

① ウズラ卵は，鍋に水から入れて，沸騰したら火を弱めて4～5分ゆでる．冷水で冷やし，殻をむいておく．冷めないように温湯に浸けておく．
② 干し貝柱は，水洗いして水に一晩浸ける．酒少々を加え，15～20分くらい蒸して，軟らかくもどしておく．竹串で細かくほぐす．
③ ハムは長さ4cmのせん切りにする．
④ ネギは長さ4cmの白髪ネギ（p.89，図4・6参照）にして，水にさらしたら水気を切っておく．
⑤ 湯（貝柱の浸け汁も用いる）を火にかけ，ウズラ卵，貝柱，ハムを入れて調味する．最後にネギを加え，火を止め，碗に注ぐ．

第4章 中国料理

C 肉包子，豆沙包子 (ロウ パオ ツ, トウ シャ パオ ツ：中華まんじゅう)

材料（1人分各1個；g）

皮			肉あん（肉包子用）			あん（豆沙包子用）		
小麦粉	強力粉	40	豚ひき肉	20		アズキあん	40	
	薄力粉	40	タマネギ	8		黒ゴマ	2	(小 2/3)
ドライイースト		1.2	ゆでタケノコ	8		ラード	3	(小 3/4)
微温湯		45	干しシイタケ	1		パラフィン紙	2枚	(4 cm 角)
砂糖		4	ショウガ汁	少々				
塩		1	しょう油	3	(小 1/2)			
ラード		4	砂糖	0.6	(小 1/5)			
			ゴマ油	0.6	(小 1/7)			
			かたくり粉	2	(小 2/3)			

① ボールにふるった小麦粉，砂糖，塩，ドライイーストを入れる．混ぜてから，微温湯を入れてまとめる．ラードを入れて，さらにこねていく．
② 耳たぶくらいの軟らかさになるまで，こねてまとめる．大きめのボールに入れてラップをかけ，28～30℃で約1時間発酵させる．
③ ②の体積が約2倍くらいになったらガス抜きをして，包子の数に分けておく．
④ 肉あんの野菜はみじん切りにして，豚ひき肉とともにさっと炒め，調味料を入れて味を調え，かたくり粉を入れて冷まし，人数分に分けておく．
⑤ あんの黒ゴマは煎ってすっておく．鍋にラードを入れて少し溶かし，アズキあん，黒ゴマを入れて練っておく．冷めたら人数分に丸めておく．
⑥ ③の生地を，真ん中を厚く，周りを薄く丸く延ばしておき，皮の中央にあんを置いて包む．④の肉あんは指でひだを寄せて包み，ねじっておく．⑤のあんは，包み目が下になるように形を整える．底にパラフィン紙を当てておく．
⑦ 蒸し器に油を薄くひいて，包子を間隔をおいて並べる．蓋をして，もう一度30～40℃で20～30分間発酵させる．
⑧ ⑦を沸騰している湯にかけ，15～20分で蒸し上げる．

! イースト発酵

イーストが糖質を分解してアルコールをつくるときに生ずる炭酸ガス（CO_2）によって膨化させる方法．イーストが活動しやすい温度（30℃くらい）を保つようにする．室温が低いときは小麦粉の温度が低いので，やや高め（40℃くらい）の湯でこねる．50℃をこえるとイースト菌が死滅するので，注意すること．

雑菌を繁殖させないように，器具や手を清潔にする．

生イーストを用いる場合は，ドライイーストの倍量を用いて，30℃くらいのぬるま湯で，砂糖も加えて表面に泡が出るまで予備発酵をして用いる．

現在市販されているドライイーストは予備発酵は不要で，直接，小麦粉に混ぜ込んで用いる．

調べてみよう！

① ジャガイモの褐変について調べてみよう．
② ドウの粘弾性と伸展性について調べてみよう．
③ 干し貝柱とうま味について調べてみよう．

実習 28

皮蛋（ピイ タヌ：アヒルの卵の石灰漬け）
西瓜子（シイ グワ ズ：スイカの種子），南瓜子（ナヌ グワ ズ：カボチャの種子）
什錦火鍋子（シイ チン ホウ クオ ズ：具だくさんの寄せ鍋）

栄養価記入欄（1人分）				
	エネルギー(kcal)	タンパク質(g)	脂質(g)	NaCl(g)
皮　　　蛋				
西瓜子，南瓜子				
什 錦 火 鍋 子				

A 皮蛋（ピイ タヌ：アヒルの卵の石灰漬け）

① 表面の泥を水で洗い流し，卵の殻をむく．
② くし形に切って盛り付ける．

材料（1人分；g）	
皮蛋	10　（1/6個）

! 皮蛋（ピイ タヌ）

アヒルの卵の泥漬け．アヒルの卵の殻の周りに生石灰，草木灰，塩，茶汁などを混ぜ合わせたものをこねつけ，粘土，もみ殻をまぶし，容器に入れて貯蔵してつくる．卵白はアルカリ性のため，ゼリー状に凝固しく半透明の黒色に，卵黄も凝固して緑褐色と黄褐色の層になる．卵白の表面に花模様があり，卵黄に縞模様の層があるものを松花蛋（スン ホウ タヌ）という．

B 西瓜子（シイ グワ ズ：スイカの種子），南瓜子（ナヌ グワ ズ：カボチャの種子）

スイカ，カボチャの種子の食べ方…瓜子の種は縦にし，前歯でかんで殻を割るとよい．

材料（1人分；g）	
西瓜子	5
南瓜子	5

! 京果（チン グワ）

前菜の前に出す種実類．乾果と砂糖漬け・砂糖煮がある．
乾果は乾燥した果物の実や種で，スイカ，カボチャの種子，松の実，クルミ，ハスの実などがある．
砂糖漬け・砂糖煮は，果物の実や皮を砂糖やみつで漬けたり，煮たりしたもので，ナツメ，ミカン，レンコン，キンカンなどがある．

C 什錦火鍋子 (シイ チン ホウ クオ ズ：具だくさんの寄せ鍋)

材料 (1人分；g)							
ひき肉だんご			エビだんご			タケノコ	25	
豚ひき肉	40		芝エビ	30		春雨	10
みじんネギ	2		b かたくり粉	1	(小 1/3)	ギンナン	6	(3個)
ショウガ汁	1		卵白	3		サヤエンドウ	10
a かたくり粉	2	(小 2/3)	酒	1		ニンジン	10
卵	5		塩	少々		湯 (タン)	170
塩	少々		イカ	20		d 塩	1	(小 1/5)
しょう油	3	(小 1/2)	c ショウガ汁	1		しょう油	1	(小 1/6)
酒	2	(小 1/2弱)	酒	1	(小 1/5)	酒	2	(小 1/2弱)
			ハクサイ	60		酢じょう油		
			ホウレンソウ	25		酢	10	(大 2/3)
			生シイタケ	20	(2枚)	しょう油	10	(大 2/3弱)

① ひき肉だんごは，豚ひき肉に，みじん切りしたネギ，ショウガ汁，aの調味料を加えてよく混ぜ，直径2cm大に丸めてゆで，浮き上がったらすくい上げる．
② エビだんごは，芝エビの背わたを取り，殻をむき，包丁で細かくたたく．すり鉢に入れてする．bの調味料を加えて，さらによくすり混ぜる（フードプロセッサーにかけてもよい）．鍋にたっぷりの湯を沸かし，直径2cm大に丸めて，湯の中に入れる．弱火で煮立たせ，差し水を2〜3回して，温度をあまり上げないようにしてゆであげる．
③ イカは唐草切り（p.91，図4・8参照）にして，cで下味を付けておく．熱湯にさっと通し，すぐ冷水に入れ，取り出して水を切っておく．
④ ハクサイ，ホウレンソウは塩を加えてゆでる．ハクサイの一部は鍋底に敷くものをあらかじめ分けておく．ホウレンソウを芯にしてハクサイで巻き，長さ3cmに切る．
⑤ 生シイタケは石づきを取り，傘に十字に切り目を入れる．
⑥ タケノコは長さ5cmの薄切りにする．
⑦ 春雨は熱湯に浸けて軟らかくもどし，長さ10cmくらいに切る．
⑧ ギンナンは殻を取り，塩ゆでして薄皮をむく．
⑨ サヤエンドウは筋を除き，青ゆでにする．
⑩ ニンジンは花形の薄切りにし，ゆでる．
⑪ 湯はdで調味する．
⑫ 鍋の底にハクサイの一部を敷き，各材料を美しく並べ，⑪の湯を入れ，蓋をして点火する．
⑬ 酢じょう油を合わせておく．
⑭ 鍋に入れた材料の残りは，別に大皿に盛り，適宜，鍋に加えて煮る．
⑮ 煮えたものから，酢じょう油をつけていただく．

> **！ 火鍋子 (ホウ クオ ズ)**
> 中国の寄せ鍋料理に用いる鍋のこと（図4・12）．煙突が鍋の中央に付いていて，そこが火袋になり，炭火を入れる．最近では，ガスで加熱する方式のものもある．

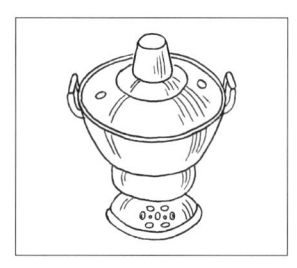

図4・12 火鍋子

> **！ 寄せ鍋のうま味**
> 各種の材料を取り合わせる寄せ鍋のうま味は，アミノ酸系と核酸系のうま味の相乗効果によるものである．ハクサイ，ニンジンなどの野菜にはグルタミン酸，豚・だしの鶏がら・イカ・エビなどにはイノシン酸，キノコ類にはグアニル酸が含まれている．

調べてみよう！
① タンパク質の酸・アルカリによる変性について調べてみよう．
② 湯（タン）の種類を調べてみよう．

実習 29

- 奶豆腐（ナイ ドウ フ：牛乳かん）
- 杏仁酥餅（シン レン スウ ピン：中華クッキー）
- 鶏蛋糕（ヂィ タヌ ガオ：蒸しカステラ）
- 抜絲地瓜（パア スウ ヂ ゴア：揚げサツマイモの飴からめ）
- 芝麻球（ツゥ マァ チュウ：ゴマ風味だんご）
- 月餅（ユエ ピン：げっぺい）
- 中国茶（チャン グォ チャオ）

栄養価記入欄（1人分）				
	エネルギー(kcal)	タンパク質(g)	脂質(g)	NaCl(g)
奶 豆 腐				
杏 仁 酥 餅				
鶏 蛋 糕				
抜 絲 地 瓜				
芝 麻 球				
月 餅				
中 国 茶				

A 奶豆腐（ナイ ドウ フ：牛乳かん）

材料（5〜6人分；g）			
粉寒天	4	シロップ	
水	320	砂糖	50
砂糖	50	水	100　（カップ1/2）
牛乳	300　（カップ1½）	パイナップル	30
エッセンス	少々	ミカン	80
（レモンまたはアーモンド）		チェリー	5〜6個

① 定量の水に粉寒天をふり入れ，混合して膨潤させ，火にかける．沸騰後2分加熱する．粉寒天が溶けたら砂糖を加える．
② ①に牛乳，エッセンスを加えて混ぜ合わせ，供する器に流し入れる（表面積の広い器がよい）．泡があれば取っておく．
③ 鍋に砂糖と水を入れて火にかけ，沸騰したら冷やして，シロップをつくっておく．
④ ②が固まったら，包丁で菱形に底まで切り込みを入れる．器の縁から静かにシロップを流し入れ，器を揺り動かすと，奶豆腐が浮かんで切り目が開く．
⑤ 果物を適当な大きさに切り，④の上に散らす．

！ 点心（ティエン シン）

菜（ツァイ：主要な料理）以外の，軽食および菓子類をいう．点心は甘味を含む甜点心（ティエヌ ティエン シン）と，甘味を含まない鹹点心（シェヌ ティエン シン）の二つに分けられる．宴席では，鹹点心は主要料理の途中で出し，甜点心は最後のお茶請け（うけ）として出される（p.83参照）．

！ 牛乳の加熱

牛乳を加熱すると，ラクトアルブミンのSH基が活性化して硫化水素になることにより，独特のにおいが生じる．このため奶豆腐では，牛乳をあまり加熱しない．

！ 寒天液と牛乳

寒天ゲルに牛乳を加える場合，牛乳量が多いほどゼリー強度は弱くなる．これは，牛乳の脂肪やタンパク質が寒天ゲルの構造を阻害するためと考えられる

！ 杏仁豆腐

杏仁霜（シン レン シャン：杏仁の粉）を水で溶いたものを用いると，杏仁豆腐となる．

> **!** 奶豆腐とシロップ
>
> 奶豆腐が浮き上がり，切り目にすきまがあくのは，奶豆腐とシロップの比重の差による．
>
> | 砂糖濃度 | 10% | 20% | 30% | 40% | 50% |
> |---|---|---|---|---|---|
> | 比重 | 1.039 | 1.082 | 1.129 | 1.178 | 1.231 |
>
> （ボーメ比重計による）
>
> 寒天濃度 0.8%，牛乳濃度 50%，砂糖濃度 10%の奶豆腐の比重は 1.093 であるので，砂糖濃度 25〜30%のシロップで浮き上がることになる．
>
> 粉末寒天は 5〜10 分で膨潤する．粉末寒天は約 1/2 量で角寒天と同じ硬さのゲルが得られる．また，寒天の種類を問わず，寒天濃度の低いものほど溶けやすい．

B 杏仁酥餅（シン レン スウ ピン：中華クッキー）

材料（12個分；g）

小麦粉	100		卵	20
ベーキングパウダー	2 （小 2/3）		アーモンド	12 粒
砂糖	60		ドリュール	少々
ラード	45			

① 小麦粉とベーキングパウダーは合わせてふるっておく．砂糖もふるっておく．
② ボールにラードを入れて，泡立て器ですり混ぜ，砂糖を加え，さらによくすり混ぜる．次に卵を加えて混ぜる．
③ ②に①の粉を入れて木杓子でさっくりと混ぜ，打ち粉を打った台の上に棒状に延ばして，12 個に切り分ける．
④ ③を丸く整え，軽く押さえて平たくする．表面の真ん中をくぼませておいてドリュール（p.140 参照）を塗り，くぼみにアーモンドをのせる．
⑤ ベーキング シートを敷いた天板に並べ，170℃で 5 分，その後 160℃にして，きれいな焼き色がつくまで焼く（約 10〜12 分）．

> **!** 酥餅（スウ ピン）
>
> 酥餅の酥は，口に入れるとサクサクとして，もろい舌ざわりを与えるという意味．酥餅には，パイの皮のように何枚もの層をつくった生地と，層にならずにバタークッキーのような口ざわりを与える生地の 2 とおりがある．

> **!** ラード
>
> ラードは，豚の脂肪組織から分離した脂肪である．腎臓脂肪からとったものを中性ラードといい，もっとも品質のよいものである．
>
> 脂肪酸組成は，ステアリン酸 12〜16%，パルミチン酸 25〜32%，オレイン酸 40〜50%，リノール酸 3〜14% である．牛脂よりも不飽和脂肪酸の量が多いために融点が低いので，消化吸収もよく，優良な食用油である．
>
> 中国料理などの料理用のほか，マーガリンやショートニングの原料とされる．

C 鶏蛋糕（ヂィ タヌ ガオ：蒸しカステラ）

材料（パウンド型 8×22×6 cm 1 本；g）

卵	150 （3 個）	干しブドウ	20
砂糖	100	ラード	少々
上新粉	100		

① パウンド型にラードを塗っておく．
② 上新粉，砂糖をふるっておく．
③ 干しブドウはぬるま湯に浸け，軟らかくもどして水気を切り，分量中の上新粉から少量をまぶしておく．
④ 卵は卵白と卵黄に分ける．卵白を充分に泡立て，砂糖を 2〜3 回に分けて

> **!** 糕（ガオ）
>
> 小麦粉以外の粉，おもに米の粉を用いてつくった蒸し菓子をいう．

> **!** 上新粉
>
> うるち米を粉砕したもの．小麦粉と比べ，上新粉でつくった蒸しカステラやスポンジケーキは膨化度が劣るが，きめが細かく，均一な生地になる．

> **鶏蛋糕の蒸し方**
> 蒸している間，蓋をあけると膨らみが悪くなる．蒸籠（チョン ロン）でなく蒸し器の場合は，ふきんを蓋にはさんで，滴が落ちないようにする．

入れ，さらによく泡立てる．メレンゲに卵黄を加えて混ぜる．さらに上新粉をさっくり加え，干しブドウを入れる．

⑤ ラードを塗ったパウンド型に④を流し入れ，蒸気の立っている蒸し器で強火で約20分蒸す．

D 抜絲地瓜（パア スウ ヂ ゴア：揚げサツマイモの飴からめ）

材料（6人分；g）					
サツマイモ	550	飴 a	砂糖	120	
揚げ油			酢	10	（小2）
			油	20	

① サツマイモは皮をむき，長さ4～5 cmの乱切りにする．水にさらした後，水気をふき取る．
② 油を160 ℃くらいに熱して①を入れ，竹串が刺されば油を180 ℃くらいに上げて，キツネ色に揚げる．
③ 鍋にaを入れ，煮溶かす．飴になる直前，糸を引くようになったとき（140 ℃）に火を止め，②を加え，手早く混ぜ，油を塗った皿に盛り付ける．

> **抜絲（パア スウ）**
> 抜絲は，砂糖の濃厚な液を結晶させずに飴にし，その状態で揚げた材料に衣かけする調理である．サツマイモにからめた飴が，熱いうちは糸を引くので，抜絲という．抜絲は，ショ糖液の煮詰め具合により，食品をからめた後の糖衣が硬すぎたり，逆に軟らかすぎて飴状になったりする．抜絲は140 ℃に煮詰めるのが適当である．また結晶化が起こりやすいので，注意が必要である．

> **砂糖の結晶化を防ぐ方法**
> ① ショ糖濃度が高くなると，なるべくかくはんしないほうがよい．
> ② 熱い食品を入れる．
> ③ ショ糖液に，最初から酸（食酢）を加えて加熱する．酸性にすると，ショ糖が水解して果糖とブドウ糖に分解し，結晶化しにくくなる．また，水飴を加えてもよい．
> ④ 油を砂糖および水とともに用いる．

> **サツマイモのあく成分**
> サツマイモを切断すると，その切り口から粘性のある白い乳液が出る．この乳液は一般に"ヤニ"と呼ばれており，手や器物に付着すると黒くなる．この成分はヤラピンであり，ヤラピン酸の石灰塩で酸分解すると，ヤラピノール酸とブドウ糖になる．

E 芝麻球（ツゥ マァ チュウ：ゴマ風味だんご）

材料（12個分；g）				
浮き粉	30	こしあん	150	
熱湯	約50	ラード	12	
もち粉	100	白ゴマ	約50	
水	約90	揚げ油		
砂糖	35	（大4）		
ラード	7	（大1/2強）		

> **浮き粉**
> 小麦粉デンプンを精製したもの．小麦粉を水とよくこねて，タンパク質であるグルテンを除いたデンプン質から得られる．

> **もち粉**
> もち粉はもち米を粉砕したものである．

① 鍋にラード（12 g）を入れて溶かし，こしあんを加えて練る．冷めてから，あんを12個に分けて丸める．
② 浮き粉をボールに入れ，そこに熱湯を加え，箸で混ぜ，蓋をして3～5分

おく．その後，よくこねてからラップでくるみ，常温まで冷ます．
③ もち粉に水を加え，軽く混ぜたところに砂糖，ラード（7 g）を入れてよく混ぜ，よくこねる．途中で②を加えてさらにこねる．軟らかすぎる場合は，もち粉を打ち粉（分量外）にして，耳たぶくらいの硬さに調節する．
④ ③の生地を12等分し，丸くして①のあん玉をのせ，空気を押し出すように包む．
⑤ 包んだものをさっと水にくぐらせて，ゴマをまんべんなくまぶす．
⑥ 最初は120 ℃の油でゆっくり揚げる．底にくっつかないように，常に箸で底をかき混ぜながら揚げる．だんごが浮き始めてから，さらに1〜2分揚げ，その後，温度を高温にして1分ほど揚げる．

! **ゴマ**

ゴマ科の1年草．必須アミノ酸を豊富に含むため，植物性タンパク質はきわめてよい．また脂質，カルシウム，鉄，ビタミンB_1，B_2も多く含まれている．種子の色で白ゴマ，黒ゴマ，茶ゴマに分けられ，料理の彩りによって使い分けるとよい（p.62参照）．

! **芝麻球**

あん玉は包むときに真ん中に入れないと，揚げているときに割れて，あんが出てしまう．また揚げすぎると，膨れて皮が破れてしまうので注意する．

浮き粉がなければ，コーンスターチで代用できる．

中国では，陰暦1月15日の元宵節（上元節）に，米粉でつくっただんごを食べる．これを元宵（ユェン シャオ）という．この元宵には，ゆでた元宵（湯元宵）と揚げた元宵（炸元宵）がある．

F 月餅 （ユエ ピン：げっぺい）

材料（直径6.5 cm 6個分；g）

皮			あん			ドリュール		
小麦粉	120		こしあん	180		卵黄	1/2 個	
黒砂糖	10		水飴	30		みりん	5	（小1弱）
砂糖	30	（大3 1/3）	黒ゴマ	15	（大1 2/3）			
卵	30		クルミ	15				
ラード	30	（大2 1/3）	レーズン	15				
水飴	15		松の実	10				
			ゴマ油	5	（小1強）			

① 小麦粉はふるう．
② 黒砂糖は熱湯少々で溶き，砂糖，卵，ラード，水飴と混ぜ合わせ，小麦粉に加えてよくこね，耳たぶくらいの硬さにする．濡れぶきんに包み，10分ほど寝かす．再度こねて棒状にして，6等分する（水分が飛ばないようにふきんをかけておく）．
③ クルミ，松の実は160 ℃で6〜7分ローストする．
④ 黒ゴマは煎って切りゴマにする．クルミ，松の実，レーズンは粗く刻む．
⑤ 鍋に，こしあんと水飴を入れて火にかける．焦がさないように混ぜながら，水分を飛ばす．ゴマ油と④を加えて混ぜ，火を止める．冷まして6等分する．
⑥ 皮を延ばしてあんを包む．平たい形にして竹串，フォークなどで上面に模様を描くか，月餅型で型抜きしてもよい．
⑦ 天板に薄く油を敷き，月餅を並べ，ドリュールを塗る．180 ℃で15分ほど焼く．焼いている途中，再度ドリュールを塗るとよい．

! **ドリュール**

p.140 参照

G 中国茶 (チャン グォ チャオ)

中国には蓋付きのお茶用の茶碗があり，それに大さじ1杯くらいの茶の葉を入れて熱湯を注ぎ，蓋をして葉の沈むのを待ち，蓋をずらして飲む．または，土びんに茶の葉を入れて熱湯を注ぎ，ころ合いをみて茶碗に注ぎ入れる．

材料（1人分；g）	
中国茶（葉）	3
熱湯	100

! 中国茶の種類

中国茶は多種類あり（**表4・7**），色により青茶（チン チャ），緑茶（リュウ チャ），黒茶（ヘイ チャ），紅茶（ホン チャ），黄茶（ホアン チャ），白茶（バイ チャ）の六つに分類できる．また，茶葉に花の香りをつけた花茶（ホア チャ）がある．色の違いは，発酵させない茶，発酵させる茶，菌の作用で発酵させるなど製造法の違いによる．

表4・7 中国茶の種類

種類	発酵法	特徴	代表的茶名
緑茶（リュウ チャ）	不発酵茶	釜炒りにより発酵を止める．生産量が多い．	龍井茶 径山香茶
黄茶（ホアン チャ）	弱後発酵茶	発酵度は低く，緑茶に似た味わい．	君山銀茶
白茶（バイ チャ）	弱微発酵茶	香り・味は上品で，淡白．生産量は少ない．	白毫銀茶
青茶（チン チャ）	半発酵茶	香味を引き出す製造工程で，香り高い茶に仕上がる．	凍頂烏龍茶 安渓鉄観音 武夷岩茶
黒茶（ヘイ チャ）	後発酵茶	乾燥させる前の緑茶に加熱加湿し，麹菌を加えて発酵したもの．	普洱茶 普洱沱茶
紅茶（ホン チャ）	完全発酵茶	酸化酵素のはたらきを充分にした茶．芳香と風味がある．	祁門紅茶 茘枝紅茶
花茶（ホア チャ）	—	茉莉花（ジャスミン）や桂花（モクセイ）などの花の香りを緑茶や烏龍茶につけたもの．	茉莉珍珠 菊花茶

調べてみよう！
① 砂糖の加熱による変化について調べてみよう．
② 砂糖の結晶化を利用する菓子について調べてみよう．
③ 中国茶の種類と入れ方について調べてみよう．

第 5 章

(*──西 洋 料 理──*)

5・1 西洋料理の基礎

1 西洋料理の特徴

　西洋料理は欧米各国料理の総称で，その中心はフランスである．その背景をみると，古代ローマの宮廷料理が中世イタリアに引き継がれ，1553年，メディチ家のカトリーヌ姫がアンリ2世に嫁ぐ際，料理人，食事マナー，ナイフ・フォークなどをフランスにもたらし，目覚ましい飛躍を遂げた．1970年，それまでの古典料理への反発から，濃厚なソースを除き，新鮮な材料を生かした新しいフランス料理（ヌーベル・キュイジーヌ；nouvell cuisine）が誕生した．

　西洋料理の特徴は，主食・副食の区別はなく，国それぞれの気候風土に培われた多種多様な料理を生み出すことにある．さまざまな料理の中から，日本人の味覚に合うものだけが日本に定着したと考えられるが，料理の背後にある地理・風土などの自然条件，文化，社会，経済などに興味を広げて，それぞれ固有の食文化を学びとることが大切である．

　欧米各国料理共通の特徴は以下のようである．

① 多くは肉食，パン食が主体で，乳製品を多く使う．
② 調味料は食塩・コショウが基本で，スパイス，ハーブ，ワインなどをベースにした多様なソースが使われる．
③ 油はバターが多く用いられる．イタリア，スペインなどはオリーブ油を使う．
④ 料理法は，複数の素材を使って味を融合させ，新しい味を編み出す手法が多い．オーブンをよく使う．
⑤ 時系列型（一皿食べ終わったら次の皿を出す）である．
⑥ デザートが食事の中に組み込まれ，種類が豊富である．

2 献立構成

（1）正餐の献立構成

正餐（せいさん）は，正式の献立による食事を指す．正餐の献立とサービスされる順序を**表5・1**に示した．

表5・1 正餐の献立とサービスの順序

サービス順序	料理名		ワイン類	目的
1	前菜	オールドウブル hors-d'oeuvre（仏） appetizers（英）	シェリー，マティニーなどシャンパン	料理の前奏曲．食欲を喚起させる．
2	スープ	ポタージュ potage（仏） soup（英）	辛口白ワイン	食欲をかき立て，胃液の分泌を高める．
3	魚料理	ポアソン poisson（仏） fish（英）	白ワイン	淡い味の魚料理から重い味の肉料理へ移行し，クライマックスとなる．
4	シャーベット	シャーベット sorbet（仏） sherbet（英）		口直し，舌の疲れを取り除き，リフレッシュさせる．
5	肉料理	アントレ entrée（仏） entree（英）	赤ワイン	（魚料理に同じ）
6	蒸焼き料理	ロティ rôti（仏） roast（英）	赤ワイン	再び肉料理でうま味を味わう．
7	野菜料理	サラダ solade（仏） solad（英）	辛口白ワイン	酸味のドレッシングで生野菜を食べ，口の中をさっぱりさせる．ビタミンC，食物繊維の補給．
8	甘味料理	アントルメ entremets（仏） sweet（英）	甘口ワイン，発泡ワイン	甘味で食事の満足度をいっそう確かなものにする．
9	果物	フリュイ fruit（仏） fruit（英）		締めくくりとして，満足感の仕上げ．
10	コーヒー	コーヒー café（仏） coffee（英）		苦味で全体を引きしめる．

(2) 日常の献立構成

日常の献立構成の基本を表 5・2 に示した．

表 5・2 日常の献立構成

献立構成	内　　容	目的・役割
アペタイザー（appetizer）	野菜，スープ（サラダ）	食欲を促すために最初にとる．
主菜	魚料理，肉料理	動物性タンパク質や脂肪に富み，質・量ともに食事の中心となる．
副菜	野菜料理（サラダ）	主菜を栄養的に補足する（糖質，ビタミン，ミネラル，繊維など）．
デザート	デザート，飲み物	食事に満足感を与え，締めくくりとする．
パン，バター		付帯的な役目をする．

3　テーブル マナー

食事作法のうち，基本的な内容はどの国でも同じである．西洋料理では，とくにナプキン，ナイフ，フォークの使い方，パンを食べ始める時期，料理に合わせたワインの飲み方などに注意を要する．また，料理をサービスする人（給仕）への配慮が必要である．

以下に要点を示した．

① 着席：いすの左側から座る．同じテーブルに着席者がいれば会釈する．
② ナプキンを膝（ひざ）に置くタイミング：スピーチ，乾杯などが終わって，いよいよ料理が運ばれてくるときに，折り目を手前に二つ折りにして膝に置く．早すぎず遅すぎずがよい．中座するときは，いすの上に置く．
③ 他人に不快感を与えないように，不作法で下品なしぐさは避ける．スープを飲むときにズルズルと音を立てない．器を持ち上げて食べない．
④ 姿勢よく，肘（ひじ）をつかない．
⑤ パンはスープが終わってから食べ始める．バターはバター ナイフで塗って食べる．
⑥ 魚料理を食べるときには白ワインを，肉料理を食べるときには赤ワインを飲む．
⑦ 食事中のナイフ，フォークの置き方は，図 5・1 のように，食べている状態（ハの字）でそのまま置くとよい．終わったときは，ナイフの刃は手前に向け，フォークはくぼみを上向きにして，ともにそろえて置く．
⑧ サービスは，食べ物は客の左側から，飲み物は客の右側から出される．

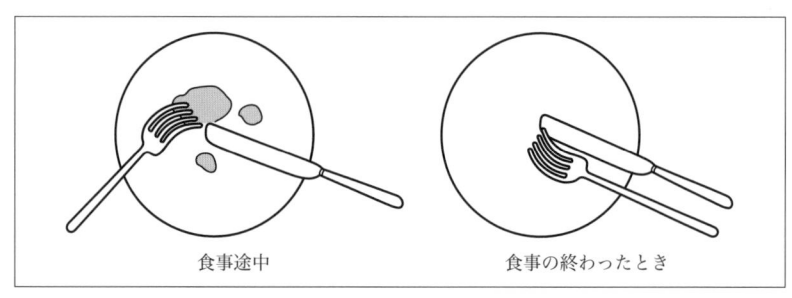

食事途中　　　　　食事の終わったとき

図 5・1　ナイフ，フォークの置き方

正餐のテーブル セッティングを**図5・2**に，日常のテーブル セッティングを**図5・3**に示した．

ナイフ，フォークは外側から使っていく．デザート用は位置皿（料理皿）の向こう側に置かれているので，手前から使っていき，最後がコーヒー スプーンである．

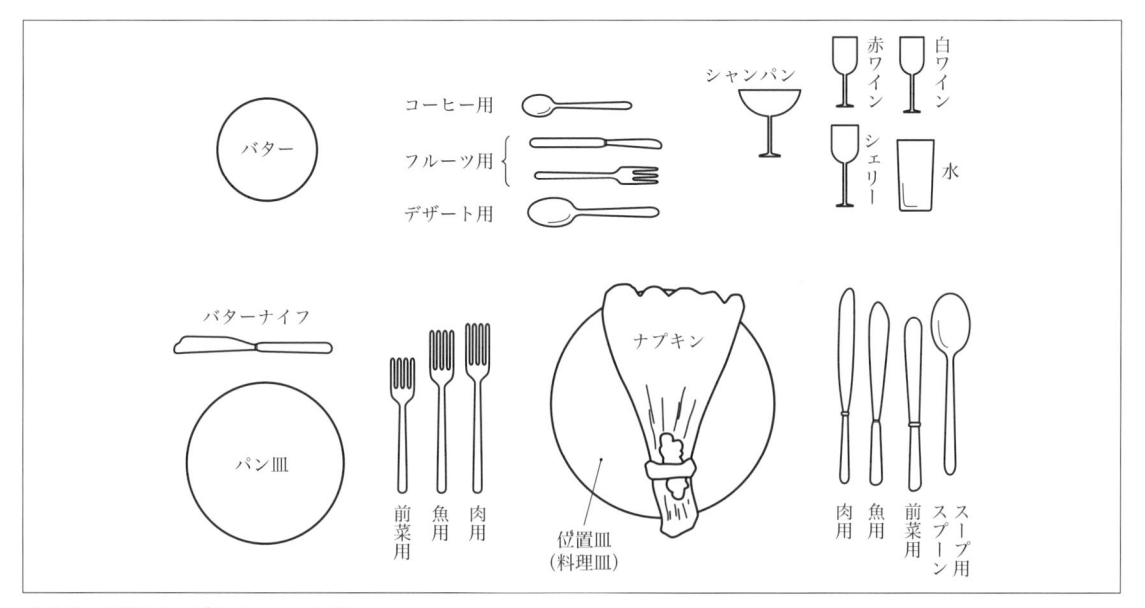

図5・2　正餐のテーブル セッティング

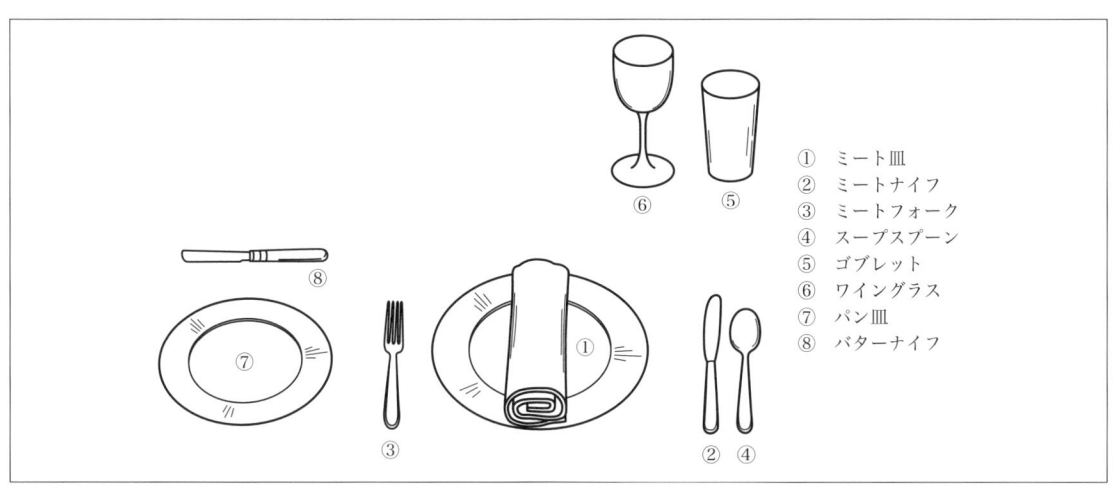

① ミート皿
② ミートナイフ
③ ミートフォーク
④ スープスプーン
⑤ ゴブレット
⑥ ワイングラス
⑦ パン皿
⑧ バターナイフ

図5・3　日常のテーブル セッティング

section 5・1　**西洋料理の基礎**

section 5・2 西洋料理の実習（献立別）

実習 30

コーン スープ（corn cream soup；英）
サケのムニエル（saumon à la meunière；仏）
グリーン サラダ（green salad；英）

栄養価記入欄（1人分）	エネルギー(kcal)	タンパク質(g)	脂質(g)	NaCl(g)
コーン スープ				
サケのムニエル				
グリーン サラダ				

A コーン スープ

材料（1人分；g）			
トウモロコシ（クリーム缶）	50	塩	1.2　（小 1/5 強）（でき上がりスープの 0.7%）
タマネギ	10	白コショウ	少々
バター	4　（小1）	クルトン	
小麦粉	3　（小1）	食パン	3
スープ	80	油	（吸油率 99%）
牛乳	50		

① 鍋にバターを焦がさないよう溶かし，薄切りにしたタマネギを中火で透き通るまで，焼き色がつかないように炒める．次に，小麦粉を入れて，粉臭さが取れるまで焦がさないように炒める．
② ①にスープを入れて混合し，トウモロコシを加えて軟らかくなるまで煮る．火から下ろして粗熱を取り，ミキサーでピューレ状にし，計量しておく（約130 g）．
③ ②を火にかけ，牛乳を入れ，かくはんしながら煮て，煮立つ直前に塩・コショウで味をととのえる．
④ クルトン … 食パンを 0.5〜0.7 cm 角に切り，180℃の油でキツネ色に揚げる．
⑤ 器にスープを盛り付け，クルトンとともに供する．

! **牛乳の風味・変色**
牛乳は，スープになめらかさと乳白色とよい風味を与えるが，長く煮るとこれらの特徴が失われ，変色するので注意する．

! **クルトンの供し方**
クルトンは，早くからスープに入れておくとふやけるので，供するときに各自が入れる．

B サケのムニエル

材料（1人分；g）			
サケ（生）	70〜80	くし形レモン	15　（1.5 cm 幅）
塩	0.8〜1.2（魚の重量の 1.2〜1.5%）	粉ふきイモ	
コショウ	少々	ジャガイモ	60
小麦粉	4	塩	0.6　（イモの重量の 1%）
油	2　（小1/2）（魚の重量の 5%）	コショウ	少々
バター	2　（小1/2）	パセリ	1枝

① 生サケは小骨を抜き取り，ざるにのせ，塩・コショウをしておく．焼く直前に水分をふき，小麦粉をまぶし，余分な粉を落とす．
② フライパンを熱し，油を入れ，油の上にバターを置き，油脂が鍋全体に広

がれば，魚の表になる面から入れて，フライパンを前後に動かしながら焼く．濃い焼き色がつけば返し，火を小さくして，中まで火を通す．
③ ジャガイモは洗って皮をむき，一口大の乱切りにし，面取りをして水からゆでる．七分程度火が通ったところで塩を入れ，軟らかくなるまでゆでる．ゆで湯を切り，鍋を動かしながら，イモの表面の水分を蒸発させ，粉が吹けばコショウをふる．
④ 皿の手前にムニエルを置き，向こうに粉ふきイモ，くし形レモン，パセリを盛る．

! ムニエル調理上の注意点
① 小麦粉は全体に薄くつける．つけすぎると焼むらができる．
② 魚に粉をつけて，時間がたつと粘りが出て，焼いたとき表面が硬くなり，また美しく仕上がらない．
③ 魚を焼いている途中，押さえつけたりしないように注意する．肉汁が出て，うま味や栄養分の流出を招き，みずみずしさを失う．

! ジャガイモ調理のコツ
① ジャガイモの切り口は，チロシナーゼによって褐変するので，水分に浸漬する．
② 緑化した外皮や，芽は，有毒なソラニンを含有するので，除去する．
③ 粉ふきいも，マッシュポテトには，粉質系で成熟したものを用いる．
④ 食塩はデンプンの膨潤を抑制するので，加熱の後半に加えたほうがよい．

! 粉ふきいも
充分にデンプンが糊化するまで，ゆでたイモの表面の水分を蒸発させ，鍋を揺り動かし，イモの表面に白い粉をふかせたもの．加熱により，ジャガイモのデンプンは糊化し，また同時に，細胞を結び付けていたペクチンが可溶化し，流動性を帯びるので，細胞間の結び付きが弱まる．熱いうちにジャガイモを揺り動かすと，その衝撃によって表面の細胞が分離し，粉をふいたようになる．

C グリーン サラダ

材料（1人分；g）			
紫タマネギ	5	ドレッシング	
レタス	20	マスタード	0.5
キュウリ	20	塩	0.5 （小 1/12）
セロリ	5	コショウ	少々
		ビネガー	5 （小 1）
		ドレッシング油	10 （大 4/5）

① 紫タマネギは薄切りにし，水にさらす．レタスは洗って，食べやすい大きさにちぎっておく．キュウリは塩をして板ずりし，塩を流し，斜め薄切りにする．セロリは筋を取り，長さ 5 cm の薄切りにする．
② **ドレッシングをつくる** … ボールに塩，コショウ，マスタード，ビネガーを入れ，かくはんして塩を溶かし，マスタードを分散させた後，ドレッシング油を徐々に入れてよく混合する．
③ 器に ① の野菜を形よく盛り，供する直前にソースをかける．

! ムニエル
ムニエルとは粉屋の意．小麦粉をまぶした魚のバター焼きのことである．材料に小麦粉をつけることによって，魚の水分を吸収して皮膜となり，うま味成分の流出を抑える．バターで加熱された小麦粉の香ばしさが風味を増す．魚肉は小麦粉の皮膜で水分の蒸発が少なく，肉質は軟らかい，などの効果をもつ．

! 魚に塩をする
1.5～2%程度の食塩を加えると，水分が出て肉がしまり，弾力が増し，透明感がでてくる．水分が浸み出るときに，魚臭のもとになる水溶性のトリメチルアミンなども流れ出るので，浸み出した水分は取り除く．

! 野菜サラダの要点
・たっぷりの水に浸ける．
・よく冷やす．
・ドレッシングは供する直前にかける．

! マスタードの効果
マスタードには乳化性があり，ドレッシングに入れたときに油と酢が分離するのを防ぐことができる．

調べてみよう！
① ジャガイモの種類・成熟度と調理性について調べてみよう．

実習 31

サンドイッチ（sandwitches；英）
ポテト サラダ（potato salad；英）
ティー（tea；英）

栄養価記入欄（1人分）				
	エネルギー(kcal)	タンパク質(g)	脂質(g)	NaCl(g)
サンドイッチ				
ポテト サラダ				
ティー				

A サンドイッチ

材料（2人分；g）	
食パン	160 （14枚切り6枚）
カラシバター	
バター	30
カラシ	2
a ロースハム	40 （薄切り2枚）
レタス	30 （2枚）
卵	50
マヨネーズ	15
塩	少々
コショウ	少々
トマト	50 （輪切り2枚）
塩	少々
コショウ	少々
b クリームチーズ	10
マーマレード	5
パセリ	1枝

> **サンドイッチ**
> パンとパンの間に，卵や肉，チーズ，野菜などの材料をはさんだもので，勝負事の好きだったイギリスのサンドウィッチ伯爵が，勝負中に食べるために工夫したことから，この名が付いた．

① バターを練ってクリーム状にし，練りガラシを混ぜ，カラシ バターをつくる．食パン4枚の片面に，ていねいに塗る（食パン2枚は何も塗らないでおく）．

② aは2枚1組として2組のクローズ，bは2枚で2本のロールの各サンドイッチをつくる．
　a…レタス，ハムは，パンの大きさに合わせて切る．卵は固ゆでして冷まし，みじん切りにしてマヨネーズで和え，塩・コショウで味を調える．トマトは湯むきして厚さ0.5〜0.6 cmに輪切りし，種を除いて塩・コショウを少々ふっておく．①のカラシ バターを塗った食パン4枚を2枚1組にして，レタス，ハム，卵，トマトをはさむ．ラップで包み，軽く重しをのせて落ち着かせた後，好みの形に切り分ける．
　b…①の何も塗らない食パン2枚の耳を切り落として，オレンジ マーマレードを合わせたクリーム チーズを塗る．それぞれ1枚ずつ棒状にロールした後，2等分し，パラフィン紙でキャンディ包みにする．

③ 皿にレース ペーパーを敷き，a，bを体裁よく盛り付け，パセリをあしらって供する．

> **! サンドイッチをつくるとき**
> - 水っぽい具は厳禁．野菜の水気はしっかり取ってからパンにはさむ．
> - バターやマヨネーズは，サンドイッチに風味を加えるだけでなく，具の水分がパンに浸み込むのを防ぎ，具とパンを密着させるので，端までつける．

> **! カラシ**
> 辛味成分はカラシ油による．カラシ油は種子中では単独でなく，黒ガラシではブドウ糖と結合してシニグリン，白ガラシではシナルビンという化合物となって含まれている．これには辛味がなく，わずかに苦味がある程度である．これに水が加わると，カラシ中に含まれているミロシナーゼという酵素がはたらいてブドウ糖を切り離し，カラシ油を遊離するため，辛味が出る．ミロシナーゼは 40℃ くらいでよくはたらく．

B ポテト サラダ

材料（1人分；g）				
ジャガイモ	70	（約1/2個）	卵	25
塩	0.4		塩	0.2
コショウ	少々		コショウ	少々
酢	2.5		マヨネーズ	12
ニンジン	7		パセリ	0.3
キュウリ	15		サラダ菜	7　（1枚）
タマネギ	10			

① ジャガイモはよく洗い，かぶるくらいの水で軟らかくなるまでゆでる．熱いうちに皮をむいてつぶし，塩，コショウ，酢をふっておく．
② ニンジンは皮を取り，2 mm のいちょう切りにし，ひたひたの水で軟らかく煮る．
③ キュウリは厚さ 2 mm の小口切りにし，2 % の塩をふり，しんなりしたら，水分をよく絞っておく．
④ タマネギは繊維の方向と平行に薄切りし，水にさらした後，水を切り，ペーパーで包み，水分をよく除く．
⑤ 卵は水から加熱し，沸騰するまで，卵黄が真ん中にくるように菜箸で静かにころがしながらゆでる．その後，弱火にして 12～13 分ゆで，全熟にし，冷水に取って殻をむき，縦に四つ割りにする．
⑥ パセリは葉先だけをみじん切りにし，ペーパーで包み，水分をよく除く．
⑦ サラダ菜は 1 枚ずつ洗い，食べやすい大きさにちぎっておく．
⑧ ボールに①～④を入れて塩・コショウをし，マヨネーズで和える．
⑨ サラダ器に⑦のサラダ菜を敷き，⑧を盛り付け，⑤の卵を添え，パセリをふる．

> **! ポテト サラダ**
> ポテト サラダは冷蔵庫で冷やすとデンプンが β 化し，ほっくりした口当たりがなくなり，味が落ちる．

> **! ジャガイモのゆで方**
> ジャガイモ（根菜類）を水からゆでるのは，熱は表面から内部へ伝わるため，イモを丸ごと熱湯に入れると外部と内部の温度の上昇に差がつき，中心に火が通ったときには外部は加熱されすぎている．水からゆでるとその温度差が縮まって，表面の煮崩れを防ぐことができる．

> **! ジャガイモの熱いうちに下味を付けるのは**
> ジャガイモをゆでるとミセルがゆるんで膨らみ，粒子間にすきまができ，塩をふったり，ドレッシングで和えると容易に浸透する．冷めると生の状態になり，しぼみ始め，すきまがなくなって味の内部への浸透がむずかしくなり，調味料が表面に留まり，味がなじまない．

> ! 冷ましてからマヨネーズで和えるのは

マヨネーズは，油と酢が卵黄のレシチンの仲介によって結びついている（乳化）．この結び付きは，高温や極低温のもとでは壊れやすく，油と水に分離しやすい．マヨネーズは材料の表面を覆うことでおいしさを与えるソース．粗熱をとったジャガイモには，マヨネーズが分離することなくからまる．

表 5・3　マヨネーズのつくり方

材　料	分　量	配合比	
卵黄	15～18（1個分）	12.4	
油	90～100 ml	71.2	油と水分は 8：2
食酢	15～20 ml	13.1	
食塩	2	1.5	
カラシ	0.5	0.4	
コショウ	0.5	0.4	
砂糖	1.5	1.1	

（作り方）
水気を取ったボールに卵黄，カラシ，砂糖，塩，コショウを入れ，木杓子で粘りが出るまで充分にかき混ぜる．酢小 1 を加えてよく混ぜ，充分に粘りが出たら，サラダ油を点々と小 1/3 ほど落としてはよく混ぜながら，分離しないように注意して粘りをつける．固まってきたら，油の量を少しずつ増して（小 1 くらいずつ入れる）よくかき混ぜ，固くなれば酢を少し加えて調節し，仕上げる．

> ! マヨネーズ調製の要点

① 新しい卵黄がよい．
② はじめに加える油の量は，少ないほどよい．
③ 油を入れたら 10 秒ぐらいはよくかくはんし，次の油を入れる．
④ 粘度は，固くなったら酢を少量加えると下がり，軟らかくなる（酢は少量ずつ入れる）．
⑤ 冷蔵庫に入った卵は，冷たくてよくない．20℃ 前後が失敗なくできるので，油の温度も冷たすぎないこと．

> ! 分離したマヨネーズの再生

ボールに卵黄 1 個を入れてよく混ぜ，その中に，分離したマヨネーズを少量ずつ入れては充分かき混ぜる（卵黄の代わりに，でき合いのマヨネーズに加えてもよい）．

C ティー

材料（1人分；g）	
紅茶	2
熱湯	150
（砂糖）	
（レモンまたはミルク）	

① 水を充分に沸騰させる．
② 湯をポットとカップに少量入れて温める．カップはそのまま置き，ポットの熱湯は捨てる．
③ 茶葉を人数分ポットに入れ，沸騰した熱湯を人数分注ぎ，蓋をして蒸らす．
④ 葉が開いて下に沈み，香りも成分も充分に溶け出たころが，適当な飲みごろである．
⑤ カップの湯を捨て，茶葉の成分が出すぎないように手早く，濃さが平均になるように注ぐ．
⑥ 好みで砂糖，レモンまたはミルクを入れて供する．

! 紅茶のゴールデン ルール

① 水は汲みたての新しい水を用いる．
② 水は沸騰した後，98℃にして用いる．
③ 茶葉を熱湯中でジャンピングさせ，一定時間蒸らす．

! 紅茶とレモン

紅茶にレモンを入れると色が薄くなるのは，紅茶の色素テアルビジン（橙褐色素；タンニン）がレモンの酸と反応することによる．レモンの香りの主成分ゲラニオールが紅茶の味を引き立てることは，よく知られている．紅茶の香気成分にもこれが含まれていることがわかり，レモンを加える意義が明確になった．

調べてみよう！
① ジャガイモの酵素的褐変・非酵素的褐変，調理後の黒変について調べてみよう．
② ゆで卵の暗緑色について調べてみよう．
③ マヨネーズの成り立ちを調べてみよう．

実習 32

- パンプキン スープ (pumpkin soup；英)
- ポーク カットレット (pork cutlet；英)
- コール スロー サラダ (cole slaw salad；英)

栄養価記入欄（1人分）

	エネルギー(kcal)	タンパク質(g)	脂質(g)	NaCl(g)
パンプキン スープ				
ポーク カットレット				
コール スロー サラダ				

A パンプキン スープ

材料（1人分；g）

バター	4	牛乳	85
白ネギ	12	生クリーム	15
カボチャ	60	塩	約1
ブイヨン	60	コショウ	少々

① 白ネギを粗みじん切りにして，鍋にバターを溶かして炒める．
② カボチャは皮を取り，3 mm の薄切りにして①に加えて炒める．
③ ブイヨンを加えてカボチャが崩れるまで煮て，ミキサーにかける．
④ ③を鍋に入れて火にかけ，牛乳でなめらかにのばしていく．生クリームを加え，塩，コショウで味をととのえる．

! 牛乳の加熱

牛乳を加熱すると表面に膜ができる．この主成分はラクトアルブミン，ラクトグロブリン，乳脂肪などで，また少量の無機質を含むので，取り除くと栄養の損失となる．かくはんしながら加熱したり，仕上げにバターを加えると，膜の形成をある程度抑制できる．

牛乳の加熱時間は，長くなると加熱臭が発生するので，時間に留意する．また，高温でアミノ‐カルボニル反応が起こり，褐変する．

! 牛乳の加熱による凝固

牛乳のタンパク質アルブミンは 75℃ で凝固するので，加熱により鍋底と表面に膜ができることがある．また，野菜に，牛乳を加えて煮ると，長く加熱しなくても凝集物を生ずることがある．この原因は，野菜の有機酸，タンニン，塩類などによるほか，まだ明らかにされない原因も含まれているようである．

B ポーク カットレット

! パン粉揚げ

魚肉のパン粉揚げは，炒め揚げにするフランス風と，多量の油で揚げるイギリス風がある．ソースは酸味のある褐色ソースとよく調和する．

! 炒め揚げ

炒め揚げは，揚げるものの厚さの 1/2 の油量で両面を揚げる．

材料（1人分；g）

豚肉	80		パン粉（細目）	10
塩	0.8 (肉の1%)		サラダ油	25 (大2)
コショウ	少々		レモン（輪切り）	20 (1枚)
小麦粉	5		パセリ	1
卵	10		クレソン	10 (2枝)

① 豚肉は塩・コショウをし，ラップにはさんで肉たたきで軽くたたいて軟かくし，筋を切る．
② ①に小麦粉，溶き卵，パン粉の順に衣をつける．

第5章 西洋料理

③ フライパンにサラダ油を温めて②を入れ，底面から縁まで色づけば，返して両面こんがり炒め揚げにし，ペーパーに取って油を切る．
④ 皿に盛り，みじん切りパセリをのせたレモンを飾り，クレソンを添える．

! ポークカツ（豚カツ）の調理要領

豚肉の厚さは 1 ～ 1.2 cm とし，油で揚げても縮まないように，筋繊維を包丁の先で 5 ～ 6 か所切る．衣をつけて加熱するため，肉は厚すぎると，内部に火が通らないうちに衣だけが焦げてしまう．豚肉は寄生虫の問題があるので，充分火を通さなければならない．175℃ 程度の油で約 3 ～ 4 分，表面が適度なキツネ色になるまで揚げると，内部まで充分に火が通る．

! 揚げ物の衣の効用

材料を衣で覆うことによって，材料から出る水分，うま味成分が流れ出すのを防ぐ．とんかつの場合は，小麦粉が肉の水分を吸収して膜をつくり，さらに卵をつけることで，肉のうま味を逃がさない．パン粉は香ばしさとカリッとした食感を効果的につくる．

C コール スロー サラダ

材料（1 人分；g）	
キャベツ	50 ～ 70 （正味）
干しブドウ	5
ソース	
a 酢	7.5 （野菜の約 10%）
塩	0.8
砂糖	0.2
コショウ	少々
練りガラシ	少々
サラダ油	15
マヨネーズ	3

① キャベツは縦にせん切りにして，冷水に放し，パリッとしたら，ざるにあげて水分を切る．
② 干しブドウは，湯でもどして絞る．
③ ボールに a を入れて混ぜ合わせた後，サラダ油を注いで，マヨネーズを混ぜてソースをつくる．
④ 器にキャベツを盛り付け，干しブドウを散らす．ソースは，供卓直前によく混ぜてかける．

! 野菜の吸水

野菜を水に浸すと，浸透圧の関係で水と細胞の間に同じ圧力になろうとする力がはたらき，濃度の高いほうへ，つまり野菜の細胞内へ水が細胞膜を通して移動する．水が移動し，吸収されると，細胞が膨れて細胞膜が張るので，野菜はピンと張った状態になり，パリッとする．また水に浸けると，冷えて細胞壁のペクチンが硬くなるので，歯ざわりがよくなる．

! コール スロー

コールスローは，キャベツのサラダで，さっぱりとした口ざわりと，歯切れのよさが特徴である．そのためにはたっぷりの冷水に浸ける．ドレッシングは供するときにかける．

調べてみよう！
① 肉の結合組織について調べてみよう．
② 野菜と浸透圧について調べてみよう（図示して説明する）．

実習 33

クリーム クロケット（croquette de crab；仏）
トマト サラダ（tomato salad；英）
レモン スカッシュ（lemon squash；英）

栄養価記入欄（1人分）

	エネルギー(kcal)	タンパク質(g)	脂質(g)	NaCl(g)
クリーム クロケット				
トマト サラダ				
レモン スカッシュ				

A クリーム クロケット

材料（1人分；g）

鶏肉（皮なし）	45	ホワイトソース	
タマネギ	20	｛ バター	10
マッシュルーム	10	小麦粉	10
バター	3	牛乳	65
｛ 塩	0.4	塩	0.5 （小1/10）
白コショウ	少々	白コショウ	少々
		ナツメグ	少々
		卵黄	6
		小麦粉	3 （小1）
		溶き卵	10
		生パン粉	10
		パセリ	1枝
		レモン（くし形）	1片
		揚げ油	（吸油率8%）

① 鶏肉はフォークで穴をあけ，ラップをかけて電子レンジで加熱（5～6人分；600Wで3分前後）し，0.7cm角に切る．
② タマネギ，マッシュルームはみじん切りにする．タマネギはバターで焼き色がつかないように炒め，そこにマッシュルームも加え，火を通し，①とともに塩・白コショウで下味を付けておく．
③ **ホワイト ソースをつくる**…平鍋に弱火でバターを溶かして小麦粉を入れ，焼き色がつかないようにして炒め，粉臭さが取れてなめらかになれば火から下ろし，濡れぶきんの上に置いて粗熱を取る（**ホワイト ルー**；次頁参照）．牛乳を入れ，手早くよくかき混ぜる．次に中火にかけ，塩・白コショウし，ナツメグで調味し，かくはんしながら煮る．煮立てば，弱火にして充分に糊化させる．50℃くらいまで冷まし，卵黄を入れて混ぜておく．
④ ③のソースに②の具を入れて混ぜ合わせ，バットに広げ，そのまま冷まし，さらに冷蔵庫でよく冷やす．
⑤ ④を1人2個に分け，手に油をつけて俵形につくる．次に，小麦粉，溶き卵，生パン粉の順に衣をつけ，中温に熱した油で衣がカリッとキツネ色になるまで揚げる．
⑥ 皿の手前にクロケットを，向こう側にレモン，パセリを盛り付ける．

! ルーと液体を合わせるとき

ルーと液体を合わせるときは，それぞれがデンプンの糊化温度（58℃）以下であるようにすること．合わせたら，素早く充分に混合することがダマをつくらない要点．

! クロケット用のホワイトソース

ホワイトソースは充分に糊化し，硬めに仕上げる．具を混ぜたらよく冷やすのがコツ．軟らかいと形がまとめにくく，揚げたときに中身が流れ出やすい．

! コロッケを揚げて崩れる要因

① 温度が低い．
② 一度にたくさんの材料を入れる．
③ コロッケの中身が温かい．
④ 中身の水分が多い．
⑤ コロッケの表面に卵を充分つけていない．
⑥ 油の量が少ない．

! 揚げる温度

① 中身は加熱してあるので，170～180℃で1分程度の短時間で揚げる．
② コロッケは，高温で揚げても，内部温度は1分で50℃，2分で77℃くらいにしかならないので，中身は必ず火を通したものを用いる．また，あまり保存がきかないので，早く食べ終えるようにする．

ホワイト ルー

① 厚手鍋にバターを入れ，ごく弱火でバターを溶かし，ふるった小麦粉を一度に加え，木杓子で混ぜながら炒める．
② 最初はみそのようなネバネバの状態であるが，サラリとしたなめらかな流動性が出るまで炒める．粉臭さがなくなり，かすかな甘い香りが出ればよい．すぐに濡れぶきんの上で鍋を冷やす．

材料（1人分；g）	
バター	5
小麦粉	5

! **ルー**
ルーとは小麦粉を油脂で炒めたもので，カレー，シチュー，ソースに，粘度・香りをつける目的で使用．油脂はバター，マーガリン，サラダ油，ラード，ヘッドなど．油脂と小麦粉の割合は，油脂1に対して小麦粉1〜1.5が一般的．炒め始めの温度は，低い温度が不可欠．高温で炒めると，粉の表面が焦げ，スープやソースにしたとき，ザラつきが残る．

B トマト サラダ

材料（1人分；g）	
トマト	100
タマネギ	10
ドレッシング	
塩	0.3
コショウ	少々
白ワインビネガー	3　（小 2/3）
サラダ油	5
パセリ	少々
ピクルス	少々

① トマトは湯むきする．横に0.3 cmの輪切りまたは半月切りにする．
② タマネギはごく薄いくし形に切り，水にしばらく浸けてから水分を切る．
③ **ドレッシングをつくる** … ボールに塩，コショウ，ワイン ビネガーを入れてよく混ぜ，サラダ油は少しずつ入れてよく混ぜる．みじん切りのパセリ，ピクルスを混ぜる．
④ 器にトマトを形よく盛り付け，その上にタマネギをあしらい，ドレッシングをかけて供する．

! **白ワイン ビネガー**
p.133，**ワイン ビネガー**参照．

! **ピクルス**
野菜，果物などを香辛料と酢に漬けたもので，西洋の代表的な漬け物．材料を塩漬けして乳酸発酵させた発酵ピクルス，甘酢に3〜4日漬けただけの簡易ピクルスがある．

C レモン スカッシュ

材料（1人分；g）			
レモン果汁	15	炭酸水	130
シロップ		レモン（輪切り）	10 （1枚）
砂糖	15	サクランボ	6 （1個）
水	20	氷片	

① レモンは輪切りを1枚取り，後は果汁を搾る．
② シロップをつくり，冷ましておく．
③ グラスにレモン果汁を入れて，シロップを加える．
④ 氷片と炭酸水を入れてマドラーで混ぜる．
⑤ レモンの輪切りとサクランボをグラスに浮かす．

! **シロップ**
冷蔵庫に保存しても結晶化せず，砂糖が完全に溶解していることが必要．ショ糖液を103℃まで煮詰めると，適当なシロップ（60％ショ糖液）が得られる．

! **レモン スカッシュ**
炭酸水にレモン果汁を加えた飲み物．

調べてみよう！
① 牛乳の調理性（用途・目的）について調べてみよう．
② ルーの種類と炒めによるソースの粘度変化について調べてみよう．
③ 砂糖の溶解性について調べてみよう．

実習 34

- カレー ライス（curry and butter rice；英）
- フルーツ サラダ（fruit salad；英）
- コーヒー ゼリー（coffee jelly；英）

栄養価記入欄（1 人分）				
	エネルギー(kcal)	タンパク質(g)	脂質(g)	NaCl(g)
カレー ライス				
フルーツ サラダ				
コーヒー ゼリー				

A カレー ライス

材料（1 人分；g）			
カレーソース		バターライス	
牛肉（焼き肉用）	60	タマネギ	15
塩	0.6	米	70
コショウ	少々	バター	4 （小1）
バター	2 （小1/2）	ブイヨン	90 ml
バター	4 （小1）	塩	0.6
ニンニク	2	薬味	
土ショウガ	2	ラッキョウ	5
タマネギ	60	福神漬	5
ブラウンルー			
バター	10		
小麦粉	10		
カレー粉	3		
ブイヨン	130〜160 ml		
チャツネ	8		
トマトピューレ	10		
ベイリーフ	1 枚		
塩	0.5		
コショウ	少々		
ガラムマサラ	0.2		

① **カレー ソース** … 牛肉は一口大に切り、塩・コショウをする。厚手鍋にバターを熱して、強火で焼き、両面に焦げ色がつけば取り出しておく。

② ①の鍋にバターを溶かし、土ショウガとニンニクのみじん切りを焦がさないように炒め、香りを引き出し、薄切りにしたタマネギを強火で炒める。水分がなくなりかけたら中火にし、褐色になるまで炒める。

③ 厚手鍋にバターを入れ、弱火で溶かし、小麦粉を入れて褐色になるまで炒める〔加熱途中、ねとねと→うの花様→さらり（ホワイト ルー）としたら、弱火の大→中火の弱の火加減〕。火からおろしてカレー粉を加え混ぜ、濡れぶきんの上にのせて粗熱をとる。次ににブイヨンを加えて、なめらかに延ばしておく。

④ ②に①の牛肉と③、チャツネ、トマト ピューレ、ベイリーフ、塩、コショウを加え（ジャガイモ、ニンジンを入れる場合、1 cm 角に切ったものをゆで、このとき入れる）、最初強火で、沸騰したらあくを取り、その後、弱火でときどき鍋の底を混ぜながら、適度な濃度になるまで煮込む。

！ カレー
カレーは英語の"カリー"のなまったもの。語源はインドのタミール語"カリ（kari）"でソースという意味である。カレーの味は甘い、酸っぱい、香り、辛い、の調和が大切である。薬味も数種類そろえる。

！ タマネギの加熱による変化
始めは強火で炒める。炒める時間が長いほど甘味が増し、糖質がカラメル化するので、褐変度（あめ色）が増し、風味もよくなる。

！ ルー
ルーについて、また油脂と小麦粉の割合、炒め始めの温度については、前ページの**ルー**を参照のこと。なお、炒める加熱度が進むと粘度が減少する。ホワイト ルーでは粘度の低下はほとんどないが、ブラウン ルーでは低下する。これは、炒めることにより、デンプン粒の表面が硬化し膨潤しにくくなっていることと、粒子の一部に崩壊が起こっていることによる。

！ チャツネ（chutney）
甘辛い混合スパイスで、もとはインドの漬け物であった。マンゴーやリンゴの果物を酢と香辛料でジャムのようにしたもので、甘酸っぱく香りがよい。

⑤ 煮込み終了前に味をととのえ，ガラム マサラを入れて，ひと混ぜして火を消す．
⑥ **バター ライス** … 米は炊く 30 分前に洗って，ざるにあげておく．鍋にバターを熱してタマネギのみじん切りを炒める．しんなりして透明になれば，洗い米を加え，焦がさないように炒め，米にも透明感が出たら，ブイヨン・塩を加えて炊飯する．
⑦ バター ライスを皿に盛り，カレー ソースをかけて薬味を添える．

> **! ガラム マサラ（garam masala）**
> 辛い混ぜ物という意味（ヒンズー語）で，北インドでは，古くから基本のスパイスとして用いられている．料理の仕上がりに香りとして少量使う（p.155 参照）．

> **! バター ライス**
> 炒め操作により，米表面のデンプンの糊化，油の付着が起こり，米の吸水が妨げられて，硬い飯に仕上がる．

B フルーツ サラダ

材料（1 人分；g）				
リンゴ	40	ヨーグルトソース		
バナナ	20	プレーンヨーグルト	30	（大 1⅓）
キウイ	20	レモン汁	2	（小 1/3）
オレンジ（またはミカン缶詰）	30	砂糖	1〜3	
セルフィーユ	1 枚			

① リンゴは六つ割りにし，厚さ 8 mm のいちょう切りにして塩水（1%）に浸ける．
② バナナを厚さ 1 cm に切って，すぐにレモン汁をかけておく．キウイは縦四つ割りにし，厚さ 8 mm のいちょうに切る．オレンジは果肉を一つずつ取り出しておく．
③ プレーン ヨーグルトをボールに入れてほぐす．そこにレモン汁，砂糖を加えて混ぜ，ソースをつくる．
④ 皿にフルーツを盛り，③のソースをかけ，セルフィーユをあしらう．

> **! 果物の褐変**
> 果物を果汁にしたり，切断すると，褐変するものが多い（リンゴ，バナナ，ナシ，モモ，ビワなど）．これは，組織中に含まれているポリフェノール類が空気中の酸素により酸化され，褐色の物質に変わるためである．褐変の防止にはレモン汁をかける，1%の食塩水に浸けるなどするとよい．

> **! ヨーグルト**
> 牛乳や脱脂乳を原料として乳酸発酵を行ない，凝固させたもの．消化がよく，整腸作用がある．果物の糖分といっしょに食べるとよい．

> **! セルフィーユ**
> パセリを繊細にしたような葉をもつ．セルフィーユは**美食家のパセリ**ともいわれ，甘い芳香があり，フランス料理でよく使われる．

C コーヒー ゼリー

材料（シャンパングラス 1 個分；g）		
水	80 ml	
グラニュー糖	12	
インスタントコーヒー	1.5	
コーヒーリキュール	5	
生クリーム	7 ml	
砂糖	0.7	
粉ゼラチン	2.5	
水	15 ml	

① 鍋に水と砂糖を火にかけ，砂糖が溶け，熱くなった（沸騰前）ところで消火し，インスタント コーヒーを入れて溶かす．
② 吸水膨潤させたゼラチンを ① に加えてよく混ぜ，完全に溶ければコーヒー リキュールを入れて混ぜ，氷水で冷やし，とろみがつき始めれば，グラスに分け入れ，冷蔵庫で冷やして固める．
③ 生クリームに砂糖を入れて三分立てにし，コーヒー ゼリーの上に流す．

> **! コーヒー リキュール**
> カルーア（kahlúa；メキシコ）がよく用いられる．ブランデーまたはスピリッツにコーヒー，ココア，バニラ ビーンズを加えてつくる．

> **! ゼラチンの吸水膨潤**
> 粉末ゼラチンは 5 分間，板状のものは 20 分間水に浸し，吸水膨潤した後に用いる．ゼラチンの使用量は 2〜4% で，ゼラチンの凝固温度は 3〜10℃である．

調べてみよう！
① カレー粉について調べてみよう．
② 味の混合現象とその調理例を調べてみよう．

実習 35

コンソメ ジュリアン (consommé julienne；仏)
ハンバーグ ステーキ (hamburg steak；英)
　　　　　　　　　（ニンジンのグラッセ，サヤインゲンのソテー添え）
季節のサラダ (salad season；英)

栄養価記入欄（1人分）

	エネルギー(kcal)	タンパク質(g)	脂質(g)	NaCl(g)
コンソメ ジュリアン				
ハンバーグ ステーキ				
季節のサラダ				

❗ コンソメ
一般には，透明なスープのことをいうが，これは日本式料理名．正式には澄んだスープはフランス語でポタージュ クレールという．スープストックに，肉類，鶏がら，魚の骨，香味野菜，香辛料に加え，味と香りを付け，透明にしたスープ．

❗ ジュリアン
ジュリアンとは切り方の名前で，スープの材料をせん切りにしたもの．

A コンソメ ジュリアン

① ニンジン，タマネギ，セロリは長さ4cmのせん切りにし，バターで焼き色がつかないように2～3分炒め，スープを加えて軟らかく煮て，塩・コショウで味をととのえる．
② サヤエンドウは，1％塩熱湯で緑色にゆでて，縦にせん切りにする．
③ ①に②を散らして供する．

材料（1人分；g）

スープ	150
浮き実	
ニンジン	5
タマネギ	5
セロリ	5
サヤエンドウ	5
バター	1.5
塩	0.9
コショウ	少々

B ハンバーグ ステーキ（ニンジンのグラッセ，サヤインゲンのソテー添え）

材料（1人分；g）

ハンバーグ			ニンジンのグラッセ		
牛ひき肉	80		ニンジン	40	
タマネギ	40	（肉の50％）	水	35	
サラダ油	1.5	（小1/3）	塩	0.3	
パン粉	4	（肉の5％）	砂糖	1	（小1/3）
牛乳	8	（肉の10％）	バター	4	（小1）
卵	8	（肉の10％）	サヤインゲンのソテー		
塩	1	（肉とタマネギの0.8％）	サヤインゲン	20	
コショウ	少々		バター	1	（小1/4）
サラダ油	2～3	（小1/2～3/4）	塩	少々	
ソース			コショウ	少々	
赤ワインまたはシェリー酒	3	（小3/5）	クレソン	5	（1枝）
トマトケチャップ	12				
ウスターソース	6				

❗ タマネギの加熱とその変化
カレーライス (p.124)，オニオングラタンスープ (p.134) の項を参照．

① **ハンバーグ** … タマネギはみじん切りにし，フライパンにサラダ油を熱して，あめ色になるまでよく炒め，冷ましておく．パン粉は牛乳で湿らせておく．
② ボールに牛ひき肉を入れ，塩・コショウをして粘りが出るまでよく練る．パン粉，タマネギ，卵を加えて均一になるように混ぜる．サラダ油を薄く塗った手のひらに取り，右，左と手にたたきつけるようにして空気を抜

第5章 西洋料理

き，肉質を締め，楕円形に整え，中央部を少しくぼませる．
③ フライパンを温めてサラダ油を少量敷き，中火で，表になる面から鍋をゆり動かしながら焼く．きれいな濃い焼き目がついたら裏返し，軽く焦げ目がついたら弱火にして火を通す．途中，フライパンにたまった油は紙などで吸い取る．焼き上がりは，中央部を軽く押して弾力を確かめて（または肉の上面に澄んだ肉汁が出てきたら），皿に盛る．
④ ソースは，トマト ケチャップ，ウスター ソースに赤ワインまたはシェリー酒を加えたものを小鍋に入れて火を通す．
⑤ **ニンジンのグラッセ** … ニンジンは8mmの輪切りにして面取りをし，小鍋に材料全部を入れ，蓋はしないで軟らかく煮て，最後に鍋をゆり動かして，つやよく煮上げる．
⑥ **サヤインゲンのソテー** … サヤインゲンはゆでて二つに切る．バターで手早く炒め，塩・コショウを少々ふる．
⑦ 皿の手前に熱いステーキ，向こう側に付け合わせを盛り付ける．ソースはステーキにかけるか別器に入れて添える．

> **！ シェリー酒**
> スペインのワインで，独特の古酒香がある．辛口は食前に，甘口は食後のデザートに，肉料理にふりかけたり，煮込み料理に入れたりもする．

> **！ グラッセ**
> p.208 参照

> **！ ハンバーグの材料の役目**
> タマネギはみじん切りにして，生あるいは炒めて加える．生の場合は肉の臭みを押え，炒めると甘味，まろやかさ，香りが加わる．ただし，肉の結着性に対してはマイナスにはたらくので，タマネギの添加量は50%くらいまでがよい．塩は肉に粘性を与え，卵はつなぎ，また，ひき肉の加熱凝固を助けるといわれ，肉の5〜10%程度加えるのが一般的で，パン粉を加えるのは，口当たりをソフトにすることのほかに，タマネギや肉から出てくるおいしい汁を吸収し，外に逃がさないためである．

> **！ ハンバーグをつくるとき**
> でき上がりはこね方で変わってくる．さっと混ぜて形を整えて焼くと，ハンバーグはくずれやすく，ぼろぼろしているが，よくこねてから成形して焼くと，均一に固まり，弾性があって厚みが増す．成形する場合には，加熱による収縮によって中央が盛り上がらないように，真中をくぼませておく．焼くときには，肉汁や脂肪を逃がさないよう，最初は強火で表面を焼き固めるが，その後は中火にし，ゆっくり火を通すようにする．これは，こねるとき空気を抱き込むため，切り身のステーキよりも熱伝導が悪くなるためである．

C 季節のサラダ

① ドレッシングをつくる．ボールにaの材料を合わせ，オイルを少しずつ入れながらよく混ぜる．
② ベビーリーフは洗って水気を切っておく．グリーン アスパラガスははかまを取り，下部2/3の皮をむき，塩熱湯でゆで，長さ5cmに切る．
③ 器に②を盛り，①をかけて供する．

材料（1人分；g）		
ベビーリーフ	13	(1/4袋)
グリーンアスパラガス	20	(1本)
ドレッシング（和風）		
a ┌ 米酢	2.5	(小1/2)
├ レモン汁	1.5	(小1/4)
├ 塩	0.5	(小1/10)
├ コショウ	少々	
├ しょう油	1.5	(小1/4)
└ 水	4	(小1弱)
グレープシードオイル	6	(大1/2弱)

> **！ グレープ シード オイル**
> ブドウの種の油．透明感のある翠色の油で，ビタミンEとリノール酸を豊富に含み，コレステロールはゼロである．

調べてみよう！
① ひき肉料理の調理性について調べてみよう．
② ベビーリーフの栄養について調べてみよう．

実習 36

スパゲティ ミート ソース（spaghetti meat sauce；英）
ラタトゥイユ（ratatouille；仏）
ハーブ ティー（herbs tea；英）

栄養価記入欄（1人分）			
	エネルギー(kcal)	タンパク質(g)	脂質(g)	NaCl(g)
スパゲティ ミート ソース				
ラタトゥイユ				
ハーブ ティー				

A スパゲティ ミート ソース

材料（1人分；g）	
スパゲティ	75
ミートソース	
牛ひき肉	50
オリーブ油またはバター	5
ニンニク	1
タマネギ	75
赤ワイン	10
小麦粉	2
トマト缶（ピューレ状）	50
スープ*	70〜100
塩	0.7〜1
（砂糖）	少々
コショウ	少々
ベリーブ	1/2 枚
パルメザンチーズ	5
パセリ（みじん切り）	少々

* 固形スープ＋湯でもよい．

① 鍋に油を入れ，その上にみじん切りのニンニクをのせて熱し，香りが出たら，みじん切りのタマネギを褐色に色づくまで炒める．ひき肉を加え，肉の色が変わり，肉の生臭みを残さないように充分に炒めた後，赤ワインをまわし入れ，炒めながらアルコールを飛ばす．次に，小麦粉をふり込んで充分に炒め，スープ・トマト缶・ベリーブを加えて煮る．沸騰したら，あくを除いて弱火でトロリとするまで煮詰め，ベリーブを取り出し，塩・コショウで味をととのえる．
② スパゲティは，重量の6〜7倍の熱湯に1％の塩を加えた中にさばくように入れ，アルデンテにゆで，充分に水を切る．
③ 皿に盛り付け，上からミート ソースをかけ，おろしチーズ，みじん切りのパセリをふりかけて供する．

! **スパゲティ**

スパゲティはパスタの一種で，デューラム小麦のセモリナを原料とし，製麺機から直径 1.2 mm 以上の太さで押し出し，適当な長さに切って乾燥させたものである．

! **スパゲティのゆで方**

スパゲティは，ゆでると約 2.5 倍の重量になる．

ゆで上げはアルデンテ（中心に芯が残る程度）の状態で仕上げる．

ゆで水 1 リットルに食塩を 10 g 加え，ゆでる．ゆで水に 0.5〜1％の食塩を加えることによって，麺は弾力のある状態にゆで上がり，いわゆる"こし"が強くなる．また，塩味の付いた湯でゆでることにより，パスタにも適度に味が付き，ソースの味となじむ．

B ラタトゥイユ

材料（1人分；g）				
タマネギ	30	塩	1	(小 1/5)
ピーマン	20	コショウ	少々	
ズッキーニ	20	ガーリックトースト		
ナス	60	バゲット	10	(3枚)
トマト（完熟）	60	ニンニク	2	(1/4片)
ニンニク	2	(1/4片)	タバスコ	適宜
オリーブオイル	8	(小 2)		

① タマネギは 1 cm のくし形に，ピーマンは幅 1 cm に切る．トマトは 1.5 cm のさいの目切り，ナス，ズッキーニは厚さ 1 cm の輪切り，ニンニクは皮をむいて半分に切る．
② 厚手の煮込み鍋に，約 1/2 量のオリーブ オイルとニンニクを入れて中火で加熱し，オレンジ色になり，香りが出てきたら，タマネギ，ピーマンを強火でサッと炒める．
③ テフロン加工のフライパンに，残り 1/2 量のオリーブ オイルを入れ，熱くなれば，ナス，ズッキーニを入れて両面に焦げ目をつける．
④ ②に③を入れ，トマトも入れて塩・コショウし，さっくりと混ぜ合わせ，弱火で煮崩れるまで煮る（温・冷どちらでもおいしい）．
⑤ ガーリック トーストをつくる．ニンニクの切り口をバゲット（厚さ 7 mm）にこすりつけてトーストする．
⑥ 皿に④のラタトゥイユを盛り，ガーリックトーストを添える．好みでタバスコをかける．

> **!** **ラタトゥイユ**
> フランス・プロヴァンス地方，とくにニースの料理で，ナス，トマト，ズッキーニ，ピーマンなど 5～6 種類の野菜をオリーブ油でソテーして煮込んだもの．冷たくしてオードブルに，温かくして料理の付け合わせにする．

> **!** **ズッキーニ**
> カボチャの一種．炒めたり，煮て用いる．

> **!** **野菜の調理**
> まず新鮮な野菜を選ぶことが大事である．野菜を炒めたり，煮たりして加熱調理すると，サラダなどの生食料理に比べてビタミン C の損失は大きくなるが，緑黄色野菜に含まれるカロテンは，油脂を用いて炒めることによって吸収率が増大する．

C ハーブ ティー

材料（1人分；g）	
ミントの葉	4～5 枚 （飾り用 1 枚）
ドライミント	小 1/2
熱湯	160 ml

① ミントの葉を手でちぎってドライミントとポットに入れ，熱湯を注いで，3～4 分ほど蒸らす．
② 温めたカップに注ぎ，ミントの葉を浮かす．

> **!** **ミント**（ハッカ）
> ミントは，シソ科の多年草で，多くの種類があるが，ミント ティーにはペパーミント，スペアミントがよい．

調べてみよう！
① パスタの性状とゆで操作（ゆで水・食塩添加の影響，ゆで後の経時変化）について調べてみよう．
② ハーブの目的を調べ，香り・辛味・色別から分類してみよう．

実習 37

ロール キャベツ（rolled cabbage；英）
マセドアン サラダ（macedoine salad；英）
ティー パンチ（tea punch；英）

栄養価記入欄（1人分）			
	エネルギー(kcal)	タンパク質(g)	脂質(g)	NaCl(g)
ロール キャベツ				
マセドアン サラダ				
ティー パンチ				

A ロール キャベツ

材料（1人分；g）

ロールキャベツ		ニンジン	3
キャベツ	1枚	タマネギ	5
塩, コショウ	少々	ベーコン	5
合いびき肉	50	ブイヨン	35
塩	0.5	トマトジュース	35
コショウ	少々	a 塩	0.3
タマネギ	50	砂糖	0.5
生パン粉	3	コショウ	少々
卵	10	ブーケガルニ	少々
ナツメグ	少々	パセリのみじん切り	少々
塩・コショウ	0.2		

① キャベツの葉を1枚ずつはがし，ゆでて軽く塩，コショウをし，冷ましておく．タマネギはみじん切り，ソースのニンジン，タマネギは極細のせん切り，ベーコンは幅4～5mmのせん切りにしておく．

② ボールに合いびき肉を入れ，塩・コショウを加えて練っておく．タマネギ，卵，生パン粉，ナツメグを入れ，塩，コショウして混ぜ合わせ，俵状にまとめる．

③ ①のゆでたキャベツは芯の硬い部分をそぎ除き，芯を手前にして塩，コショウをしてから，②を巻き包み，楊枝で止める．

④ 鍋にニンジン，タマネギ，ベーコンを敷き，③のロール キャベツを，楊枝を下に向けてすきまのないように並べ，aを加え，ブーケガルニを入れ，落とし蓋をし，ときどきあくを取り，煮汁が少し残っている程度まで煮込む．

⑤ ロール キャベツの楊枝を抜き，パセリのみじん切りをふりかけ，ソースとともに盛り付ける．

! **キャベツのにおい消し**
キャベツにはアリルサルファイドが含まれていて，これが分解すると，いやなにおいを発する．この臭みを防ぐために，ゆで水などに酢を加えると，アリルサルファイドを分解する酵素のはたらきを止め，臭みは出ない．

! **キャベツの甘みとうま味**
キャベツの白色部分にはグルタミン，システインなどの遊離アミノ酸が多く，これがうま味のもとである．また，アリルサルファイドは加熱によって強い甘みを生ずる．炒める，煮る，ゆでるなどしたキャベツは甘味を呈する．

! **ナツメグ**
香辛料で，ニクズクの種子を乾燥したもの．甘い刺激性の香りで，キャベツ，カリフラワーとよく合い，肉類の煮物，ケーキ，パンにも用いられる．種子のままと粉末とが市販されているが，前者をおろし金ですりおろすと，新鮮な香味が出る．

! **ブーケ ガルニ**
煮込み料理に用いられる香草の束で，香りをつけ，臭みを消す目的で使われる．長さ7cmのセロリに，パセリの茎，ローリエ（ベイリーフ），タイムを添えて，たこ糸でしばる．

第5章 西洋料理

B マセドアン サラダ

材料（1人分；g）			
ジャガイモ	50	パプリカ（黄）	10
ニンジン	10	マヨネーズ	10
サヤインゲン	10	レタス類	15
セロリ	10	塩・コショウ	少々

① ジャガイモは皮をむき，厚さ1cmに切って水から加熱し，七分どおり軟らかくなれば，塩（水の1%）を入れ，竹串が通るくらいまでゆで，1cm角に切る．
② ニンジンは皮をむき，①と同様にゆでる．
③ サヤインゲンは1%塩熱湯で色よくゆで，長さ1cmに切る．
④ セロリーは筋を取り，パプリカは皮を薄くむき，それぞれ1cm角に切り，塩を少々しておく．
⑤ 大きめのボールに①～④を入れ，マヨネーズで和え，味をととのえる．
⑥ 器に1口大に切ったレタスを敷き，⑤を盛り付ける．

! マセドアン（ギリシアのマセドニア風）
野菜を1cm角に切ったもの，またはこれらを混ぜ合わせたものという意味で，さいの目切りが多い．

! ジャガイモ
ジャガイモはマセドアンに切るので，煮くずれしないメークインが適する．

! 塩の作用
塩はデンプンの膨潤を抑制するので，加熱の後半に加える．

C ティー パンチ

材料（1人分；g）	
水	70
紅茶	2
グラニュー糖	8
オレンジの搾り汁	30
ロゼワイン（またはシグロワイン）	3
オレンジ（半月切り）	1枚
氷片	

① 熱湯を沸かして紅茶を抽出する．
② 茶葉の大きさに合わせて蒸らしたら，こして砂糖を加えて冷ましておく．
③ オレンジは果汁を搾っておく．
④ グラスにたっぷり氷片を入れて，紅茶，オレンジの搾り汁を入れる．
⑤ ロゼ ワインを加える．
⑥ オレンジの半月切りをグラスに浮かす．

! クリーム ダウン
紅茶を入れて時間がたつと，紅茶のタンニンとカフェインの複合物が温度低下によって析出することがある．これをクリーム ダウンという．これは，カフェインとタンニンがややゆるやかに冷却する際に生ずるもので，非常にゆっくり冷える場合は起こらない．しかし，紅茶に氷を入れても同様の現象が起こることがあるので，アイス ティーの場合，グラスに氷を入れ，少しずつ紅茶を注いで，急速に紅茶を冷やすとよい．

! 紅茶の黒変
はちみつに含まれる鉄分と紅茶中のカテキンとが結合して起こる．鉄製のやかんも用いないようにする．

! ティー パンチ
5種類の果物を混ぜ合わせるところから，この名がついた．ヒンズー語で数字の"5"をパンシュと発音するところからきているが，これといった決まりはないので，自由な組み合わせで飲み物・果物を楽しむことができる．

! シグロ ワイン
スペイン産の赤ワインの一つで，華やかな香り，芳醇な口当たりが魅力．

調べてみよう！
① キャベツの辛味と香気成分および機能性について調べてみよう．．

実習 38

マカロニ グラタン	(macaroni au gratin；仏)
ホット サラダ	(hot salad；英)
フルーツ ゼリー	(fruits jelly；英)

栄養価記入欄（1人分）

	エネルギー(kcal)	タンパク質(g)	脂質(g)	NaCl(g)
マカロニ グラタン				
ホット サラダ				
フルーツ ゼリー				

A マカロニ グラタン

材料（船形のグラタン皿1個分 10×8×2 cm；g）

マカロニ	20		ホワイトソース		
マッシュルーム	10	（スライス缶）	バター	6	（小1½）
タマネギ	30		小麦粉	6	（大2/3）
エビ	20	（1尾）	牛乳	130 ml	
鶏肉	20		b 塩	0.6	（でき上がりの0.6%）
油	5	（小1）	コショウ	少々	
a 塩	0.5	（材料の0.5%）	おろしチーズ	3	（大1）
コショウ	少々		生パン粉	2	（小2）
ナツメグ	少々		バター	3	（小2/3；5 mm角）

① マカロニは，たっぷりの1%塩熱湯（マカロニの7倍くらい）で硬めにゆで，湯を切る．
② タマネギは薄く切り，エビは殻と背わたを取って1 cm角に，鶏肉は0.7 cm角に切り，aの塩1/2とコショウをしておく．
③ **ホワイト ソースをつくる** … ホワイトルー（p.122 参照）をつくり，牛乳を入れてよく混ぜ，bの塩・コショウで調味する．次に中火にかけ，木杓子で混ぜながら沸騰させ，軟らかめのホワイト ソースに仕上げる．
④ フライパンを熱くして油を熱し，タマネギを焼き色がつかないように炒め，次にエビ，鶏肉，マッシュルームも炒め，その後マカロニを加えて炒め合わせる．aの残りの塩1/2，コショウ，ナツメグで調味し，③のソースの2/3量を加えて混ぜる．
⑤ グラタン皿にバターを塗り，④を入れ，残りの1/3量のソースを上面にかけ，おろしチーズ，生パン粉をふりかけ，5 mm角に切ったバターをのせる．
⑥ 210℃に熱したオーブンの上段に⑤を入れ，こんがり焼き色がつくまで約10分焼く．

! **マカロニをゆでるとき湯に塩を加えるのは？**
小麦粉のタンパク質グリアジンの粘性は，食塩を加えると強まり，グルテンの網目構造が緻密になって，いわゆるこしが強くなるから．また，塩味の付いた湯でゆでることにより，マカロニにも適度に味が付き，ソースの味となじむ．

! **ルー（roux）およびソース**
ルーは小麦粉を油脂で炒めたもので，小麦粉中のデンプンの粘性を利用してスープやソースのつなぎに用い，濃度となめらかさを与える．

油脂で小麦粉を炒めると，それぞれのタンパク質は変性してグルテン形成能を失い，デンプン粒はデキストリン化され，膨潤が抑えられて，粘性の低い，さらっとした風味のよいソースが得られる．

! **グラタン**
グラタンとは，蒸焼きの状態にして表面が皮を張ったようになり，焦げ目が付いた料理のことである．

マカロニはゆで上がったら，手早くざるにあげて水気をよく切る．水にさらすと歯ざわりが悪くなり，風味も落ちる．

この料理は，ゆでたマカロニをソースで和えるので，多くの水分が吸収され，また，オーブンで焼くことで水分の蒸発が大きい．したがって，軟らかいソースでつくると，でき上がりの舌ざわりがよい．

> **!** 小麦粉の品質とパスタ
>
> デュラム小麦のデュラムはラテン語の dur（硬い）の意味で，デュラム小麦の粒は非常に硬い．パスタの原料には，この硬質小麦のセモリナ（比較的粗い粉）がよいとされる．パスタ製品は濃い透明感のある黄色を呈するが，これは，デュラムセモリナにはカロチノイド系黄色色素が多いこと，パスタの製造工程で生地を脱気しつつ高圧で押し出すために組織が密になるためである．パスタにはマカロニ，スパゲティ，バーミセリー，ヌードルなどがある．

B ホット サラダ

材料（1人分；g）				
カリフラワー	25	ドレッシング			
ブロッコリー	25	マスタード	1	(小1/6)
カボチャ	20	白ワインビネガー	5	(小1)
ニンジン	10	塩	少量	
｛ マッシュルーム	10 (1個)	コショウ	少々	
レモン汁	2	エキストラバージンオリーブオイル	13	(大1)
オリーブオイル	2 (小1/2)	レタス	10～15	(1枚)
ベーコン	5			

① カリフラワーは塩水でふり洗いして，水で溶いた小麦粉 15 g と酢 15 ml を加えた湯でゆでる．ブロッコリーは熱湯に塩を入れてゆでる．いずれも芯の部分に竹串が通ればよい．
② そのほかの野菜は，食べやすい大きさ（2 × 4 × 0.5 cm）に切ってゆでておく．マッシュルームは縦二つに切り，レモン汁をふる．
③ フライパン（樹脂加工）にオリーブ オイルを入れ，幅 1 cm に切ったベーコンをカリッとするまで炒め，野菜を入れて軽く合わせ（温める程度），そこにドレッシングを加えてからめる．
④ 皿にレタスを置き，③を盛る．

> **!** カリフラワーのゆで方
>
> カリフラワーに含まれているフラボノイド色素は，酸性で無色になるので，酢を加えてゆでると白く仕上がる．
>
> 小麦粉は，カリフラワーの表面を覆って酸化変色の防止をする．また沸点が高くなり，早くゆで上がる．

> **!** ワイン ビネガー
>
> ワインに酢酸菌を植えてつくったもので，ブドウの香りがある．赤と白があり，味は，赤いほうが渋味があって重く，白いほうは軽く，ドレッシングに向く．

C フルーツ ゼリー

材料（1人分；g）				
a	グレープフルーツ果汁	50 (ホール100)	c ｛ 熱湯	35
b ｛ 粉ゼラチン	2	グラニュー糖	10
水	15	d コアントロー	2

① a … グレープ フルーツは横半分に切り，果肉を取り出し，ふきんで絞り，果汁を取る．
　 b … 水に粉ゼラチンをふり入れ，混ぜて膨潤させる．
　 c … 熱湯にグラニュー糖を入れ，混ぜ溶かす．
② c に b を入れ，木杓子で泡を立てないように静かに混ぜ溶かし，粗熱を取る．
③ ②に a の果汁，d のコアントローを加えて，氷水に浸けて静かに混ぜ，冷やす．
④ ③にわずかにとろみが出てきたら，水に濡らした器に流し入れ，上面の泡を取り，冷やし固める（深めのバットに器を置き，氷水を注ぐ）．

> **!** ゼラチン
>
> ゼラチン ゾルに果汁を添加すると，ゼリーの強度は低下する．これは，ゼラチンの等電点 pH4.8 より酸性になり，タンパク質が溶けやすくなるからである．パイナップル，キウイ フルーツ，パパイア，イチジクなど，タンパク質分解酵素をもつ果実を使用すると，ゲル形成が阻害される．

> **!** コアントロー
>
> p.143 参照．

調べてみよう！
① チーズの種類と適した料理を調べてみよう．
② ゼラチンの調理性と添加物の影響について調べてみよう．

実習 39

- オニオン グラタン スープ (soupe à l'oignon gratinee；仏)
- ビーフ ステーキ (beef steak；英)
- カブのサラダ (turnip salad；英)
- コーヒー (coffee；英)

栄養価記入欄（1人分）			
	エネルギー(kcal)	タンパク質(g)	脂質(g)	NaCl(g)
オニオン グラタン スープ				
ビーフ ステーキ				
カブのサラダ				
コーヒー				

A オニオン グラタン スープ

材料（1人分；g）			
タマネギ	100	コショウ	少々
サラダ油	4	ガーリックトースト	
バター	3	フランスパン	2〜3切れ
ブイヨン	180〜200 ml	グリエールチーズ*	10 （大1）
塩	少々	ニンニク	少量

* ほかにエメンタル，エダムなど．

! オニオン グラタン スープ
この料理は，タマネギをじっくり炒めてあめ色にすることがポイント．

① タマネギは厚みをそろえて薄切りにする．
② 厚手の鍋に油を熱してタマネギを入れ，最初は強火で炒める．しんなりし，鍋底にタマネギが張りつくようになったら，バターを加えて，中火で，途中，ときどき鍋肌についた焦げつきをタマネギに絡ませながら，全体に濃い褐色（あめ色）になるまで30〜40分かけてじっくり炒める．ブイヨンを加えて一煮立ちすれば，あくを取り，塩，コショウで味を調える．
③ ガーリック トーストは，フランスパンを厚さ5 mmに切り，オーブンでカリッと焼いて，ニンニクをこすりつけて香りをつける．
④ ②のスープをキャセロール（容器）に入れて，その上にガーリック トーストを重ねないように全面に置き，グリエール チーズのおろしたものを表面にのせる．200℃のオーブンで，チーズが溶けて焦げ目がつくまで焼く．

! タマネギの加熱による甘味の増加
甘味の増加は，加熱により，水分が蒸発して糖度が上昇することや，組織が破壊されたり軟化して糖が溶出されることや，甘味をマスクしていた刺激臭成分が分解・揮散されることが主な理由と考えられている．さらに，糖の加熱によって生成する甘い香気成分により，加熱タマネギ特有の甘いフレーバーが増強されると考えられている．

B ビーフ ステーキ

材料（1人分；g）			
牛ひれ肉	100	メートルドテルバター	
塩	少々	バター	4
コショウ	少々	レモン汁・パセリ	各小
サラダ油	2	フライドポテト	
バター	2	ジャガイモ	50
ブランデー	5	塩	少々
		クレソン	

① **ビーフ ステーキ** … 牛肉は室温にもどし，塩，コショウをする（牛ロース肉は赤みと脂身の間にある筋を，包丁の先を使って2～3か所切り，肉たたきで軽く全体をたたく．肉の両面に塩，コショウをし，まわりから肉を寄せるようにして，肉の厚みを保つように形を整える）．
② フライパンを熱してサラダ油・バターを入れ，牛肉を，盛り付けの表になるほうを下にして入れ，強火で40秒ほど，ときどきフライパンを前後にゆすりながら，焼き色がつくまで焼く．裏返し，火かげんをやや弱くして1～2分，同じようにフライパンをときどき動かしながら焼く．香ばしい焼き色がついたら，ブランデーをふり入れ，アルコール分を飛ばして（フランベ），皿に盛り付ける．
③ **メートル ドテル バター** … バターをボールに入れ，木べらでクリーム状になるまでよく練り，パセリのみじん切りとレモン汁を加えて混ぜる．
④ パラフィン紙に，中央より少し手前に③を細長くのせ，手前からくるくると巻いて，直径1.5 cmぐらいの棒状にする．両端をきちっと押えて冷やす．
⑤ **フライド ポテト** … ジャガイモは皮をむき，0.5 cm角で長さ4 cmの拍子木切りにして水にさらす．
⑥ ジャガイモの水気をふき，低温（150～160℃）の油で少しずつ入れ，ゆっくりと揚げて中まで火を通す．
⑦ ジャガイモを全部揚げたら，揚げ油を高温にしてもう一度ジャガイモを入れて，手早くキツネ色にカリッと揚げ，軽く塩をふる．
⑧ 皿に肉を手前に，向こう側にフライド ポテト，クレソンを盛り付ける．

! **フランベ**（framber）
調理の途中で酒をふりかけ，火をつけ，アルコール分を抜いて香りをつける．

表5・4 ビーフ ステーキ肉の加熱程度とその状態

	内部の温度（℃）	内部の色	体積の収縮	肉汁の含量	調理中の損失
加熱度の未熟な肉（rare）	55～65	鮮赤色	ほとんどなし	多	少
加熱中程度の肉（medium）	65～70	ピンクまたはローズ色	わずかに収縮	より少ない	より多い
加熱充分な肉（welldone）	70～80	灰色	相当に収縮	さらに少ない	さらに多い

! **ステーキ調理のコツ**
① 肉は室温にもどして … 冷蔵庫から出したての冷たい肉では，思いどおりの焼き加減になりにくい．
② 焼く寸前に塩，コショウをふる … 塩をふってから時間がたつと，肉汁が出てうま味が流れ出てしまう．
③ フライパンをゆすりながら焼く … 均一に火が当たるように，柄をもってゆすりながら焼く．

C カブのサラダ

材料（1人分；g）	
小カブ	70
葉	5
リンゴ	20
┌ レモン汁	5
│ 塩	0.3
│ コショウ	少々
└ ドレッシング油	10

① 小カブは皮を厚くむき，縦四つ割りにして，厚さ5 mmのいちょう切り，葉はみじん切りにし，1.5%の塩をして水が出るまで置く．さっと流水で流し，絞る．
② リンゴは，皮付きのまま厚さ5 mmのいちょうに切り，1%の塩水に浸けておく．
③ ドレッシングをつくり，①，②を和える．

D コーヒー

材料（1人分；g）	
粉末コーヒー	5～8
湯	150～200
(砂糖)	
(生クリーム)	

① 粉末コーヒーをコーヒー フィルターに入れ，85～95℃の熱湯を静かに回し掛けてコーヒーを膨潤させ，一息おいてから熱湯を回し掛け，コーヒーポットに受ける．定量の熱湯を2分間くらいで全部掛け終わるように浸出させるのがよい．湯の温度が高すぎても，浸出時間が長すぎても苦味を増す．
② 温めたカップに注ぎ，好みで砂糖・生クリームを入れる．

！ コーヒーのい（淹）れ方と効用

コーヒーを飲むときの適温は60℃以上である．香りの成分を気体とするためには高い温度が必要で，コーヒーを温め直すと香りが失われるので，必要な量だけ入れる．カップも温めておくとよい．

香り高いコーヒーをいれるには "煎りたて"，"ひきたて"，"い（淹）れたて" を用いる．

コーヒーの特殊成分カフェインは，神経を刺激し，興奮させる作用があるので，朝飲むと目覚めがよい．大きめのカップに，濃く淹れたコーヒーと温めた牛乳とを同時に注ぐカフェオレは，朝食向きである．食事の最後のコーヒーは消化を助けるので，エスプレッソ コーヒーをデミタスカップで飲む．

！ コーヒー豆の保存法

コーヒー豆を保存するには，密封容器を用い，冷蔵庫が適している（大量の場合は小分けして，冷凍庫に保存するとよい）．

賞味期限は，焙煎してから2週間が限度である．

調べてみよう！
① 肉の加熱による風味，色，保水性の変化について調べてみよう．

実習 40 | デザート

- クッキー（cookie；英）
- マドレーヌ（madelleine；仏）
- シュー クリーム（choux a la crème；仏）
- パウンド ケーキ（pound cake；英）
- スイート ポテト（sweet potato；英）
- クレープ（crêpes；仏）
- アップル パイ（apple pie；英）
- イチゴ タルト（tarte aux fraises；仏）
- カスタード プディング（custard pudding；英）
- ババロア（bavarois；仏）
- ブラマンジェ（blanc-manger；仏）

❗ お菓子づくり

材料は正確に量る．

小麦粉や砂糖などはふるいにかける．

必要な器具，材料，香料，洋酒などはそろえておく．

つくり方やポイントをあらかじめ頭に入れておく．

オーブンはあらかじめ点火しておく（オーブンのくせをつかんでおき，それぞれの生地に適した温度と時間を守って焼くことが大切である）．

A クッキー

材料（直径2.5 cm 6個分；g）

バター（有塩）	15	小麦粉	25
粉糖	10	ベーキングパウダー	0.5（小1/6）
溶き卵	5	干しブドウ（二つ切り）	5
バニラオイル	少々	アーモンド（細切り）	5

① バターは室温にもどしておく．
② 小麦粉はベーキング パウダーと混ぜてふるっておく．
③ バターは木杓子でクリーム状に練り合わせる．
④ 次に，泡立て器でよくかくはんする．バターが白くなり，かさが増えれば，粉糖を3回くらいに分けて加え，ふわっと軽くなるまで充分にかくはんする．
⑤ ④に卵を加えてよく混ぜ，バニラ オイルを加える．
⑥ ②を⑤に加え，ほぼ混ざれば二分し，一方に干しブドウ，もう一方にアーモンドを加えてざっくり混ぜる．
⑦ オーブンの天板にシートを敷き，⑥の生地をスプーンですくい（干しブドウ3個，アーモンド3個），シートの上に，直径2.5 cmに小高くこんもりと間隔をあけて落とす．
⑧ 170℃のオーブンに入れ，キツネ色になるまで12〜15分焼く．焼き上がったクッキーは，すぐにシートからはずし，ケーキ クーラー（金網）の上に置いて冷ます．

❗ クッキーをおいしくつくるには

油脂のクリーミング性とショートニング性を充分に発揮させることである．そのためには，バターをかくはんできるもっとも低い温度で十二分に泡立て，細かい泡をたくさん取り込み，また，グルテンの形成を阻止するとよい．

クリーミング性：油脂をかくはんしたとき，空気を抱き込む性質をクリーミング性といい，体積を増し，軽い口ざわりと淡白な味を感じさせ，パウンド ケーキやクッキーなどに利用される．

ショートニング性：油脂は，小麦粉に水を加える前に混ぜ込むと，グルテンの形成を少なくし，製品にもろさを与え，サクサクした歯ざわりになる．これを油脂のショートニング性といい，クッキーやパイに利用される．

B マドレーヌ

材料（貝殻型 12 個分またはマドレーヌ菊型 直径 10 cm 5 個分；g）

卵	80	バター	80
砂糖	80	レモンオイル	3 滴
⎧ 小麦粉	80	ラム酒	5　（小1）
⎩ ベーキングパウダー	1　（小1/3）		

① 小麦粉はベーキング パウダーと合わせてふるっておく．
② バターを湯せんにして，使う直前までに溶かしておく．焼き型に敷紙を敷く．
③ 卵は**共立て法**による．ボールに卵を割りほぐし，砂糖を加えて混ぜ，35〜40℃の湯せんでよく混ぜ，砂糖が溶ければ湯せんからはずし，充分に泡立てる．ボールの中で字が書けるくらいにしっかり泡立ったら，①を入れ，木杓子でさっくり混ぜ（粉が残る程度），②の熱い溶かしバターを静かに回し入れて，手早く全体に混ぜ合わせる．レモン オイル，ラム酒を加える．
④ 焼き型（菊型の場合は型紙を装着）に溶かしバターをはけで塗り，バターが固まれば，小麦粉をはたいておく．③を8分目ほど焼き型に流し入れ，オーブン 170〜180℃ で約 10 分焼いた後，150〜160℃ でさらに 5 分くらい焼く．

調べてみよう！
① ケーキの品質の及ぼす卵の起泡性と溶かしバターの温度の影響を調べてみよう．

! **マドレーヌ**
フランス・ロレーヌ地方コメルシーで生まれた貝殻の形をしたお菓子．

! **生地の調製**
マドレーヌのように，多量の溶かしバターを使ったスポンジ ケーキは，卵起泡時の温度を低くしておき，一定の比重まで泡立て，高い温度の溶かしバターを入れたほうが，膨化性や食味テストによい結果が得られる．

C シュー クリーム

材料（6〜7 個分；g）

シュー生地		カスタードクリーム	
⎧ 水	90	卵黄	45　（3 個分）
⎩ バター（有塩）	50	砂糖	80
小麦粉	50	小麦粉	30
卵	100　（約 2 個）	牛乳	330 ml
		バニラビーンズまたはバニラエッセンス	2　（1/2 本）
		グランマルニエ	15　（大 1）

① **シュー生地** … 鍋に水，バター（有塩）を入れて火にかける．バターが溶けて全体が沸騰したら，小麦粉を一度に加えて木杓子で手早く混ぜ，生地が鍋底から離れるくらいまで火を通し，消火して粗熱を取る．
② ①に割りほぐした卵を数回に分けて力強く混ぜ，全卵量 3/4 くらいを入れるころから，硬さを見ながら木杓子で生地をすくって，上から落ちたときにやっとつらら状の形を保って落ちるくらいの硬さになるように，卵量を調節する．
③ シートを敷いたオーブン皿に，ティー スプーンですくった②の生地をこんもり山高く間隔をあけて置き，オーブン 190℃ で 15 分焼き，170℃ で 5 分焼く（濃いめのキツネ色）．すぐにオーブンから出さないで，シューの皮が完全に乾くまで入れておく．
④ ケーキクーラー（金網）の上で冷ます．カスタード クリーム用の切り込

! **シュー**（choux）
フランス語でキャベツという意味．焼き上がった状態がキャベツに似ていることから，この名がある．

! **カスタード クリーム**
フランス語でクレーム パティシエール（crème pâtissière）という．これは菓子職人のつくるクリームという意味である．

! **バニラ ビーンズ**
ラン科の植物．長いさや状の果実を未熟なうちに摘み取って，発酵させてつくる．使用するときは，縦に切り込みを入れ，種実をしごき出して用いる．

みを入れておく．
⑤ **カスタード クリーム** … ボールに卵黄と砂糖を入れて，白っぽくなるまでかくはんしておく．牛乳の分量のうち 30 ml を加えて混ぜ，次に小麦粉を加えて混ぜる．
⑥ 鍋に，残りの牛乳とバニラ ビーンズを切り開いて入れ，沸騰寸前まで温める．⑤に加えて混ぜ，手早くかくはんしながら，沸騰するまで火を通す．粗熱を取り，グランマルニエを加える．
⑦ カスタード クリームをスプーンでシューの皮に詰める．粉砂糖を茶こしでふるいながらかける．

> **グラン マルニエ**（grand marnier）
> フランスの有名なオレンジリキュール．オレンジとコニャックをベースにしてつくる．芳香とまろやかな味が特徴．あらゆる製菓に用いられ，カクテルや食後酒としても飲まれる．

> **シュー生地について**
> 小麦粉は，水とバターを沸騰させた中に入れる．これは小麦粉中のデンプンが糊化され，粘性をもち，油脂をペースト中に均一に分散させるためである．温度が低いと，デンプンの糊化が不充分であるため水分が残り，オーブンに入れたときに，火が通らないうちに水分が蒸発するので，まんじゅうのようになる．
> 卵を加える目的は，バターと水が均一に混じり合った乳化状態を安定させるため，また少しずつ加えるのは，油を細かく分散させ，細かい空気を入れ込むためで，卵が凝固しない温度で加える必要がある．

調べてみよう！
① シューはなぜふくらむか調べてみよう．

D パウンド ケーキ

材料（8 × 21 × 6 cm パウンド型 1 個分；g）

バター	100	小麦粉	100
卵黄	40 （大卵2個分）	ベーキングパウダー	2
砂糖	70	レーズン	30
メレンゲ		オレンジピール	20
卵白	80 （大卵2個分）	ドレンドチェリー（赤，黄，緑）	30
砂糖	30	ラム酒	30 ml

① レーズン，オレンジ ピール，ドレンド チェリーは4〜5 mm に刻み，ラム酒と混ぜておき，パウンド型には紙を敷いておく．
② 小麦粉とベーキング パウダーを合わせておく．
③ 室温にもどしたバター（指でへこむ程度）をボールに入れ，泡立て器でクリーム状にする．白っぽくなれば，砂糖を3回に分けて加え，よくかくはんして混ぜ，フワッとさせる．
④ ③に卵黄を加えて，混ぜる．
⑤ **メレンゲ** … ボールに卵白を入れて泡立てる．八分どおり泡立てば，砂糖を2回に分けて加え，角が立つくらいまで泡立てる．
⑥ メレンゲを④に加え，木杓子でさっくり混ぜ合わせる．
⑦ ②の粉を加えて混ぜ，粉気が残っているところで，小麦粉（分量外）を少しまぶした①を加え，木杓子で切り混ぜる．型に流し入れ，ゴムべらで表面をならす（型の中心部は低くして，両端を厚くならす）．
⑧ オーブン 170℃ で約 35〜40 分焼く（コンベック 180℃ 15 分，140℃ 35 分）．ケーキの中心部に割れ目ができ，弾力性ができればよい．

> **パウンド ケーキ**
> パウンド ケーキは小麦粉，バター，砂糖，卵を1ポンドずつ用いたところからこの名がつけられた．焼いてすぐよりも，2〜3日たったときが食べごろである．

> **ラム酒**（rhum）
> サトウキビの糖みつを原料とした蒸留酒．
> **ホワイト**…無色透明．クリームを使ったお菓子に用いる．
> **ダーク**…赤みのあるもので香りが濃く，熱にも強いので，焼き菓子やシロップに用いる．

調べてみよう！
① バター ケーキ調整時の留意点とその理由を調べてみよう．

E スイート ポテト

材料（1人分；g）				
サツマイモ	50～60		バニラエッセンス	少々
牛乳	3～4 ml		ドリュール	
砂糖	7	（イモ重量の 10～15％）	卵黄	3
バター	6		みりん	3 ml
卵黄	5		アルミカップ	1個

① サツマイモは皮をむき，1 cm の輪切りにして，強火で軟らかく蒸し，熱いうちに手早く裏ごしする．
② 鍋に，牛乳，砂糖，バターを入れて中火以下で溶かし，① を加えて固めに練り上げ，火からおろす．粗熱を取り，卵黄とバニラ エッセンスを加えてよく混ぜる．舟形に形を整え，アルミカップに入れる．
③ 天板に ② を並べ，ドリュールをはけで塗り，220℃に熱したオーブンの上段に入れ，表面に焦げ色がつくまで 10～12 分焼く．

> **！ ドリュール**
> ドリュール（dorure）とは，生地に焼き色をつけるために水を加えた卵のこと．ドレ（dorer）は "金色にする" という意味で，溶き卵をはけで塗ることでつやよく仕上げることと，2 枚重ねる生地などがはがれないようにすること．

> **調べてみよう！**
> ① サツマイモの裏ごし，特殊成分，褐変，β-アミラーゼ糖化について調べてみよう．

！ サツマイモの裏ごし
スイート ポテトには粉質で成熟したイモがよい．

イモを裏ごしするときは，イモが熱く，ペクチンの流動性があるうちに行なう．イモが冷えると裏ごししにくく，粘りが出るので，口ざわりも悪い．

！ サツマイモの褐変
サツマイモの切り口は，酸化酵素によって褐変し，粘液状のヤラピンが黒く変色する．切ったらすぐに水に浸漬して，あく抜きして用いる．

F クレープ

材料（6枚分；g）				
クレープの生地			カスタードクリーム	
小麦粉	50		卵黄	45 （3個分）
砂糖	20		砂糖	50
塩	少々		小麦粉	30
卵	100 （2個）		牛乳	300 ml
牛乳	150 ml		バニラビーンズ	2 （1/2本）
無塩バター	20		グランマルニエ	少量
バニラオイル	少々		フランボアーズソース	
			フランボアーズピューレ（木イチゴ）	80
			シロップ（水 30，砂糖 15）	40
			レモン果汁	10 （小 2）

① **クレープの生地** … 小麦粉をボールに入れ，塩，砂糖を加えて混ぜる．
② ① の真ん中をあけて割りほぐした卵を入れ，温めた牛乳で延ばす．
③ 溶かしバターとバニラ オイルを加え，30 分間そのまま休ませておく．
④ フライパンを熱して油を入れ，よくなじませてからクレープの生地をレードルで流して，フライパン全体に薄く広げる．
⑤ 片面が焼ければ，裏返してサッと火を通して取り出す．
⑥ **カスタード クリーム** … 卵黄と砂糖を入れ，白っぽくなるまでかくはんし

！ クレープとは
"縮み" とか "ちりめん" という意味で，薄く絹のように焼くことから呼ばれる．クレープの故郷ブルターニュ地方のそば粉を使ったもので，もともとは農民たちのパンに代わる主食であった．

ておく．牛乳の分量のうち 30 ml を加えて混ぜ，次に小麦粉を加えて混ぜる．
⑦ 別鍋に残りの牛乳とバニラ ビーンズを切り開いて入れ，沸騰寸前まで温める．⑥ に加えて混ぜ，手早くかくはんしながら，沸騰するまで火を通す．粗熱を取り，グランマルニエを加える．
⑧ クレープを広げてカスタード クリームをのせ，茶きん風に包むか，ロール状にして皿に置き，フランボアーズ ピューレとシロップを合わせて，レモン果汁を加えたソースを横に流す．

調べてみよう！

① 生地の寝かしの理由について調べてみよう．

G アップル パイ

材料（18 cm パイ皿 1 枚分；g）				
パイ生地		リンゴの甘煮		
薄力粉	75	リンゴ（紅玉）	400	（3 個）
強力粉	75	砂糖	100	
バター（有塩）	75	レモン（果汁）	15	（大 1 個）
水	約 60	シナモン		
卵黄	15	ドリュール		
		卵黄	適量	
		水	適量	

① **パイ生地** … 二種の粉をいっしょにふるい，大ボールに入れ，硬く冷やして，さいの目（小さめ）に切ったバターを合わせる．
② 粉をまぶすように，スケッパーでバターが小豆大になるまで切り刻み，卵水を入れ，ざっと木杓子で混ぜ，やっとまとまる程度になれば（卵水を加減），20 cm くらいの大きさに整え，ラップで包み，冷蔵庫で 1 時間寝かせる．
③ 打ち粉をした台の上に取り出し，麺棒で厚さ 3 mm に延ばす．これを 3 枚に折りたたむ．次に反対方向に延ばして，同様に折りたたむ（これを 3 回繰り返す）．
④ 大きく 3 mm 厚に延ばして，パイ皿の大きさよりも 2 cm 大きく切り，パイ皿に敷き，軽くピケする．まわりの余分な生地を切り落とす（幅 1 cm のリボンをつくる）．
⑤ **リンゴの甘煮** … リンゴは皮をむいて芯を取り，いちょう形に切り，砂糖，レモン果汁を加え，半透明になれば，火から下ろして，シナモンをふり，冷ます．
⑥ ④ に ⑤ のリンゴを並べ，リボン生地を格子状にのせ，さらにパイ皿の縁に重ねる．
⑦ ドリュールをはけで塗り，冷蔵庫で冷やした後，190〜200℃のオーブンで約 25 分焼く．

！ パイ生地

フランス式の"折りパイ生地"とアメリカ式の"練りパイ生地"がある．

！ アメリカ風パイをつくるには

油脂を練り込んでしまうと（練りパイというが），ビスケット様になり，パイのような層はできない．見かけを折りパイのようにするには
① バターは冷蔵庫で冷やしておく（バターは生地のでき上がりまで柔らかくならないように，手早くつくる）．
② 水は粉の 45〜50％．
③ バターを 0.7 cm の大きさに切っておく．
④ バターと粉を混ぜるとき，バターの周囲に粉をまぶす程度にし，けっして練り合わせない．
⑤ 水を加えて混ぜるとき，バター（小豆大）をつぶさないように．
⑥ 高温で焼くことが大切で，オーブンの温度が低いと層と層がくっついて，口ざわりの悪い，重いパイに焼き上がる．

！ ピケとは

小さな穴をあける（竹串・フォーク）ことで，焼いたときに，浮き上がって，ふくらまないようにするため．

！ 使用するリンゴ

酸味があり，煮崩れしない紅玉が適している．

H イチゴ タルト

材料（直径 18 cm のタルト型；g）				
タルト生地			カスタードクリーム	
小麦粉	100		小麦粉	30
バター（有塩）	50		砂糖	60
砂糖	30		牛乳	260 ml
卵黄	15 （1個分）		卵黄	30 （2個分）
（水）	約 15		キルシュワッサー	10
			イチゴ	200
			アプリコットジャム	50
			キルシュワッサー	10 ml

① **タルト生地** … バターを室温にもどし，クリーム状になるまですり混ぜる．
② 砂糖を加え，白っぽくなるまですり混ぜ，卵黄を加えてさらによく混ぜ，薄力粉を加え，混ぜ合わせる（水は加減をみて加える）．
③ 丸くまとめて，ラップで包み，冷蔵庫で 30 分寝かせる．
④ ③をビニール袋に入れて，型よりひと回り大きい（高さの分も入れて）円形に延ばす．
⑤ ④を型にぴったりと敷き込み，ペティー ナイフの背で余分な生地を切り落とし，冷蔵庫で 30 分くらい寝かせる．
⑥ 底にフォークで穴を開け，アルミ箔をかぶせ，重石をのせて 200℃ のオーブンで約 10 分焼き，重石をアルミ箔ごと除いて，キツネ色になるまで（約 6〜7 分）焼く．やや冷めたら型から外し，網にとって冷ます．
⑦ **カスタード クリーム**（**F** クレープ参照）… 粗熱を取り，キルシュワッサーを加える．
⑧ 焼けたタルトにカスタードクリームを詰めて，へたをとったイチゴを縦 1/2 に切り，並べて，裏ごしをしたアプリコット ジャムをキルシュワッサーで延ばして塗る．

> ! **キルシュワッサー**（Kirischwasser）
> ドイツが誇るサクランボが原料の蒸留酒．独特の香りと風味があり，フルーツを使用するお菓子に用いられる．

I カスタード プディング

材料（プディング型 100 ml 1 人分；g）			
卵	25	カラメルソース	
砂糖	8	砂糖	5
牛乳	55	水	4
バニラオイル	少々	さし湯	2
			バター（型用）	少量

① プディング型にバターを薄く塗っておく．
② カラメル ソースは，小鍋に砂糖と水を入れて弱火にかける．ときどき鍋を揺り動かして混ぜ，香ばしい濃いあめ色（180℃〜 190℃）に煮詰まったら，熱湯を加えて延ばし，型に入れる．
③ 砂糖，牛乳を合わせ，50℃ くらいに温め，砂糖を溶かしておく．
④ ボールに卵を入れて溶きほぐし，砂糖を加えて泡立たないように混ぜる．混ぜながら，温めた牛乳を少しずつ加えて裏ごしをし，バニラオイルを入れて型に流し入れる．
⑤ 深いオーブン皿に並べ，深さ 3 cm ほど湯を注ぎ，160℃ で 20 分蒸し焼きにする．
⑥ オーブンから出して，粗熱を取り，冷やす．

> ! **卵の熱変性と添加物**
> 卵が熱変性を受ける温度は 60〜80℃ であるが，添加物，加熱温度により変化する．食塩・牛乳を加えることにより，加熱変性が促進される．砂糖は，軟らかく弾力性を与える．

⑦ 型の内側を竹串ではずし，型から器に出す．

> **!** カラメルについて
>
> 砂糖に水を加え，火にかけて煮詰めていくと，温度の上昇とともに砂糖溶液の状態が変化する．160℃以上になると，しだいに色づいてカラメル化し，170～190℃になると濃い黄金色になり，カラメルができる．これに水を入れて延ばしたカラメル ソースは，冷えると固まり，また，卵液よりも比重が大きいので，卵液を注ぎ入れても混ざることなく，加熱すれば卵液は凝固し，カラメル ソースはゆるみ，粘度が下がるので，型から出したときにプディングにかけたような状態になる．

> **!** 蒸す場合の注意
>
> 蒸し器の場合は，蒸し板を敷いて火にかけ，蒸気が立ったら火力を弱めて型を並べ，蒸し器内の温度を 85～90℃ に保ちながら 15～18 分蒸す．90℃以上になると，タンパク質の変性が進み，スダチの現象が現われてくるので，蒸し器にふきんをかけて切り蓋をするとよい．

J ババロア

材料（ゼリー型 120～130 ml 7 個分；g）

卵黄	35	オレンジ果汁	140 ml
砂糖	45	生クリーム	80 ml
牛乳	230 ml	コアントロー	10 ml （小 2）
粉ゼラチン	12		
水	70 ml		

① ボールに卵黄と砂糖を入れ，泡立て器を使い，もったりするまで混ぜる．
② 牛乳を熱くし，水で膨潤させたゼラチンを加えてよく混ぜ，50℃以下になれば，①に入れて混ぜ合わせる．
③ ②に，オレンジ果汁，コアントローを加えて，混ぜながら氷水で冷やす．
④ 別のボールで生クリーム（氷水を当てながら）を七分立てにしておく．
⑤ ③が冷えて，濃度がつき始めてきたら，手早く④と合わせ，急いで水で濡らしたゼリー型に流して，冷やし固める．
⑥ 固まれば，型を温湯（40℃前後）にさっと浸けて，型から取り出す．

> **!** コアントロー（cointreau）
>
> フランスのコアントロー社のホワイト キュラソー．オレンジの皮をアルコールに浸けてから蒸留する．まろやかな口当たりとほのかな甘味が特徴で，飲み物（カクテル）にも用いられる．クリーム，ソースに使用する．

> **!** ババロア
>
> ババロアに生クリームの泡立てたものなどを加える場合は，ゼラチン液が 15～16℃のとろみがつく程度にまで冷やしたものに加えないと，分離する．
>
> 果汁やレモン汁を加える場合，酸のために，ゼラチン タンパク質が等電点（pH 4.7）付近になるとゼラチンは軟らかく凝固しにくくなり，凝固時間が長くかかるので，濃度に注意する．

調べてみよう！
① 生クリームの泡立てについて調べてみよう．

K ブラマンジェ

材料（1人分；g）		
コーンスターチ	7	（デンプン濃度 8～10%）
牛乳	80 ml	
砂糖	8	（液の 10～15%）
バニラエッセンス	少々	
イチゴソース		
イチゴ	20	
砂糖	8	（イチゴの 30～40%）
キルシュワッサー	2 ml	

① 鍋にコーンスターチと砂糖を入れ，牛乳を少しずつ加えながら混ぜる．
② ①を中火にかけ，木杓子で絶えず鍋底からかき混ぜながら，クリーム状になるまで充分に火を通した後，火からおろし，バニラ エッセンスを加えて混ぜる．
③ 水で濡らした型に②を流し入れ，冷やし固める．
④ **イチゴ ソース** … イチゴは縦二～四つ割りにし，砂糖をふりかけて，砂糖が自然に溶けるまで20分くらいおいた後，裏ごしする．キルシュワッサーを加える．
⑤ 一度水に濡らした皿に盛り付ける．上からソースをかけて供する．

! ブラマンジェ

ブラマンジェは白い食べ物という意．コーンスターチを用いるのはイギリス風．フランス風はゼラチン，牛乳，砂糖，アーモンドの搾り汁，生クリームを用いる．

! キルシュワッサー

p.142 参照

! コーンスターチ

コーンスターチはトウモロコシのデンプン．とろみをつけ，なめらかな口当たりを与え，温度低下を防ぐ．コーンスターチなど種実のデンプンは，ジャガイモ デンプンに比べ，加熱した場合の最高粘度は低いが，粘度の下降（ブレークダウン）が小さく，安定している．砂糖はデンプン糊化の粘度を大きくする．コーンスターチは，糊化しても白く濁っており，固くなりやすく，付着性が少ない．このためブラマンジェに適する．

第6章

(*──その他の各国料理──*)

section 6・1　各国料理の基礎

本書では，各国料理として，4章で中国料理，5章ではフランス料理を中心とした西洋料理を取りあげた．したがって，この章では，これら以外の各国の料理として，ベトナム料理，タイ料理，インド料理，韓国料理，スペイン料理，メキシコ料理，イタリア料理，ロシア料理を取りあげる．

1　各国料理の分類と特徴

表6・1には，本章で取りあげる各国料理とその代表的なメニューおよび特徴を一覧表にまとめて示した．

表6・1　各国料理の代表的メニューと特徴

各国料理		代表的メニュー	特　徴
中国料理	北京料理	・芙蓉燕菜 　（フゥ ロン イェン ツァイ） ・紅焼熊掌 　（ホン シャオ ション ズァン） ・北京烤鴨 　（ペイ ヂァン カオ ヤ） ・拉麺 　（ラァ ミェン）	・明朝時代に建都され，清朝へと移行したときに宮廷料理が発達した． ・日本の秋田県と緯度が同じで，冬がきびしい寒冷な乾燥地であるため，油を多く使用し，濃厚で甘みが少なく，塩味の強い料理が多く，"油重味濃"といわれる． ・料理は揚げ物，炒め物が多い． ・米作は向かず，小麦粉などの粉食，麺，包子（パオ ズ），餅（ピン）や豆製品をよく食べ，ネギやニンニクをよく使う．
	広東料理	・佛跳牆 　（フォ ティヤオ チャン） ・紅焼大群翅 　（ホン シャオ ダァ チュヌ チ） ・咕嚕肉 　（クゥ ルゥ ロウ） ・蠔油牛肉 　（ハオ イゥ ニュウ ロウ）	・南中国の玄関口に当たる広東，福建などの，気温が高く雨量の多い華南地方の料理． ・亜熱帯気候で，南国の果物，畜産物，海の幸といった豊かな食材に恵まれている． ・早くから欧米との交流が深く，洋風食材，トマトケチャップなどの洋風調味料も使う． ・広東料理は広く海外でも普及している． ・ヘビやネコをはじめ，あらゆる動植物を素材とし，食を通じて長生きを求める意欲が，中国の中でも最も強い土地柄． ・**"食は広州にあり"**といわれ，世界的に親しまれている．
	四川料理	・麻婆豆腐 　（マァ ボォ ドウ フゥ） ・怪味鶏塊 　（ゴワイ ウェイ ディ クワイ） ・棒棒鶏 　（バン バン ヂィ） ・回鍋肉 　（ホェイ グオ ロウ）	・揚子江上流に当たり，山岳に囲まれた広い盆地． ・海産物に恵まれず，調理の変化をつけるため，味の工夫がたけている． ・食品の保存方法が発達し，多種の香辛料や独特の調味料の配合による調味の変化が四川料理の特徴．とくにトウガラシと，花椒（サンショウ）の辛みと香りが際立っている． ・山菜〔銀耳（イヌ アル；白キクラゲ），竹蓀（ズゥ スヌ；キヌガサタケ）の産地で有名〕や香辛料，薬，漬け物（岩塩が用いられる．ザーサイが有名）を巧みに利用している．
	上海料理	・東坂肉 　（トン ポォ ロウ） ・龍井蝦仁 　（ロン ヂン シャ レヌ） ・小籠包子 　（シャオ ロン パオ ズ） ・醉蟹 　（ズェイ シェ）	・中国の中部地区に当たり，揚子江の下流で海に面している． ・コイ料理，川魚料理，カニ，エビなどの生食料理が有名．揚子江下流の米作地帯でもある． ・上海は租界であった時代もあるため，洋風料理の影響を受けて，油と砂糖を使った濃厚な味付けになっている． ・日本に似た気候で，四季の産物（春のタケノコ，ジュンサイ，秋の上海ガニなど）があり，素材の持ち味を生かした淡白な調味，鮮明な色彩の料理と，反対に，米飯のおかずに向く甘辛い濃厚な煮物の両方に特徴がある．

(次ページへ続く)

各国料理	代表的メニュー	特　徴
ベトナム料理	・フォー ・生春巻き ・揚げ春巻き ・バイン フラン	・料理の基本は中国料理で，鶏のスープを使用する．また中国文化圏に入るため，東南アジアでは茶碗と箸で食事をする唯一の国である． ・食事はご飯におかずの組合わせである． ・生の香辛料やハーブを料理の下味に使ったり，でき上がった料理に生の野菜やハーブ類をたっぷり添えて食する．刺し身もこうして食べるのは東南アジア風である． ・味は繊細で辛さも穏やか．食卓に欠かせないのがニョクチャム（魚しょう油に酢，砂糖，ニンニク，ライム，トウガラシなどを加えた調味料）で，春巻きや，肉や魚の料理，刺し身にも添える．
タイ料理	・トム ヤム クン ・カレー（ゲーン） ・さつま揚げ ・ココナッツ タピオカ	・主食は米．インディカ米の一種であるタイ米が食べられている．このため，米に合うおかずが用意される． ・ベトナム料理やカンボジア料理などと同様に，味付けの基本は魚しょう油（魚醤）である．タイの魚しょう油は**ナンプラー**と呼ばれる． ・タイ料理では，一つの料理に辛味，酸味，甘味などが混ざり合い，複雑な味覚を醸し出している状態が美味とされる．このため食堂には，砂糖，ナンプラー，トウガラシの酢漬け，粉トウガラシの4点セットが必ず置かれ，供された料理にさらに味を足して食べる． ・おかずの皿は中央に置き，少しずつ自分の皿に取り，左手に持ったフォークで右手に持ったスプーンに入れながら口へ運ぶ．
インド料理	・チキン カレー ・キーマ カレー ・タンドリー チキン ・ナン	・インドは，広大な国土，多様な人種と言語，宗教に加え，複雑なカースト（身分制度）のため，インド文化には無数のバリエーションが存在するが，8億人をこすインド国民は，スパイスをたっぷり使う炒め煮料理という，共通の料理法をもつ． ・インドには宗教や習慣の違いから，各種の肉，卵，魚などを食べない人びともいる．また完全な菜食主義者も多く，主たるタンパク源を豆に依存している．野菜はほとんど生では食べない． ・料理の大部分はカレーであり，ダール（豆の煮込み），チャパティか，白いご飯，野菜や果物のチャツネや漬け物を添える． ・インドでは右手を使って食するところもある．
韓国料理	・キムチ チゲ ・ビビンパ（ビビンバ） ・チヂミ（チジミ） ・カルビクイ	・海に囲まれた地理のため，海藻類や魚介類の消費量も多く，魚介類の生食も盛んである． ・スープ類（湯：タン，クク）が多く，トウガラシを用いた料理が多い．トウガラシは，現在の韓国・朝鮮料理に彩りと辛みを添えるうえで欠かせない食材の一つとなっている． ・陰陽五行の思想にのっとり，**五味**（甘，辛，酸，苦，塩），**五色**（赤，緑，黄，白，黒），**五法**（焼く，煮る，蒸す，炒める，生）をバランスよく献立に取り入れることを良しとする． ・金属製のさじと箸を用い，食器も陶磁器製のほか，金属製のものが一般的である． ・ご飯も汁物もさじで食べることが多く，ご飯を汁物に浸したり，混ぜたりして食べるのがふつうである．食器は持ち上げず，置いたまま さじと箸で口に運ぶ．
スペイン料理	・ガスパチョ ・トルティーヤ ・パエリア ・フリット	・近隣のヨーロッパの国々と比べ，海に面しているため，魚介類を多く食する． ・素材の持ち味を生かして小細工をせず，簡単な調理法で味付けも控えめな料理が多い． ・新鮮な素材を生かす比較的あっさりした料理が多いが，北部では香辛料を多量に使うなど，味覚でも南北の違いがある． ・スペインの特徴は，昼食が午後2～3時，午後夕食が9～11時と際立って遅いことにある．また，シエスタ（昼寝）の時間があるなど，スペインは伝統的なラテン系社会の食事習慣をいまだに守っている． ・フランス，イタリアとともにワインの大産地であり，食事にワインは付きものである．
メキシコ料理	・サルサ ソース ・ソパ デ トルティーヤ ・タコス ・ブリート	・古来，この地にはオルメカ，テオティワカン，マヤ，アステカなどの文明が栄え，トウモロコシ，トウガラシ，マメといった基本の食物に加え，ニワトリや魚，野菜，果物などを利用して，かなり豊かな食生活であった．16世紀にスペインに征服され，先住のインディオとスペインをミックスした料理となった． ・メキシコ料理の特徴は，チレ（トウガラシ）で決まり，料理にチレを入れるだけではなく，でき上がった料理にたっぷり付けて食べる． ・主食は，トウモロコシの粉を薄く延ばして焼いたトルティーヤである．これに具をのせたり，巻いたり，はさんだりして食べるが，焼く，蒸す，煮る，揚げるなどと調理法を変えた無数の料理がつくられる．

（次ページへ続く）

各国料理	代表的メニュー	特　徴
フランス料理	・ポト フー ・マカロニ グラタン ・クリーム クロケット ・魚のムニエル	・西洋料理の中心であるフランス料理は，古代ローマの宮廷料理が中世イタリアに引き継がれ，1553年，メディチ家の息女カトリーヌがフランスのアンリ2世へ嫁ぐ際，料理人をともない，食事のマナー，ナイフ，フォークなどをフランスにもたらしたことによる． ・フランス料理の特徴は，ありとあらゆるものを食べることにある．牛・羊・豚・馬肉，ウサギ，シカ，カエルなどが有名レストランのメニューに並び，また肝臓，腎臓，脳などの内臓を珍重する． ・調味料は塩，コショウが主で複雑ではないが，ソースが多様で，"**フランス料理はソースで食べる**"といわれているほど，料理の味付けの決め手となる． ・肉料理にはとりわけ，香辛料，ハーブ，ワインが不可欠で，上手に使い分けられている．
イタリア料理	・ミネストローネ ・コトレッタ アッラ ミラネーゼ （ミラノ風カツレツ） ・パスタ （ジェノベーゼ） ・ラタトゥイユ	・ローマで育った宮廷料理は，ウィーン，パリに渡って花開き，完成した．ローマ料理は西洋料理の基本ともいえる． ・フランス料理がソースを大事にするのに対し，イタリア料理は素材を生かすことに重きを置き，ソースは重要ではない．ヨーロッパ料理の中ではあっさりした料理の部類に入る． ・三方を海に囲まれ，地中海性気候の比較的温暖な地理に恵まれ，北部では小麦，米，酪農，南部では，野菜，果物，漁業が盛んで，食材に恵まれている． ・南部の料理ではトマトを多用し，また色鮮やかな料理が特徴である． ・料理にも地域差があり，ミラノ，ボローニャ，フィレンツェ，ナポリと，地域によって特色がある．
ドイツ料理	・マウルタッシェ ・フランクフルト ソーセージ ・タルタル ステーキ ・ザワークラウト	・ドイツは南部に山間部が多く，冬に野菜類が乏しくなるという土地柄，ドイツ料理は実質的な保存食の家庭料理として発達してきた． ・料理に必ず使うタマネギ，ジャガイモ，キャベツなどはいずれも保存のきく野菜で，多く用いられる． ・ブドウ栽培の北限に位置するドイツのワインは，酸味と甘みの調和した甘美な白ワインに代表される．気候が冷涼なドイツでは，赤ワインは色が淡く風味の軽いものしかできないため，全産出量の8割強が白ワインである．
イギリス料理	・ヨークシャー プディング ・フィッシュ アンド チップ ・ロースト ビーフ ・スコーン	・イギリス料理というと，ロースト ビーフといわれるが，イギリスは独特の料理をあまり生まなかったが，むしろその国民性と同様に，外国の料理を謙虚に受け入れる寛容性に，イギリス人の食に対する特徴がある． ・イギリス料理の特徴は，素材を生かしたシンプルな調理法である．ヨークシャーの牛肉，英仏海峡のシタビラメ，カレイ，スコットランドのサケなど，イギリスは食材に恵まれた国であるが，調理技術に力を入れず，シンプルな料理が本流となった． ・イギリス料理はまた，家庭料理として成り立ってきた．
ロシア料理	・ボルシチ ・ビーフ ストロガノフ ・ピロシキ ・ブリヌイ	・ロシア人の伝統的な食事と帝政ロシア時代の宮廷料理，および旧ソ連の各地の民族料理を含めていう． ・レストランなどで一般に知られているロシア料理は，主として宮廷料理の様式にのっとったものである． ・ロシア宮廷料理は，17世紀末ごろにフランス宮廷料理人を招いてつくらせたことから始まる．ただし，当時のフランス料理が多くの種類の料理を一度に供するスタイルだったのに比べ，ロシアは，寒冷地であったため，料理が冷めないよう順次に皿を供するスタイルとなった．これがフランスに逆輸入され，現在のコース料理の形式が成立した．

2　多様な食文化・食習慣をもつ外国人客への対応

　外国人客と無用なトラブルを避け，日本食の伝統を守りながら，日本での食事を楽しんでもらうには，受入れ側となる飲食提供者が，外国の多様な食文化・食習慣をよりよく理解することが必要となってくる．
　なかでも，宗教上の教義や信念に関する理由から，食べることを忌避している食品があるので，これらを**表6・2**に示す．

表 6·2　宗教・信条にかかわる忌避食品

信条・宗教	忌避している食品	背景・対応など
ベジタリアン	肉全般，魚介類全般，卵，一部ではあるが乳製品，同じく根菜・球根類などの地中の野菜類，**五葷**（ごくん：ニンニク，ニラ，ラッキョウ，タマネギ，アサツキ）	・対象国は，アメリカ，カナダ，イギリスをはじめとするヨーロッパ，インドや台湾をはじめとするアジアなど，世界中に分布する． ・ベジタリアンは多種多様なため，その呼称だけで，肉だけを食べない人と思い込んではならない．実際には鳥肉，魚肉，卵，乳製品を食べる人・食べない人がいるため，食べられないものが何かを正確に確認する必要がある． ・一般に，野菜，天ぷら，豆腐を使った料理が好まれる．
イスラム教徒	豚，アルコール，血液，宗教上の適切な処理が施されていない肉，ウナギ，イカ，タコ，貝類，漬け物などの発酵食品（豚は，食べることだけでなく，見ることも嫌悪する人が多い）	・イスラム教徒は世界各地に居住し，とくにアジア，北アフリカ，中東においてその人数が多いとされる．中東諸国では国民の大多数がその教徒であるが，世界においては，その教徒の人数はアジアが多数を占める． ・宗教が生活の土台となっており，食生活を含め，個人の宗教や信条を遵守する傾向が強い． ・イスラム教徒は，"食材"，"料理に付着する血液"，"(料理が調理される) 厨房"，"(料理を調理する) 調理器具" がイスラム教の教義にのっとっているかという点に非常に敏感である．実際には，これらをすべて厳格に守る教徒は少数派ではあるが，すべての条件を満たした料理しか食べない教徒もおり，注意が必要である． ・"豚"，"アルコール"，"血液"，"宗教上の適切な処理が施されていない肉" にとくに注意が必要で，豚の肉や骨が使われる "ブイヨン"，"ゼラチン"，"肉エキス" は調理時に注意する． ・"ラード"（豚の脂肪）も調理に注意が必要で，"植物性油脂" を代用するとよい． ・イスラム教で適切な処理を施した食材は "**ハラルミール**" と呼ばれ，購入できる．
仏教	一部ではあるが肉全般，または牛肉および五葷（上記 "ベジタリアン" 参照）	・食に関する禁止事項がみられるのは，一部の僧侶と厳格な信者に限定される． ・東アジア（中国，台湾，韓国，日本，ベトナムなど），中央アジア（チベット，モンゴルなど）などにとくに広まっている． ・大乗仏教は肉食を避ける傾向が強い．
キリスト教	一部ではあるが肉全般・アルコール類，コーヒー，紅茶，お茶，タバコ	・キリスト教では，基本的に食に関する禁止事項はほとんどなく，少数派ではあるが一部の分派では，食を含めたさまざまな禁止事項を規定している． ・モルモン教では，アルコール類，コーヒー，紅茶，お茶，タバコの摂取が禁じられ，セブンスデー・アドベンチスト教会では，信者に菜食を勧めている． ・アルコール類は "料理酒"，"調味料"（みりんなど），"香りづけ"，"デザート" などに使われるため，とくに注意が必要である．
ユダヤ教徒	豚，血液，イカ，タコ，エビ，カニ，ウナギ，貝類，ウサギ，馬，宗教上の適切な処理が施されていない肉，乳製品と肉料理の組合わせなど．	・ユダヤ教では "カシュルート" において，食べてよいものといけないものが厳格に区別され，食べてよいものは "コーシェル" と呼ばれる． ・注意がとくに必要な食材は "豚"，"血液"，"宗教上の適切な処理が施されていない肉"，"乳製品と肉料理の組合わせ" である． ・"乳製品と肉料理の組合わせ" とは，"お腹の中で乳製品と肉料理がいっしょになってはいけない" ということで，これらをいっしょに使った料理を食べること（チーズバーガー，肉入りシチューなど），献立の中にこれらがいっしょに存在すること，同じ調理器具でこれらをいっしょに煮ること，乳製品を食べた後の数時間以内に肉料理を食べること（肉料理の後に乳製品を食べることも同様）も忌避される． ・"ブイヨン"，"ゼラチン"，"肉エキス" には豚の肉や骨が使われており，調理時に注意が必要である． ・ユダヤ教で適切な処理を施した食材は "コーシャミール" と呼ばれるが，日本では入手困難である．
ヒンドゥー教	肉全般，牛，豚，魚介類全般，卵，生もの，五葷（上記 "ベジタリアン" 参照）	・ヒンドゥー教徒はインドおよびネパールに多数居住している． ・肉食が避けられ，畜肉，卵，魚が忌避の対象となる（卵だけ，魚だけ食べる人もいる）が，一般的に乳製品は多量に摂取する．高位のカーストや社会的地位の高い人ほど肉食を避ける傾向が強い．なお，一般に生ものを食べる習慣はない． ・厳格なヒンドゥー教徒には，肉類を料理した調理器具が使われることを忌避する人もいる．肉食をする人もいるが，対象は鶏肉，羊肉，ヤギ肉に限定される． ・牛は神聖な動物として崇拝され，食べることは禁忌とされ，また，豚は不浄な動物とみなされ，基本的に食べることはない． ・"ブイヨン"，"ゼラチン"，"肉エキス" には鶏，牛，豚，魚の肉や骨が使われており，調理時に注意が必要である．

section 6・2 各国料理の実習（国別）

実習 41

ベトナム料理
ゴイ クン（ベトナム風春巻き）
フォー ガー（鶏の米麺）
ガー クアイ（鶏のベトナム風から揚げ）

栄養価記入欄（1人分）				
	エネルギー(kcal)	タンパク質(g)	脂質(g)	NaCl(g)
ゴイ クン				
フォー ガー				
ガー クアイ				

A ゴイ クン（ベトナム風春巻き）

材料（1人分；g）			
ビーフン	4	レタス	適量
キュウリ	20	つけだれ	
モヤシ	14	ピーナッツみじん切り	6 （大1/2）
むきエビ	2尾	チリソース	2.5 （小1/2）
ブイヨン	1/5個	甜面醤	10
酒	3 ml	a 砂糖	1.5 （小1/2）
熱湯	100 ml	酢	7.5 （大1/2）
豚肉（薄切り）	8	酒	3 （小3/5）
ニラ	4	水	3 （小3/5）
ライスペーパー	2枚		

① ビーフンは熱湯でもどし，水洗いしてざるにあげておく．キュウリは4〜5 cmの長さに千切りする．モヤシは先端とひげ根を取り，熱湯にくぐらせて水切りし，むきエビは背わたを取り，ニラは長さ5 cmに切る．
② エビをブイヨンと酒を加えた熱湯でゆでて取り出し，半分にそぎ切り（p.186参照）する．
③ 豚はゆでて千切りにし，ニラもゆでておく．
④ aの材料を鍋に入れ，混ぜながら煮立てた後，火からおろして冷ましておく．
⑤ ライス ペーパーは霧吹きでまんべんなく水分を与え，濡れぶきんの上で重ねて，全体を濡れぶきんで包んで5分ほどおき，もどす．
⑥ ⑤に④を適当に塗り，エビを一番下にして，その上にキュウリ，モヤシ，豚肉，ビーフン，ニラをのせて包む（図6・1参照）．

> **!** 甜面醤（テヌ メヌ ジャン）
> p.77参照

> **!** ビーフン（米粉）について
> うるち米を原料としてつくる押出し麺．台湾や中国南部の米の産地で古くからつくられていた．粘り気のない米のほうが，ビーフンに適している．

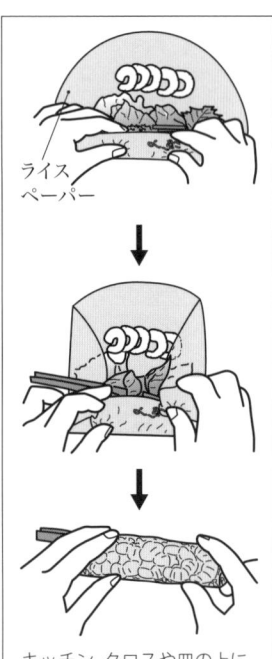

キッチン クロスや皿の上に，水で湿らせてもどしたライス ペーパーを置く．レタス，モヤシ，キュウリ，ビーフン，豚肉をのせて，仕上がりを意識してエビとニラを置き，巻いていく．

図6・1　春巻きの巻き方

> **!** ライス ペーパーのもどし方
>
> ライス ペーパーは米粉から天日干しされてつくられたもの．霧を吹いてもどすか，水またはぬるま湯を張ったボウルに 1 枚ずつくぐらせてもどす．もどしている間に乾燥しないように，濡れぶきんで包んでおく．

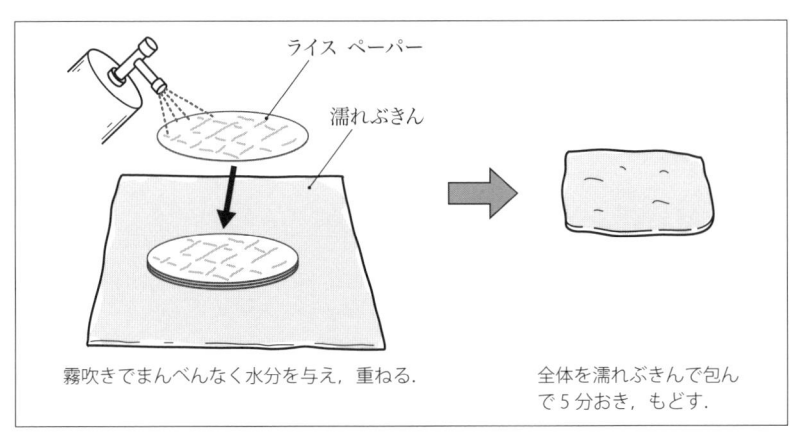

図 6・2　ライス ペーパーのもどし方

B　フォー ガー（鶏の米麺）

材料（1 人分；g）				
骨付き鶏肉	190		トッピング	
ショウガ	15		ワケギ（万能ネギ）	1 本
干しエビ	7.5		レモン	1/6 個
ニョクマム	25 ml　（大 1 ＋小 1/2）		モヤシ	30
塩	0.75		ニラ	10
砂糖	1.2　（小 1/2 弱）		たれ	
フォー（乾麺）	80		生のトウガラシ	1〜2 本
			ニョクマム	54〜72　（大 3〜4）
			コリアンダー	1 本

スープ

① 骨付き鶏肉を流水で洗い，鍋に鶏肉と皮をむいたショウガ，干しエビを入れ，水を 8 分目まで加えて火にかける．
② 沸騰したら，弱火でコトコト 2 時間くらい煮込む．その間にあくをまめに取る．
③ 鶏肉が全体に軟らかくなったら，鶏肉を取り出しておく．スープの脂やあくが気になるようなら，キッチン ペーパーでこす．
④ ③のスープにニョクマム，塩，砂糖を入れ，味をととのえ，弱火にかける．

トッピング

① 冷ました鶏肉を食べやすい大きさに手でちぎっておく．
② ワケギは 10 cm の長さに，ニラは 5 cm に切っておく．
③ モヤシはさっとゆでておく．
④ コリアンダーは 4〜5 cm に切る．

> **!** フォー ガー
>
> "ガー" はベトナム語で鶏という意味．"フォー" は米の粉でつくられた平打ち麺のこと．

> **!** 鶏がらスープ
>
> ベトナム料理で最も多く使われており，いろいろな料理のベースとなる．鶏がらは，最初に湯通しして脂や汚れを取っておくことがポイント．

> **!** ニョクマムについて
>
> イワシやアジなどの小魚を塩漬けにして熟成・発酵させ，半年から 1 年かけてつくられる魚しょう油（魚醤）．ベトナム料理には欠かせない調味料．

■ たれ

① 切った生のトウガラシとニョクマムを混ぜ合わせる．

■ 麺

① 乾麺を沸騰したお湯に入れてゆでる．ゆで上がったら冷水で洗い，ざるにあける．器に盛る前に，麺を前記"スープ"の④のスープにくぐらせて温める．

■ 仕上げ

① 器に麺を入れ，その上にトッピング用のちぎった鶏肉とワケギをのせ，温めたスープをかける．
② 食べるときにモヤシ，ニラ，コリアンダーをのせ，レモンの搾り汁を好みで加える．鶏肉はたれにつけながら食べる．

C　ガー クアイ（鶏のベトナム風から揚げ）

材料（1人分；g）				
鶏骨付きもも肉	225	タマネギ	10	
レモングラスの葉	7.5	ショウガ	10	（1かけ）
ニンニク	12	（1片）	レモングラスの茎	1本弱
ココナッツミルク	100 ml		上新粉	適量
ニョクマム	18	（大1＋小1弱）	白ネギ	10
			サラダ油	15 ml （大1）
			揚げ油	

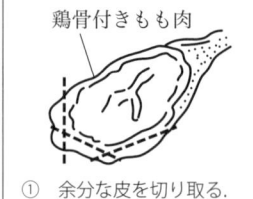

① 鶏骨付きもも肉は，余分な皮を切り取り，骨の内側に切り込みを入れる．
② 鍋にサラダ油を入れ，軽くたたきつぶしたニンニクと幅3 cmに切ったレモングラスの葉を加えて炒め，レモングラスの香りが出たら，ココナッツミルクを加え，鶏肉とニョクマムを入れ，沸騰したら弱火にして10分煮る．
③ ②を汁ごと容器に移して冷ます．
④ 冷めたら，鶏肉を煮汁から出して四つくらいにぶつ切りにし，すりおろしたタマネギとショウガとみじん切りにしたレモングラスの茎をまぶす．
⑤ 上新粉をまぶしたら，180℃の油で揚げ，油を切る．
⑥ 白ネギを白髪ネギにし，鶏のから揚げとともに盛り付ける．

! ガー クアイ調理のポイント

煮た後，煮汁に浸けて冷ますと，鶏肉にしっかり味がしみ込む．鶏肉にはすでに火が通っているので，外側がキツネ色に色づき，カリッとすればよい．

鶏骨付きもも肉

① 余分な皮を切り取る．
② 骨の内側に沿って切り込みを入れる．

図 6・3　鶏の切り込みの入れ方

調べてみよう！
① ベトナムの食文化の特徴について調べてみよう．
② ベトナム料理の特徴（食材・調理方法・作法）について調べてみよう．

実習 42 — タイ料理

- トム ヤム クン（エビのトム ヤム スープ）
- ケーン キアオ ワーン ガイ（グリーン カレー）
- パット タイ（焼きビーフン）

栄養価記入欄（1人分）

	エネルギー(kcal)	タンパク質(g)	脂質(g)	NaCl(g)
トム ヤム クン				
ケーン キアオ ワーン ガイ				
パット タイ				

A トム ヤム クン（エビのトム ヤム スープ）

材料（1人分；g）

有頭エビ	30	トウガラシ（生）	1/2〜1本
フクロダケ	25	カー（ナンキョウ）（乾燥品）	1/4〜1/2片
ライム	1/5個	レモングラス（乾燥品）	適量
ワケギ（万能ネギ）	適量	バイマックルート（コブミカンの葉）	1/4〜1/2枚
パクチー（香菜）	適量	スープストック	200 ml
ナンプラー（魚醤）	10 ml		

① エビはよく洗い，背わたを取り，フクロダケは食べやすい大きさに切る．ワケギとパクチーは1cmくらいに切り，トウガラシは輪切りにする．カーとレモングラスは水にもどして粗く刻む．
② 鍋にスープ ストックを入れて沸騰させ，カー，レモングラス，バイ マックルート（コブミカンの葉），トウガラシを入れて10分くらい煮込む．
③ エビとフクロダケを入れ，途中であくを取り除き，エビに火が通ったら，ライムの搾り汁を加え，味を見ながらナンプラー（魚醤；魚しょう油）を加える．辛味が足りないようだったら，トウガラシを加える．
④ ワケギとパクチーを上から散らして，器に取り分ける．

! トム ヤム クンの意味
エビ（クン）を使った酸味と辛味のきいたスープ（トム ヤム）を意味する．

! トム ヤム クン調理のポイント
- カーがなければ，ショウガの薄切りを少し多めに用いるとよい．
- フクロダケの代わりにシメジ，マッシュルームでもよい．
- パクチーの代わりに，セロリでもよい．
- レモングラスの代わりに，レモンの皮をすりおろしたものでもよい．
- トウガラシは赤でも青でもよい．また，乾燥トウガラシを使う場合は，シシトウを刻んで入れると，香りがよくなる．

! フクロダケ
テングタケ科食用キノコの一つ．灰白色で，細長い卵形の袋の中に，笠をすぼめた格好でキノコが入っている．炒め物，煮込み，スープなどに用いる．

! ナンプラー
魚を発酵させて搾ってつくった魚しょう油（魚醤）．秋田の"しょっつる"のようなもので，タイ料理には欠かせない．

! プリック
トウガラシ．タイでは生で使うことが多い．

! ナム プリック パオ
トウガラシ，ニンニク，干しエビ，塩，砂糖などを合わせて大豆油で揚げ，ペースト状にしたもの．辛味，甘味，うま味を併せもつ調味料で，トム ヤム クンの味付けなど，タイ料理には欠かせない．**チリ イン オイル**ともいう．

! カー
ショウガに似ているが，色が白く，香りも強い．

! レモン グラス
レモンの香りをもつイネ科の植物．タイでは**タクライ**と呼ばれる．

! バイ マックルート
コブミカンの葉．サンショウのような香りがある．**バイ マックルー**とも呼ばれる．

section 6・2 **各国料理の実習（国別）**

> **!** ケーン（ゲーン）キアオ ワーン ガイ
>
> グリーン カレーのタイ語の呼び名．ケーンは辛くてこくのある，具だくさんの汁物のこと．キアオ（緑）はグリーン カレー ペーストでつくり，ワーン（甘い）はココナッツ ミルク入りで比較的甘口なことから．なお，ガイは鶏肉を意味する．さわやかな香りでピリピリと辛いが，甘味がベースにあり，アミノ酸のうま味が味を引きしめている．

> **!** グリーン カレー ペースト
>
> グリーン ペッパー，ニンニク，エシャロット，生の青トウガラシ，レモングラス，エビの塩辛ペースト（カピ），コリアンダーの根，コブミカンの皮，ガランガル，クミン パウダー，ナツメグ パウダー，水をミキサーにかけてペースト状にし，これを火にかけて煮詰め，水分を完全に蒸発させたもの．タイでは，昔は各家庭でつくられていたが，今では食料品売り場や市場で売られている．ほかにもレッドカレーやイエローカレー ペーストなどがある．

B ケーン キアオ ワーン ガイ（グリーン カレー）

材料（1人分；g）				
鶏もも肉	80		ナンプラー	7.5（大1/2）
ナス	40	(1/2本)	サラダ油	6（大1/2）
ゆでタケノコ	20		グリーンカレーペースト	7.5（大1/2弱）
ココナッツミルク	100 ml		乾燥コブミカンの葉	1枚
砂糖	2.3	(大1/4)		

① ナスは縦四つに切り，さらに二〜三つに切り，水にさらした後，水気を切る．タケノコは縦5 cmの千切りにする．
② 鶏もも肉は食べやすい大きさに切る．
③ 鍋に油を入れ，グリーンカレー ペーストを炒め，ココナッツ ミルクの沈殿してクリーム状になっている部分を半分加え，さらに炒める．
④ ふつふつと脂が浮いてくるようになったら，鶏肉，ナスも加え，残りのココナッツ ミルクと濃度を見ながら水50〜100 mlを加え，調節する．
⑤ 乾燥コブミカンの葉を加え，具に火が通るまで煮込み，砂糖とナンプラーで味をととのえる．

C パット タイ（焼きビーフン）

材料（1人分；g）				
センレック（米粉の平たい麺）	75		ニラ	10
			調味料	
無頭エビ	3尾		a 米酢	7.5（大1/2）
豚もも肉（薄切り）	30		砂糖	2.3（大1/4）
厚揚げ	30	(1/4丁)	ナンプラー	15（大1）
ニンニク（みじん切り）	2	(1/4片)	ピーナッツ	10
卵	25	(1/2個)	コリアンダーの葉	2（1〜2枝）
モヤシ	25		サニーレタス	30

① 無頭エビは尾を残して殻をむき，背わたを取り除き，背に浅く切り込みを入れる．豚もも肉は幅2 cmに切る．
② ニンニクはみじん切りにし，厚揚げは1 cmの角切りに，モヤシは芽と根を除き，ニラは長さ4 cmに切る．センレックはたっぷりの水に15分浸けてもどし，水気を切る．
③ フライパンにサラダ油とニンニクを入れ，軽く炒めて香りを出したら，エビと豚もも肉を加えて炒め，さらに厚揚げを加えて炒める．
④ そこに溶き卵を加えて混ぜ，センレックを加えて炒める．
⑤ aで調味し，モヤシとニラを加えて軽く加熱したら，皿に敷いたサニーレタスの上に盛り付け，乾煎りして粗く刻んだピーナッツと，刻んだコリアンダーの葉を散らす．

> **!** パット タイ調理のポイント
>
> センレックが焦げつきそうになったら，水を適量加えて焦がさないようにする．

調べてみよう！
① タイの食文化の特徴について調べてみよう．
② タイ料理の特徴（食材・調理方法・作法）について調べてみよう．

実習 43　インド料理

キーマ カレー
タンドリー チキン
ナン

栄養価記入欄（1人分）

	エネルギー(kcal)	タンパク質(g)	脂質(g)	NaCl(g)
キーマ カレー				
タンドリー チキン				
ナ　　　ン				

A　キーマ カレー

材料（1人分；g）	
鶏ひき肉	150
サラダ油	9　（大1）
シナモンスティック	1/4本　（長さ3 cm）
トウガラシ	1/2本
ベイリーフ	1/2枚
タマネギ	75
a　コリアンダーパウダー	大 1/4
クミンパウダー	大 1/4
ターメリック	大 1/4
カイエンヌペッパー	小 1/4
パプリカ	大 1/2
トマトピューレ	100
ショウガ	7.5
ニンニク	2.5　（1/4片）
塩	小 1/4
ガラムマサラ	小 1/2

① 厚手の鍋に油をひき，割り広げたシナモン スティック，トウガラシ，ベイリーフを入れて熱し，香辛料の香りが出て薄く色づくまで炒める．
② みじん切りしたタマネギを加え，茶色くなるまで炒める．
③ 鶏ひき肉と a を加えて，肉の色が変わるまで炒める．
④ トマト ピューレ，すり下ろしたショウガとニンニクを加え，軽く煮立てたら，水をひたひたになるまで加え，塩を加える．強火にして沸騰したら火を弱め，あくを取りながら30分ほど煮る．
⑤ 仕上げにガラム マサラを加えて混ぜる．

! キーマ カレー
牛や豚のひき肉とスパイスでつくるカレー．ふつうのカレーよりも汁気が少ない．インドではマトンや鶏のひき肉でつくる．

! ガラム マサラ
インド独特の混合香辛料で，クミンシード，グローブ，黒粒コショウ，シナモン スティック，ナツメグ，カルダモン，ベイリーフを90℃のオーブンで焼くか，フライパンで乾煎りして香りを出したのち，粉末にしたもの（p.125参照）．

B タンドリー チキン

材料（1 人分；g）				
鶏もも肉	150		チリパウダー	0.6 (小 1/4)
塩	0.8		クミンパウダー	0.6 (小 1/4)
コショウ	少々		ヨーグルト	30
ショウガ	3	(1/3 かけ)	ギー（またはサラダ油）	2
ニンニク	3	(1/3 片)	塩	0.8

① 鶏もも肉は大きめに切り，塩，コショウをする．
② すりおろしたショウガ，ニンニク，チリ パウダー，クミン パウダー，塩，ヨーグルトを混ぜ合わせる．
③ 鶏もも肉をボールのような容器に入れて，②のヨーグルトをかけて 4 時間くらい漬け込んでおく．
④ オーブンを 250℃ に温めておく．
⑤ 鉄板にクッキング シートを敷き，③の鶏もも肉を並べて，10 ～ 15 分くらい焼く．途中で取り出して，ギーをのせて再び焼く．串を刺して澄んだ肉汁が出てくればでき上がり．

! **タンドリー チキン**
ヨーグルトや各種香辛料を漬け込んだ鶏肉を，タンドールという大きなつぼ型で，地面に埋め込むか，れんがですっぽり覆って設置する土製のかまどで焼いた料理．

! **ギー**
インドで昔からつくられている食用乳脂肪．原始的な方法でつくったバターオイル．貯蔵性はあるが，強烈なにおいをもつ．

! **インドのスパイスの特徴について**
インドではどの家庭やレストランでも，香辛料を常時 20 ～ 30 種類はそろえてある．香辛料はホールのまま使うこともあれば，粉末にすることもあり，それぞれの香辛料の香り，色，味，辛味の特徴を生かして使い分けている．数種類の香辛料を混ぜ合わせて混合香辛料をつくることもある．

C ナン

材料（6 枚分；g）			
a	強力粉	300	
	ドライイースト	5	(大 1/2)
	砂糖	6	(小 2)
	塩	4	(小 2/3)
	ぬるま湯	140 ～ 150 ml	
b	卵	25	(1/2 個)
	プレーンヨーグルト	30	(大 2)
サラダ油		27	(大 3)

① ボールに a を入れてざっと混ぜる．
② ①に b を加えて混ぜて，よくこねる．
③ サラダ油を加えてさらによくこね，第一発酵させる（2 倍の大きさになるまで）．
④ ガス抜きをして 6 等分にして丸める．15 分間ベンチタイムを取る．
⑤ 長細い滴形につくり，麺棒で平らに延ばす．
⑥ 中華鍋を熱し，煙が出たら弱火にし，鍋の側面に貼り付けるようにして，油なしで片面 3 ～ 4 分を目安に両面を焼く．

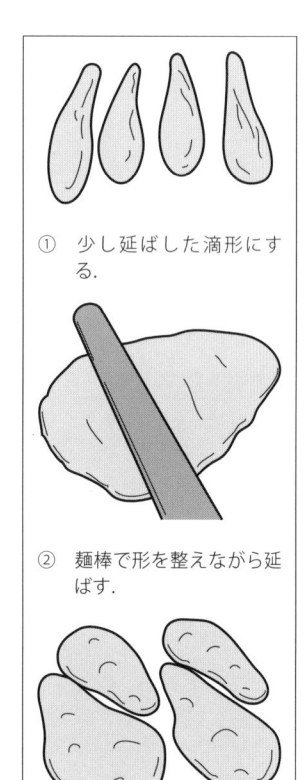

① 少し延ばした滴形にする．
② 麺棒で形を整えながら延ばす．
③ でき上がり（焼く前）

図 6・4 ナンのつくり方

調べてみよう！
① インドの食文化の特徴について調べてみよう．
② インド料理の特徴（食材・調理方法・作法）について調べてみよう．

実習 44 | 韓国料理

チヂミ
ビビンパ
キムチ チゲ

栄養価記入欄（1人分）

	エネルギー(kcal)	タンパク質(g)	脂質(g)	NaCl(g)
チ ヂ ミ				
ビ ビ ン パ				
キムチ チゲ				

A チヂミ

材料（1人分；g）

豚ばら薄切り肉	25		生地		
イカの胴	1/4 杯		小麦粉	60	（1 カップ）
コショウ	少々		卵	25	1/2 個
塩	少々		水	67	（1/3 カップ）
ジャガイモ	32	（1/4 個）	塩	1	
ニンジン	30	（1/8 本）	ゴマ油	9	
タマネギ	1/4 個		酢じょう油		（好みで）
生シイタケ	7	（1 枚）			
ニラ	5	（1〜2 本）			

① 豚ばら薄切り肉は 1 cm 幅に切り，コショウをふって下味を付ける．
② イカは皮をむいて長さ 4 cm の細切りにし，塩，コショウをふる．
③ ジャガイモとニンジンは皮をむき，千切りにする．タマネギは薄切りにし，生シイタケも軸を落として，薄切りにする．ニラは 4 cm の長さに切る．
④ 生地の材料をよく混ぜ合わせたら，①〜③の材料を合わせ，全体を混ぜる．
⑤ フライパンにゴマ油を熱し，④を入れて，箸で具を均一に広げて焼く．
⑥ マッシャーなどで表面を押さえながら，両面がカリッとなるまで焼く．
⑦ 食べやすく切って器に盛り，酢じょう油など好みの調味料を添える．

! **チヂミ**（チジミ）

油をひいて焼くの意味．トッピングする具により，イカやカキなどの海産物を入れると "海鮮チヂミ"，キムチを入れると "キムチ チヂミ" になる．具の組合わせは自由である．

B ビビンパ

材料（1人分；g）			
ご飯	160	ナムル（ダイズ, モヤシ, ゼンマイ, ホウレンソウ, ニンジン）	（分量は下述のとおり）
牛ひき肉	40		
ゴマ油	2.4	たれ	
a しょう油	8	b コチュジャン	5 （小1/6）
a みりん	4	b 白ゴマ（煎り）	2 （小2/3）
a 砂糖	1.5	b ゴマ油	3 （小3/4）
a おろしニンニク	0.1		
a ゴマ油	0.5		

! ビビンパ（ビビンパ）
ビビンパは混ぜ物, パプはご飯の意味.

① 牛ひき肉とaの調味料を混ぜ合わせ, 油を熱したフライパンで炒め, 牛そぼろをつくる.
② bでたれをつくる. 炒った白ゴマにコチュジャン, ゴマ油を合わせてよく混ぜる.
③ 丼にご飯を盛り付け, 牛そぼろとナムルを彩りよく盛り付け, たれをかける.

モヤシのナムル

! ナムル
韓国の代表的な副菜の一つ. 主に野菜や山菜を用い, 調味料を加えて和えたり, 油で炒め煮したり, 酢で味付けしたりしたものをいう.

① モヤシは根を取って洗った後, 鍋にモヤシと, ひたひたになるくらいの水を入れ, 蓋をして火にかけ, 約15分ほどゆでる.
② 水気を充分に切ってボールに移したら, ゴマ油, しょう油の順に加えて和え, 塩で味をととのえる.

材料（1人分；g）		
ダイズモヤシ	50	
ゴマ油	1.2	（小1/3）
しょう油	0.8	
塩	少々	
白ゴマ（煎り）	2	（小2/3）

ホウレンソウのナムル

① ホウレンソウは, たっぷりの熱湯でゆでた後, 冷水に取り, 水気をしっかり絞って, 5cm幅に切る.
② 切ったホウレンソウをボールに入れ, ゴマ油, しょう油, 塩を加えてよくもみ, 味をなじませる.

材料（1人分；g）		
ホウレンソウ	65	
ゴマ油	2.3	（小1/2強）
しょう油	1.5	（小1/4）
白ゴマ（煎り）	2	（小2/3）
塩	少々	

ゼンマイのナムル

① ゼンマイはざるにあげて水気を切り, 5cmくらいの長さに切る.
② 熱したフライパンにゴマ油を入れ, ゼンマイを加えて炒め, 全体に油が回ったらしょう油, 長ネギ, ニンニクを加えてよく炒め, 汁気がなくなったらすりゴマを加えてよく混ぜる.

材料（1人分；g）		
ゼンマイ（水煮）	50	
ニンニクのみじん切り	1	
しょう油	7	（小1弱）
水	7.5	（小1/2弱）
すりゴマ	2	（小2/3）
ゴマ油	3	（小1）

第6章 その他の各国料理

ダイコンのナムル

① ダイコンは千切りにする．
② 熱した鍋にサラダ油を入れ，①のダイコンを炒め，水，塩，長ネギ，ニンニク，ショウガ汁を加え，軽く炒める．
③ しんなりしたら弱火にし，蓋をして5〜10分，汁気が少し残る程度まで煮る．
④ ゴマ油とすりゴマを加えてよく混ぜ，大きめの器に盛って冷ます．

材料（1人分；g）	
ダイコン	50
塩	0.5
長ネギ	1.5
ニンニク	0.25
ショウガ汁	少々
ゴマ油	1.5 （小 1/4）
すりゴマ	少々
サラダ油	1 （小 1/3）

ニンジンのナムル

① ニンジンは皮をむいて千切りにし，さっと硬ゆでする．
② ゴマ油を熱したフライパンにニンジンを入れ，炒めたら塩を加え，しんなりするまで炒める．

材料（1人分；g）	
ニンジン	40
塩	0.75
ゴマ油	2 （小 1/2）

! ナムル調理のポイント

ナムルには，ゆでてつくるもの，炒めてつくるもの，生で和えるものとがある．ナムルを和えるのに一番大事な調味料はゴマ油である．盛り付けるときは彩りよく，いろいろな色味のナムル（できれば3色以上）を並べると，見た目に美しい．

C キムチ チゲ

材料（1人分；g）			
白菜キムチ	150	サラダ油	7 （小 2 強）
豚ばら薄切り肉	70	水	200 （1 カップ）
長ネギ	1/4 本	チキンコンソメ	1.3 （小 1/2）
タマネギ	20	コチュジャン	4.5 （大 1/4）
エノキ	1/4 パック	塩	適量

① 白菜キムチは食べやすい大きさに切る．肉ばら薄切り肉は一口大に切り，長ネギは斜め切り，タマネギはくし切りにする．エノキは根元を落としてほぐす．
② 鍋にサラダ油を熱し，豚肉とキムチを汁ごと加えて中火で炒め，肉に火を通す．
③ ②の鍋に水を入れ，チキン コンソメとコチュジャンを加え，沸騰してきたら長ネギ，タマネギ，エノキを形よく並べ入れ，野菜が軟らかくなるまで煮る．味をみて，足りなければ塩を加えて調味する．

! キムチについて

韓国の漬物の総称で，**朝鮮漬け**ともいう．キムチの種類は80種類以上もあるといわれる．寒さのきびしい韓国で，冬の間の野菜保存の手段として考え出されたもの．発酵食品であることから，乳酸菌を多く含み，熟成過程で生成される多くのビタミン類が生成される．

! チゲ

キムチや肉，魚介類，豆腐などを出汁で煮込んだ，朝鮮半島の鍋料理．

! トウガラシの特徴

韓国料理で用いるトウガラシは，日本のタカの爪とは大きさ，味，辛さがまったく違う．韓国のトウガラシは，辛さの中に甘みが感じられるまろやかな味となっている．

調べてみよう！
① 韓国の食文化の特徴について調べてみよう．
② 韓国料理の特徴（食材・調理方法・作法）について調べてみよう．

実習 45 スペイン料理

- スペイン風オムレツ
- パエーリア
- ガスパチョ

栄養価記入欄（1人分）

	エネルギー(kcal)	タンパク質(g)	脂質(g)	NaCl(g)
スペイン風オムレツ				
パエーリア				
ガスパチョ				

A スペイン風オムレツ

材料（1人分；g）

ジャガイモ	50	(中1個)	塩	0.5 (小1/10)
塩	適量		コショウ	少々
卵	50	(1個)	サラダ油	8 (小2)
			パセリ	5 (1枝)

① ジャガイモは厚さ3mmのイチョウ切りにし、水から塩ゆでにする．
② ボールに卵を割りほぐし、塩、コショウをし、ジャガイモを混ぜる．
③ 小さなフライパンを火にかけ、1/2量のサラダ油を敷いて②を流し入れ、大きく3〜4回かき混ぜる．火を弱くし、ときどき揺り動かす．きれいな焼き色がついたら、フライパンから少しずつずらして皿に移す．
④ フライパンに残りのサラダ油を入れて温め、皿のオムレツを返してフライパンにもどし、両面をこんがり焼く．
⑤ 盛り皿に取り、パセリをあしらう．

> **！ スペイン風オムレツ**
> tortilla de patatas（トルティージャ デ パタータス）もしくは tortilla espanola（トルティージャ エスパニョーラ）といって、スペインのオムレツのような卵焼きのことをいう．タマネギ、ホウレンソウ、ベーコン、生ハムなど、つくる人によってさまざまな具材が使われる．ジャガイモは揚げてもよい．

B パエーリア

材料（1人分；g）

イカ（スルメイカ）	20		ニンニク	2	(1/4片)
エビ（シバエビ）	20		チキンブイヨン	90	
ムール貝	15	(2個)	サフラン	0.1	
鶏もも肉	30		オリーブ油	6	(小1 1/2)
インディカ米	60		塩	少々	
ピーマン	15		コショウ	少々	
トマト（完熟）	30		レモン	30	(1/4個)

> **！ パエーリアの米について**
> インディカ米（長粒種）を使うとぱらっと仕上がり、あっさりした味になる．

① インディカ米は、洗ってざるにあげ、広げておく．
② サフランをチキンブイヨンに浸し、黄色く色づくまで置いておく．しだいに黄色くしみ出てくる．

③ イカは内臓を取り出し,皮をむいて,胴は輪切り,足は食べやすい大きさに切る.エビは背わたを取る.ムール貝は,殻についている汚れをたわしで落とし,加え込んでいる足糸をナイフで引っ張って取り除く.鶏もも肉は一口大に,ピーマンは種を取り,1 cm の色紙切りに,トマトは 1 cm のさいの目切りに,ニンニクはみじん切りにする.

④ パエーリア鍋(または浅鍋,フライパン)にオリーブ オイルを入れて,イカ,エビ,鶏肉,ムール貝を強火で炒めて,塩,コショウをし,ニンニク,インディカ米,ピーマン,トマトも加えてさらに炒め,チキン ブイヨン(サフランもいっしょに)を入れて,混ぜ合わせて平均にし,アルミホイルで蓋をする.

⑤ 強火で 10 分煮た後,弱火にしてさらに 10 分煮て火を止め,5〜10 分蒸らす.

⑥ パエーリア鍋のまわりに,くし切りにしたレモンを飾って食卓に出し,皿に取ってレモンを搾ってかける.

C ガスパチョ

材料(1 人分;g)				
完熟トマト	200		レモン汁	2.5 (小 1/2)
キュウリ	20	(1/4 本)	赤ワインビネガー	2.5 (小 1/2)
タマネギ	15		パプリカ	少々
赤パプリカ	20	(1/6 個)	塩	少々
ピーマン	4	(1/12 個)	コショウ	少々
ニンニク	1.7	(1/6 片)	冷水	少々
パン	12		オリーブオイル	適量
オリーブオイル	10	(小 2 1/2)		

① トマトは湯むきをし,種を取り除いてざく切りにする.キュウリは皮をむいて種を取り,赤パプリカとピーマンも種を取り,タマネギとともに小さく刻む(トッピング用に一部残しておく).

② ニンニクは半分に切り,芯を取り除いた後,つぶすか極小に刻む.

③ パンは耳を取り除き,適当な大きさにちぎる.

④ ①〜③と,オリーブ オイル,レモン汁,ワイン ビネガー,パプリカ,塩,コショウをミキサーにかけ,なめらかにする.スープの濃さは,好みに合わせて冷水を使って調節する.

⑤ でき上がったスープは一度こしてからボールに移し,冷蔵庫で 30 分ほど冷やして,冷たい器に盛る.

⑥ ①で一部残しておいた野菜を好みでトッピングし,オリーブ オイルを表面に回し掛ける.

! ガスパチョ

ガスパチョとは,ラテン語の"カスパ"(caspa;かけら,断片)とも,ヘブライ語の"ガザズ"(gazaz;ばらばらにちぎる)ともいわれている.初期のガスパチョはパン,ニンニク,塩,オリーブオイル,酢,水だけからなっていたが,19 世紀までにはトマト,キュウリ,ピーマンなどが入るようになった."飲む野菜サラダ"といった感がある.

調べてみよう!
① スペインの食文化の特徴について調べてみよう.
② スペイン料理の特徴(食材・調理方法・作法)について調べてみよう.

! サフラン
アヤメ科の淡紫色の花で,そのめしべ(3 本)を乾燥したものである.生産量も少なく,手間もかかるので,高価なスパイスである.におい消し,風味付け,色付け(黄金色),香り付けに使う.

! ムール貝
イガイ科の二枚貝.殻は黒紫色で,丸みを帯びた三角形をしている.殻長は 7 cm,殻高は 3 cm ほどで,足糸で船腹などにくっついて運ばれる.旬は冬から春.くせのない淡泊な味の具で,入手できないときはアサリやハマグリを使う.

! ワイン ビネガー
白と赤があり,白のワイン ビネガーは白ワインからつくられる.味はまろやか,風味豊かで,野菜,魚介類に用いられる.また赤は,赤ワインからつくられ,つんとした酸味がある.量は控えめに使うこと(p.133 参照).

実習 46　メキシコ料理

トルティーヤ
タコス
若鶏メキシカン ソース

栄養価記入欄（1人分）					
	エネルギー(kcal)	タンパク質(g)	脂質(g)	NaCl(g)
トルティーヤ				
タコス				
若鶏メキシカン ソース				

A　トルティーヤ

材料（1人分；g）	
マサ（トウモロコシの粉）	50
塩	1　（小 1/4）
サラダ油	6　（大 1/2）
水	70

① マサに塩とサラダ油と水 60 ml を加え、手でよく混ぜる．だんごをつくるくらいの硬さを保つように水を加減して加え、全体がなめらかになるまでこねて生地をつくり、濡れぶきんをかけて 20 分前後寝かす．
② ①を小分けにして、3～4 cm くらいのだんごに丸め、乾燥しないように霧を吹いておく．
③ 平らな台にラップ（またはクッキング ペーパー）を敷き、②のだんごを置いてもう 1 枚ラップをかぶせる．底の平たいパイ皿またはまな板などを使って、直径 15 cm ぐらいの円形になるように、上からプレスする．
④ 注意深くラップをはがし、油をひかず、高温になるまで温めた厚手のフライパンに生地をのせ、表面が乾ききらないうちに裏返し、まわりの縁に焼き目がついてきたら、もう一度裏返す．
⑤ ふくらんできたら、ヘラで押さえて中の蒸気を抜いて、すぐに火から外し、ふきんなどにはさんで蒸らす．

!　トルティーヤについて
トルティーヤは、トウモロコシの粉や小麦粉を使ってつくられる．メキシコでは手軽に売られているため、市販品が使われることが多い．熱々を食べたり、冷えてカリカリになったのを食べたり、付け合わせによっていろいろな食べ方がある．

!　トルティーヤ調理のポイント
マサを均一に延ばすことと、400～500℃の高温で焼くこと．低温では、生地がふくらまず硬くなる．

!　トウモロコシ粉
硬粒種の大粒で白いトウモロコシをひいたものが、アリナ デ マイス（harina de maiz）またはミンサ（minsa）と呼ばれる．消石灰と水で練ると、トウモロコシらしい香りが立つ．練った生地は寝かせる必要はなく、よく練ることがポイント．

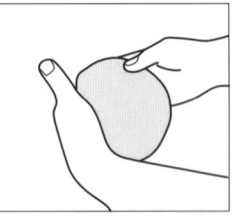

① 厚めの鉄板またはフライパンを 200～250℃に熱して、延ばした生地をのせる．
② 表面が乾ききらないうちに裏返し、まわりの縁に焼き目がついてきたら、もう一度裏返す．
③ 高温で一気に焼くので、生地が上下の層に分かれ、中に水蒸気がこもってふくらんでくる．
④ へらで押さえて蒸気を抜き、すぐに火からはずして清潔なふきんなどにはさんで蒸らし、保温する．

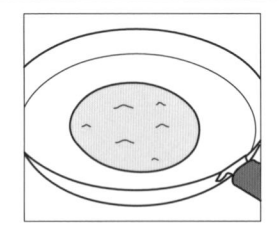

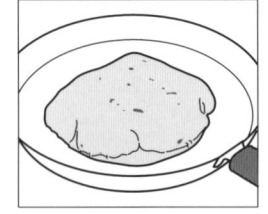

図 6・5　トルティージャの焼き方

B タコス

材料（1人分；g）				
トルティーヤ	2枚		レタス	30
牛薄切り肉	50		トマト	40
ニンニク	2		チェダーチーズ	40
オリーブオイル	1.5	(小1/2弱)	サルサソース	適量
a ┌ トマトケチャップ	3〜6	(小1/2〜1)	ワカモーレ	適量
│ チリパウダー		(小1/6)		
│ ウスターソース	3	(小1/2)		
│ 塩	少々			
└ コショウ	少々			

① レタスは太めの千切りにし，トマトはくし切りにする．
② フライパンを熱してオリーブ オイルをひき，みじん切りにしたニンニク，細切りにした牛肉を入れて強火で炒める．肉の色が変わったら，a を加えて炒め合わせる．
③ トルティーヤに②，チェダー チーズ，レタス，トマト，サルサ ソース，ワカモーレを包んで，盛り付ける．

ワカモーレ

材料（6人分；g）				
アボカド	2個	ピーマン	1個	
トマト	300	塩	6	(小1)
タマネギ	100	ライム	1/10個	
青トウガラシ（酢漬け）	2本			

① アボカドは縦半分に包丁目を入れて割る．種を取り，皮をはずしたらボールに入れ，ペースト状になるまでつぶし，なめらかにする．
② トマト，タマネギ，ピーマンはそれぞれみじん切りにし，青トウガラシはへたと種を取り除いてみじん切りにする．そこに塩を加えてざっくりと混ぜ合わせ，しばらく置いて味をなじませる．
③ ②に①，塩，ライムの搾り汁を加えてよく混ぜ合わせたら，器に盛る．

! アボカド

"森のバター" を称されるほど栄養豊富で，5〜18%以上の脂肪を含み，ビタミン，ミネラルなどがバランスよく含まれている．脂肪は8割が不飽和脂肪酸．果肉は黄緑色で軟らかく，なめらかな口当たりで，甘みも酸味もなく，淡泊な味である．

! アボカドの扱い方

果皮がやや黒っぽくなり，軽く握って弾力があるくらいが食べごろである．真ん中に大きな種があるので，ぐるりと包丁を入れ，左右を互い違いに回すと，半分に切ることができる．種を取り除き，皮をむいて使用する．表面が褐変しやすいので，手早く調理する．

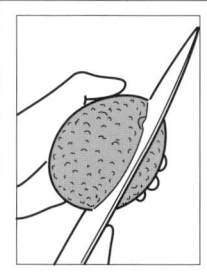

① 頭のへたを取ってから切り始め，時計回りに360度，切り口を合わせて全部切る．
② 上下を反対方向に回す．
③ 実と種がはずれる．
④ 包丁をくるっと回すと，種が取れる．
⑤ 皮をはずす．

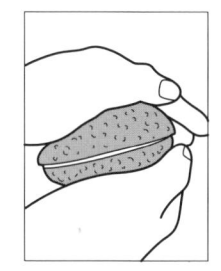

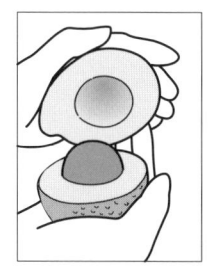

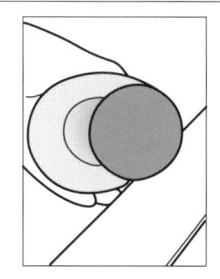

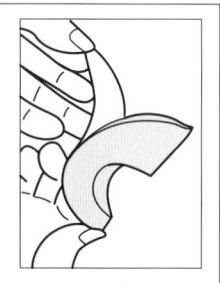

図 6·6 アボカドの切り方

■ サルサ ソース

材料（6人分；g）	
トマト（よく熟したもの）	300
青トウガラシ	1〜2本
タマネギ	100
生コリアンダー	1〜2本
塩	適量

① トマトと青トウガラシを湯むきする．
② 乱切りにしたタマネギと①と塩をミキサーに入れ，タマネギの粒が少し残るくらいまでよく混ぜる．
③ 細かく刻んだ生コリアンダーを②に入れてよく混ぜる．

C 若鶏メキシカン ソース

材料（1人分；g）			
鶏モモ肉	150	サルサソース	200 ml
ニンニク	1/2片	コンソメスープの素	1/3個
ジャガイモ	40	サラダ油	適量
グリーンピース	20	塩	適量

① ニンニクはみじん切りに，ジャガイモは皮をむいて1 cm角に切り，下ゆでをする．
② 鶏もも肉は一口大に切って塩をふり，サラダ油を熱したフライパンで皮目から焼く．
③ 皮目に焼き色がついたら，返して，蓋をして火が7〜8割通るくらいまで焼く．
④ サルサ ソース，コンソメ スープの素，ジャガイモ，グリンピースを③に加え，味がなじむまで煮込む．

調べてみよう！
① メキシコの食文化の特徴について調べてみよう．
② メキシコ料理の特徴（食材・調理方法・作法）について調べてみよう．

実習 47 │ イタリア料理

- ミネストローネ
- ピッツァ
- トマトとモッツァレラのサラダ
- パスタ（ジェノベーゼ）
- ラザニア
- スズキのオーブン焼き

栄養価記入欄（1人分）

	エネルギー(kcal)	タンパク質(g)	脂質(g)	NaCl(g)
ミネストローネ				
ピッツァ				
トマトとモッツァレラのサラダ				
パスタ（ジェノベーゼ）				
ラザニア				
スズキのオーブン焼き				

A ミネストローネ

材料（1人分；g）

タマネギ	20	スパゲティ	5 （1 cmに折ったもの）
キャベツ	15	洗い米	5
セロリ	10	トマトの水煮	22
ニンジン	10	スープストック	200 ml
ベーコン	9 （1/2枚）	バター	4 （小1）
ニンニク	1.7 （1/6片）	塩	少々
グリンピース	5	粉チーズ	1.5 （小1/2）

① 野菜は1 cmの角切りに，ベーコンは1 cmの薄切りにし，ニンニクはみじん切りにする．
② ①を少量のバターで軽く炒めた後，スープ ストック，種を取り除いてつぶしたトマトの水煮，洗い米，スパゲティを入れ，これらが軟らかくなるまで弱火で煮る．
③ 塩で味をととのえ，スープ皿に盛り，粉チーズを添える．

> **!** ミネストローネとは
> いろいろな野菜やパスタなどを入れてつくる，イタリアの代表的な具だくさんスープ．

> **!** イタリア料理で用いられるトマトの特徴
> 小ぶりで細長い**サンマルツァーノ**と呼ばれるトマトが，イタリア料理に用いられる．果肉は緻密で酸味，甘味が強い．トマトソースや加工利用が多い．

B ピッツァ

材料（6人分 25×29 cm 1枚分；g）

生地		トッピング	
強力粉	150	トマト	100
ドライイースト	3　（小1）	ナス	100
砂糖	4	バジル	10
塩	2	ピーマン	40
ぬるま湯（35℃）	90〜100 ml	オリーブオイル	12　（大1）
オリーブオイル	10 ml	チーズ（細切り）	
ピッツァソース（1枚分）		ゴーダ	75
トマト水煮（カット缶）	400　（内容総量）	エメンタル	75
オリーブオイル	12　（大1）	バジル	3
ニンニク	1片　（二つ切り）		
ローリエ	1枚		
塩	2〜3　（小2/5〜3/5）		
コショウ	少々		

> **！ ピッツァについて**
> イタリア南部ナポリ地方の料理．パン生地を丸く平らに伸ばし，トマトを主とするピッツァ，ソース，チーズ，その他好みの具を散らしてオーブンで焼く．

> **！ バジル**
> シソ科の一年草の香草．甘い香りとかすかな刺激性があり，生葉または乾燥させて使う．トマトの風味とよく合い，イタリア料理には不可欠な香草である．

① **生地** … 強力粉はドライ イーストと混ぜておき，砂糖，塩，ぬるま湯（35℃）を加えて，手早くさらに混ぜる．
② 大きなボールに①とオリーブ オイルをいっしょにして，手早く木杓子で混ぜ合わせ，ボール状にまとめる．
③ ②を粉をふったボールの中で，手のひらで押しながら生地がなめらかになるまでよくこねる．
④ ラップを生地につかないようにかぶせ，32℃くらいのところで容積2倍になるまで発酵させる．
⑤ **ソース** … 鍋にオリーブ オイル，細かく刻んだニンニクを入れて加熱し，色づき香りが出たら，こしたトマトの水煮とローリエを入れ，弱火で10分ほど煮詰める（1/3量になればよい）．ローリエを取り出し，塩，コショウを加える．
⑥ ④の生地を押してガス抜きをする．オーブン皿の大きさに広げる．
⑦ **トッピング** … トマトは半月形の薄切り，ナスとピーマンは5 mmの輪切り，バジルを加え，オリーブ オイルをからめておく．
⑧ オーブン皿にオリーブ オイルを塗り，⑥の生地を手でオーブン皿の大きさ全体に広げる．⑤のトマト ソースを塗り，⑦の具を散らし，チーズをふりかけて，200℃で10〜15分焼く（上面全体に濃い焦げ目がつく）．
⑨ バジルを手でちぎり，上に散らし，熱いうちに供する．

C トマトとモッツァレラのサラダ

材料（6人分；g）

トマト（完熟）	420　（2個）
モッツァレラチーズ	180
バジル葉	10〜12枚
オレガノ（ドライ）	少量
オリーブオイル	50〜100 ml
塩	2〜3
コショウ	少々

> **！ モッツァレラ**
> モッツァレラは，水牛の乳を原料とした未発酵のチーズ．

① トマトは厚さ5 mmのくし形に切り，チーズも厚さ5 mmに切っておく．

第6章　その他の各国料理

② ボールにオリーブ オイルとオレガノ（ドライ）を入れて混ぜた中に，①のトマトを敷き並べ，その上にチーズをのせて塩・コショウする．その上にバジルを手でちぎってのせる（飾り用バジルは残しておく）．
③ 全体を軽く混ぜて味を付け，冷やしておく．
④ 皿に③のトマトとチーズを交互に並べて，ボールに残っているオイルをかけ，バジルを飾る．

D パスタ（ジェノベーゼ）

材料（1人分；g）	
パスタ	80
塩	湯の全体量の1％の濃度
ジャガイモ	50　（1/2個）
サヤインゲン	10
ジェノベーゼペースト	
バジルの葉	15
アンチョビー（フィレ）	1/2枚
ニンニク	5　（1/2片）
松の実	20
エキストラバージンオリーブオイル	50 ml
パルメザンチーズ（おろしたもの）	7.5
塩	0.5

① **ジェノベーゼ ペースト**…アンチョビーをすり鉢ですりつぶしたら，ニンニクと，表面が薄く色づくまでから炒りした松の実を加え，たたきつぶす．
② ①に，エキストラ バージン オリーブオイルとバジルの葉を加え，すりつぶしながら合わせる．
③ ②に，パルメザン チーズを加えてさらにすりつぶし，塩を加えて味をととのえる．
④ ジャガイモは皮をむいて5 mmの厚さで半月に切る．サヤインゲンは長さ4 cmの斜め切りにする．それぞれ塩ゆでしておく．
⑤ **パスタをゆでる**…鍋は深いものを用意し，沸騰した湯に1％の塩を加えた後，パスタをさばきながら入れ，くっつかないように軽く混ぜ，沈まない火加減で**アル デンテ**（針ぐらいの細さの芯が残っている状態；図6・7参照）にゆでる．ゆで上がったら，ざるに取って水気を切る．
⑥ ボールに③のペースト，④のジャガイモとサヤインゲン，⑤のパスタを入れ混ぜて，全体にからめる．
⑦ 器に盛り，軽くローストした松の実をあしらう．

！ パスタのゆで方
乾燥パスタは"アル デンテ"といって，パスタの中心に少し芯が残る程度にゆで上げる．麺をゆでるときに塩を加えるのは，麺の性質を引きしめるためと，麺そのものに塩味を付けるためである．塩の量は，湯の全体量の1％前後がよい．

！ パスタの種類と調理性の特徴
ロングパスタとショートパスタに分かれ，直径1.6 mmから2 mm前後のものもある．表面の状態に違いがあり，ざらっとしたものと，つるっとしたものとがある．スパゲッティより細い麺は，スパゲッティーニ，フェデリーニ，カッペリーニと呼ばれる．また太くなると，ブカティーニ，ズィータなど穴のあいた麺になる．他に断面が楕円なのがリングイネである．濃厚なソースにはソースがからみやすい太めのパスタが合い，軽めのソースには細めのパスタが合う．

！ オレガノ
ハナハッカ（シソ科の多年草）．強い芳香と刺激臭があり，古くからイタリア料理に使われ，とくにピッツァに使われるので有名．別名**ワイルドマジョラム**．消化作用がある．

！ ジェノベーゼ
バジリコの名産地として知られるリグーリア州ジェノバ地方の名物パスタ．ジャガイモとインゲンを加えるのが伝統的．

！ チーズについて
チーズは栄養豊かで風味もよく，とくにヨーロッパの食事に欠かせない．そのままコースのデザートに出される．チーズの種類は多く，数百種といわれる．保存は，乾燥させないように冷蔵庫に入れ，水滴がつかないようにする．

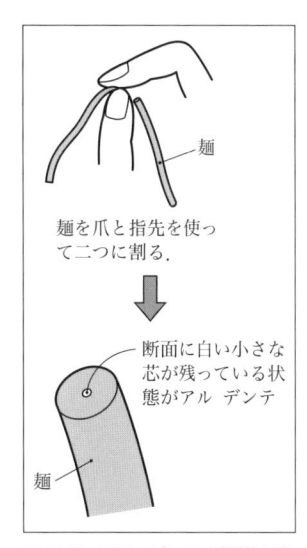

図6・7　アル デンテの状態の確かめ方

E ラザニア

材料（1人分；g）				
ラザニア用パスタ	2枚		バター	3
ミートソース	75 ml		塩	0.5
ホワイトソース	40 ml		コショウ	少々
生シイタケ	10	(中1枚)	モッツァレラチーズ	12.5
			パルメザンチーズ	5

> **！ ミート ソース**
> p.128，実習36 A 参照．
>
> **！ ホワイト ソース**
> p.132，実習38 A 参照．
>
> **！ モッツァレラ チーズ**
> イタリア産の成熟させない軟質チーズ．現在は牛乳でつくられているが，本来は水牛の乳でつくられた．固形分中の脂肪が40～50％もあるフレッシュ チーズ．あまりくせがなく，オードブルに用いたり，熱を加えるとなめらかになるので，ピッツァやグラタンなどに使われる．

① ラザニア用パスタをアル デンテでゆで，冷水にとって粗熱を取った後，布の上に，重ならないように1枚ずつ並べて水気をとる．
② 生シイタケは薄切りにして，バターで炒め，塩，コショウで味付けをする．
③ グラタン用の器にミート ソース，ラザニア，シイタケのバター炒め，ホワイト ソース，モッツァレラ チーズを交互に並べて，表面にパルメザンチーズを散らしたら，200℃のオーブンで，チーズに焦げ目がつくまで焼く．

④ ホワイト ソース
⑤ モッツァレラ チーズ
② ラザニア
③ シイタケのバター炒め
① ミート ソース

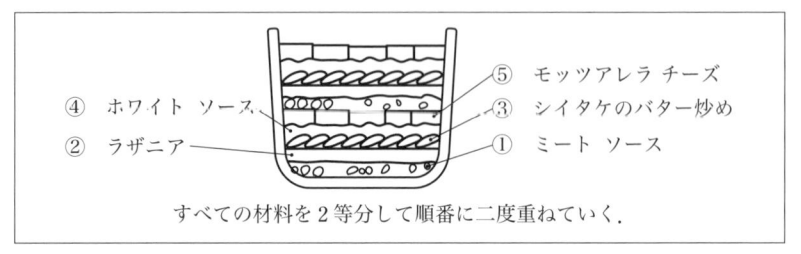

すべての材料を2等分して順番に二度重ねていく．

図6・8 ラザニアの重ね方

F スズキのオーブン焼き

材料（1人分；g）				
スズキ（切り身）	80		オリーブ油	14 (大4/5)
タマネギ	50		塩	0.8 (小1/6)
イタリアンパセリ	5	(1枝)	コショウ	少々
グリーンオリーブ	6	(2個)	レモン	20 (1/6個)
プチトマト	30	(3個)	チャービル	1/4枚
白ワイン	20			

① スズキは横から包丁を入れて2枚に切り，塩，コショウをする．タマネギはスライスする．グリーン オリーブは1個を3枚に切る．プチトマトはへたを取り，十文字に包丁を入れ，塩，コショウをする．レモンはくし切りにする．
② 耐熱皿にタマネギを敷き，スズキの水気をふき取ってイタリアン パセリをはさみ，タマネギの上に置く．白ワイン，オリーブ油を全体にかけてグリーン オリーブをのせ，プチトマトも並べる．
③ 230℃で約8分焼く．途中，オーブンから出し，白ワインをすくってかける．
④ 焼き上がったら，チャービルを飾って耐熱皿のまま出し，レモンを添える．

調べてみよう！
① イタリアの食文化の特徴について調べてみよう．
② イタリア料理の特徴（食材・調理方法・作法）について調べてみよう．

実習 48 | ロシア料理

ボルシチ
ピロシキ
ビーフ ストロガノフ

栄養価記入欄（1人分）

	エネルギー(kcal)	タンパク質(g)	脂質(g)	NaCl(g)
ボルシチ				
ピロシキ				
ビーフストロガノフ				

A ボルシチ

材料（1人分；g）

豚ばら肉	60	ローリエ	1/2枚
キャベツ	40	トマトピューレ	20 ml
ニンジン	30	塩	2 （小1/2）
ジャガイモ	50	コショウ	少々
セロリ	18 （1/5本）	サワークリーム	15 （大1）
ビーツ（水煮缶詰）	60	水	280 ml
タマネギ	60		

① 豚ばら肉は一口大に切り，鍋に水と豚肉とローリエを入れ，強火で煮立てる．浮いてくるあくをすくい取りながら，弱火で40〜50分煮る．
② キャベツは5cmの角切りにし，ニンジン，ジャガイモおよびビーツは3〜4cmのくし切りに，セロリは筋を取って長さ2〜3cmのせん切りに，タマネギは四〜六割りにする．
③ ①に②の野菜を入れて，弱火で充分に軟らかくなるまで煮込む．
④ 塩，コショウ，トマト ピューレで味をととのえる．
⑤ 器を取り分け，サワー クリームを添える．

B ピロシキ

材料（1人分；g）

小麦粉	34 （大4）	中身	
ベーキングパウダー	0.5 （小1/8）	合びき肉	20
砂糖	1.7 （小1/2強）	タマネギ	25 （1/7個）
卵	8.4 （1/6個）	ゆで卵	1/6個
牛乳	12 （小2½）	春雨	0.5
バター	1.7 （小1/2弱）	塩・コショウ	少々
塩	0.33	ターメリックパウダー	少々
		揚げ油	

① 小麦粉とベーキング パウダーをふるう．
② ボールでバターを軟らかく練り，砂糖，塩，分量の1/2の溶き卵と温めた牛乳を加えてよく混ぜ，①の小麦粉を入れて，軽くこねる．まな板に打ち粉をし，丸めた生地を麺棒で楕円に延ばす．
③ キャベツはさっとゆで，細かく切って絞る．ゆで卵とタマネギはみじん切

ボルシチについて
ボルシチはロシア，ウクライナやポーランドなどの広い地域でつくられている．牛肉とビーツなどの野菜を煮込んだ具が多いスープが一般的．

ボルシチの調理
サワー クリームの代わりに，エバクリームか生クリームでもよい．豚肉の代用には牛肉，ビーツの代用にはトマトピューレを用いてもよい．

ビーツ
テーブル ビーツ，ガーデン ビーツ，渦巻き大根，食用ビートともいい，根を食用とする．内部は濃紅色で輪紋がある．味よりも彩りを楽しむために使われることが多い．

サワー クリーム
生クリームに乳酸菌を加えて発酵させた，ペースト状の酸味のあるクリーム．約40%の乳脂肪を含み，料理やケーキの風味付けに欠かせない．ボルシチやビーフストロガノフに用いられる．

ピロシキについて
ピロシキはロシアの具入りまんじゅうのことをいい，具は肉，魚，野菜，卵などがある．ヨーロッパ方面ではオーブンで焼くタイプが一般的で，シベリア側では揚げるタイプが多い．硬さ，味，大きさなどにより，前菜や軽食にする．

りにする．春雨はもどして3cmに切る．
④ 油を熱し，タマネギを炒め，合びき肉を入れ，色が変わるまで炒め，キャベツ，ゆで卵，春雨を入れ，調味料を加えてよく炒める．
⑤ 皮にあんをのせ，縁に残りの溶き卵を塗って合わせ，ギョーザのようにひだをつける．
⑥ 170℃くらいの油で，時間をかけてキツネ色になるまでふっくらと揚げる．

C ビーフ ストロガノフ

材料（1人分；g）			
牛ひれ肉	75	コショウ	適量
タマネギ	75	油	2.7　（小 2/3）
小麦粉	1.5　（小 1/2）	バター	2.7　（小 2/3）
サワークリーム	50 ml	付け合わせ	キノコバターライス
トマトピューレ	5　（小 1）	ハーブ*	適量
塩	適量		

* ディル，イタリアンパセリなど．

① 牛肉は長さ4cm，幅5mmくらいに細長く切る．タマネギは薄切りにする．
② フライパンに油を熱して牛肉を炒め，塩，コショウで調味し，皿に取り出す．
③ ②のフライパンにバターを溶かして，タマネギを茶色になるまでよく炒め，小麦粉を加えてさらに炒める．
④ ②の牛肉をもどし入れ，サワー クリーム，トマト ピューレを加えてよく混ぜて軽く煮，塩，コショウで味をととのえる．
⑤ 皿に盛り，付け合わせのキノコ バターライスを添えて，ハーブで飾る．

キノコ バターライス

材料（1人分；g）			
米	80	バター	4
タマネギ	20	スープストック	120
ニンニク	2	コショウ	少々
マッシュルーム	10		

① 米を洗い，ざるにあげておく．タマネギ，ニンニクはみじん切りに，マッシュルームは薄切りにする．
② 鍋にバターを熱して，タマネギ，マッシュルーム，ニンニクを炒め，塩，コショウをする．
③ 米を加えて炒め，米が透明になってきたら，熱いスープ ストックを注ぎ，炊飯する．

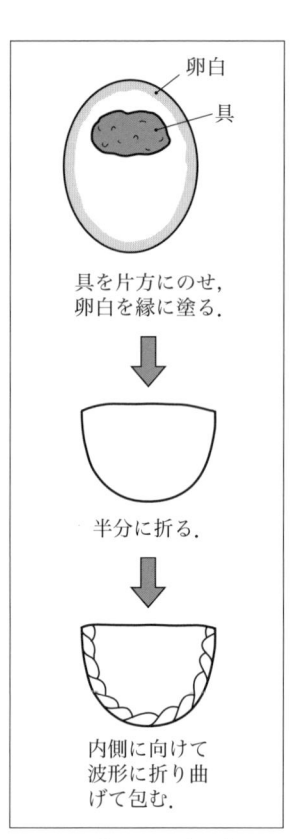

図6・9 ピロシキの包み方

（図内ラベル：卵白，具，具を片方にのせ，卵白を縁に塗る．／半分に折る．／内側に向けて波形に折り曲げて包む．）

> **! ベフ ストロガヌフについて**
> ロシアではベフ ストロガヌフといい，日本ではビーフ ストロガノフと呼ばれている．ベフ ストロガヌフは"ストロガヌフ風"を意味する．

調べてみよう！
① ロシアの食文化の特徴について調べてみよう．
② ロシア料理の特徴（食材・調理方法・作法）について調べてみよう．

実習 49 | デザート

- タピオカ入りココナッツ ミルク
- マチェドニア
- パンナ コッタ
- ティラミス

栄養価記入欄（1人分）

	エネルギー(kcal)	タンパク質(g)	脂質(g)	NaCl(g)
タピオカ入りココナッツミルク				
マチェドニア				
パンナ コッタ				
ティラミス				

A タピオカ入りココナッツ ミルク

材料（1人分；g）

タピオカ	6	シロップ		フルーツ	
ココナッツミルク	20	砂糖	20	キウイ	12
牛乳	20 ml	水	20	バナナ	20
バニラエッセンス	少々			サクランボ	1個

① タピオカは熱湯に入れて、中火でぐらぐらと17分ほど煮た後、火を止めて、芯がなくなり透明になるまでそのまましばらく置く．その後、冷水に取って冷やし、シロップに浸しておく．
② ココナッツ ミルクを牛乳と合わせる．バニラ エッセンスを加え、冷蔵庫で冷やしておく．
③ 冷えたココナッツ ミルクにタピオカ、シロップ、フルーツを加え、冷たく冷やしてから供する．

! タピオカ

キャッサバというイモからつくったデンプン．タイ、マレーシアで多く生産されている．径2〜3 mm の球形のものをシード、径5〜6 mm の球形のものをパールという．

! タピオカ デンプンの特徴

キャッサバの塊根から得られるデンプンで、アミロース含量が少ないため、糊化しやすく、老化しにくい．

! ココナッツ ミルク

ココヤシの果実の胚乳を細かくしたココナッツ フレークに、未熟果に含まれる胚乳水（ココナッツ ウォーター）か熱湯を加え、搾った濃厚な液体をココナッツ クリームといい、このココナッツ クリームを搾った後に、熱湯を加えてよくもんで抽出した液体をココナッツ ミルクという．

B マチェドニア

材料（1人分；g）

フルーツ	正味		シロップ		
バナナ	20	(1/4本)	砂糖	10〜15	
グレープフルーツ	25	(1/6個)	水	15	
キウイ	15	(1/6個)	オレンジ果汁	15	(大1)
リンゴ	25	(1/6個)	グランマルニエ	5	(小1)
パイナップル	25	(厚さ1.5 cmを1/4切れ)	ミント	1枚	
イチゴ	10	(1個)			
(その他季節の果物)	適宜				

① シロップをつくる．砂糖と水を鍋に入れ、一煮立ちさせ、冷ました後、オ

> **マチェドニア**
> フルーツをシロップ漬けにしたイタリアのフルーツ ポンチ．つくり方にルールはなく，シロップの配合，果物の組合わせも季節のもので，自由に選べる．

> **グラン マルニエ**
> p.139 参照

> **パンナ コッタ**
> パンナは生クリーム，コッタは"煮る"という意味．

レンジ果汁，グランマルニエを加える．
② グレープフルーツは，果肉を一つずつ取り出し，二つに切る．イチゴは縦に二つ，他のフルーツは 1.5 cm 角に切る．
③ ②を①に漬けて，供するまで冷やす．
④ ③をガラスの器に盛り付け，ミントをあしらう．

C パンナ コッタ

材料（1人分；g）			
牛乳	60 ml	イチゴソース	
生クリーム	20 ml	イチゴ	25
砂糖	14	砂糖	5
バニラビーンズ	1/6 本	ラム酒	小 1/4
粉ゼラチン	1	ミントの葉	2 枚
水	6 （小1強）		

① 水に粉ゼラチンを入れ，膨潤させる（約 10 分）．
② イチゴは洗ってがくを取り，輪切りにしてラム酒と砂糖をかけ，軟らかくなったら，フォークでつぶしてソースにし，冷やしておく．
③ 鍋に牛乳，生クリーム，グラニュー糖，割いて種を取り出したバニラビーンズとそのさやを合わせて中火にかける．グラニュー糖が溶けたら，火から下ろす．
④ ③にゼラチンを加え，かき混ぜて余熱で溶かしたら，底を氷水に当て，ゴムべらで混ぜながら冷やし，とろみがつき始めたら，水で濡らした型に流し，冷蔵庫で 1 時間以上冷やす．
⑤ 型から出したパンナ コッタのまわりに②のソースを流し添える．

D ティラミス

材料（1人分；g）			
卵黄	10 （1/2 個分）	コーヒー（濃いめに入れたもの）	50
グラニュー糖	5		
白ワイン	10 ml	コーヒーリキュール	7 ml
マスカルポーネチーズ	50	生クリーム	50
フィンガービスケット	2 本	ココアパウダー	適宜

① ボウルに卵黄とグラニュー糖を入れ，泡立て器で白っぽくなるまですり混ぜる．
② 鍋に湯を沸かし，①のボウルを当てて湯せんにかけ，白ワインを 2〜3 回に分けて加えながら，泡立てる．
③ 別のボウルにマスカルポーネ チーズを入れ，②を少しずつ加えながら，混ぜ合わせる．
④ コーヒーとコーヒー リキュールを合わせ，これに浸したフィンガー ビスケットの半分を型に並べてのせ，③の半量を敷く．同様に，残りのフィンガー ビスケット，③の順に重ね，表面を平らにする．
⑤ 生クリームを七分立てにし，ゴムべらで④の上に塗り，ココア パウダーを茶こしで全体にふる．
⑥ 冷蔵庫で 2 時間以上冷やす．

> **マスカルポーネ チーズ**
> イタリアのロンバルディア地方産の軟質チーズ．非熟成タイプで，フレッシュチーズの代表的なもの．牛乳と生クリームを原料にしたもので，バターに似た甘味があり，口当たりはマイルドである．乳脂肪分が 80% 前後で天然の甘味があり，固めに泡立てた生クリームに似ている．ブランデーやリキュールを加えると，おいしさが増し，酸味のある果物とよく合う．

実習 50 　飲物

- マンゴー ラッシー
- ロシアン ティー
- サングリア

栄養価記入欄（1人分）

	エネルギー(kcal)	タンパク質(g)	脂質(g)	NaCl(g)
マンゴー ラッシー				
ロシアン ティー				
サングリア				

A　マンゴー ラッシー

材料（1人分；g）

マンゴー	50	砂糖	20
ヨーグルト	60	バニラエッセンス	少々
水	30		

① マンゴーは半分に切り，種を取り出し，皮をむいて，適当な大きさに切る．
② ミキサーに，よく冷やしたすべての材料を入れて，10秒間回す．
③ コップに注ぎ，ミントの葉を飾る．

！ ラッシー

インドのバター ミルク．牛乳にラッシーを入れて，覆いをかけて一晩おくと，ヨーグルト"ダヒ"ができる．これをかき回して浮き上がった乳脂"マカーン"をすくい取った残りをラッシーという．これに砂糖を加えると飲物となる．日本の家庭でつくる場合は，プレーン ヨーグルトに水，砂糖，バニラ エッセンスを加えて，かき混ぜて冷やす．

B　ロシアン ティー

材料（1人分；g）

茶葉（セイロン紅茶やアッサムなど）	3
湯	150
ジャム（イチゴやマーマレード）	適量

① 温めたティーポットに茶葉を入れ，沸騰した湯を注いだら蓋をして，3分ほどおく．
② 葉が沈んでいるか，または開いているかを確認したら，スプーンで軽く静かに1〜2回，葉を起こすようにかき回して濃さを均一にし，茶こしでこしながら，カップに注ぐ．
③ ジャムやマーマレードは小皿に入れ（紅茶には入れず），口の中に入れてから，紅茶をいただく．

！ ロシアン ティー

甘味にジャム類を使う紅茶．紅茶をやや濃いめにいれ，イチゴか木イチゴのジャムを入れて飲む場合と，何種類かのジャムを，別々に一口食べながら紅茶を味わうスタイルがある．紅茶と混ぜ合わせる習慣は，主として農村部で始まったものとされ，決して上品な飲み方ではないとされている．

C サングリア

材料（1人分；g）	
赤ワイン	50
オレンジ	45　（大1/4個）

① オレンジは皮をむいて，1 cm のさいの目切りにし，赤ワインに浸けて冷やしておく．
② グラスに氷を入れ，① を注ぐ．

! サングリア

サングリアはスペインの代表的な飲物．色が赤いので，スペイン語の血（sangre）から名付けられた．食前酒で，冷やして炭酸水を加えてもよい．また，オレンジのほかに，レモン，リンゴ，バナナなどを好みのフルーツを加えてもよい．赤ワインの代わりに白ワインを使ったものは，サングリア ブランカと呼ばれている．

第7章

(*──行　事　食──*)

section 7・1　行事食の基礎

　行事食とは，日常の食に対して，個人，その家庭，その地域にとって特別な行事や特定の日に用意される食事（献立）や食べ物を指している．年中行事，人生の節目にあたる通過儀礼，各家庭・地域に特有の生活行事などさまざまな行事には，独自の食べ物が継承されており，行事と食べ物とは深い関係がある．行事食を通して，食のもつ社会的・文化的側面を考えてみることも必要である．

表 7・1　年中行事と食*

年中行事	月日	料理・食品	由来・特徴など
お正月	1月1日〜3日	おせち…鏡もち，数の子，紅白かまぼこ，雑煮，おとそ（屠蘇），若水，大副茶	宮中では歳旦祭．歳神（としがみ）さまと食を共にし，息災と五穀豊穣を祈る．雑煮は地域によって異なる．
人日（じんじつ）の節句	1月7日	七草がゆ（粥）	日本の若菜摘みと中国の人日の風習から．
鏡開き	1月11日	鏡もち入りの小豆汁粉（あずきしるこ）	正月に歳神さまにお供えした鏡もちを割り（"開き"は割りの忌み言葉），汁粉に入れて食べ，一家の円満を願う．
小正月	1月15日	小豆がゆ，赤飯	1月15日の上元（じょうげん）に小豆がゆを食べると，一年中の邪気をはら（祓）うといわれる．
節分	立春の前日（2月2日か3日）	いり豆，イワシ	季節の変わり目の立春の前日に，邪気・災難を祓い，福善を願う．
初午（はつうま）	2月の最初の午の日	いなり寿司，畑菜の辛し和え	2月の最初の午の日に稲荷神社にキツネの好きな油揚げを使った料理をお供えする．
上巳（じょうし）の節句（桃の節句，ひな祭り）	3月3日	白酒，菱もち，ハマグリの潮汁，ちらし寿司	平安期のひな（雛）遊びと中国の厄除け，上巳の神事・祓いの合体．女の子の節句．
花祭り	4月8日	甘茶	灌仏会（かんぶつえ），釈迦の誕生日．
端午（たんご）の節句（子どもの日）	5月5日	柏もち，赤飯，ちまき	男の子の節句．菖蒲（しょうぶ）湯に入り，邪気を祓う．
七夕（たなばた）の節句	7月7日	そうめん	牽牛（農事を司る星）と織姫（養蚕や糸を司る星）が1年に1回会える日とされる星祭．願い事を書いた短冊を笹に吊るす．
盂蘭盆会（うらぼんえ）	7月または8月13日〜15日	精進料理	精霊棚や仏壇にお飾りとお供えをする．
重陽（ちょうよう）の節句（菊の節句）	9月9日	菊酒，菊の花びら	9が二つ並び，不老長寿の意で，めでたい日．
月見（中秋の名月）（十五夜）	旧暦8月15日（9月中旬〜10月上旬）	月見だんご，サトイモ	秋の草花，サトイモ，月見だんごなどを備え，取入れの無事を祈り，澄んだ丸い月をめでる風習．
月見（十三夜）	旧暦9月13日（10月中旬〜11月上旬）	月見だんご，柿，栗，サトイモ，サツマイモ，梨，枝豆	後の月，名残りの月，豆名月，栗名月ともいう．
お彼岸	春分および秋分を中日とした1週間	ぼたもち，おはぎ	花や季節のものをお供えし，先祖の供養，墓参りをする．
クリスマス	12月25日	ローストチキンやローストターキ，クリスマスケーキ	イエス・キリストの降誕を祝う祝日．日本でも年中行事として浸透している．
冬至	12月22日ころ	カボチャ	冬至にカボチャを食べ，ユズ湯に入ると，風邪をひかないといわれる．
年越し	12月31日	年越しそば	細く長いそばのように，健康や家運などが末長く続くことを願う．

* よく行なわれている内容を示したが，月日をはじめとして地域によって，一部異なるものがある．

1　年中行事と食

　日本人は，農耕民族として，米を中心に**ハレ**の日の食文化をつくってきた．日本独特のいろいろなものを神仏と崇め，五穀豊穣を祈り，ご馳走をつくって神に供え，**神饌**（しんせん）をお下がりとして飲食する（**直会**；なおらい）．

　表7・1に年中行事を示したが，人日の節句（1月7日），上巳の節句（3月3日），端午の節句（5月5日），七夕の節句（7月7日），重陽の節句（9月9日）は**五節句**と称され，奈良時代から平安時代にかけて中国から伝わった風俗や暦法が，日本固有の行事と結びついたものである．

> **！ ハレの食**
> 年中行事食や，人生儀礼にともなう食，宗教行事食など特別な日の特別な食．

> **！ ケの食**
> ふだんの日の食事．

2　通過儀礼と食

　冠婚葬祭といわれる**通過儀礼**は，人びとの参加を得て儀礼を行ない，次の新しい段階への移行を承認してもらうことであり，最も基本的な方法として，同じ食べ物を共に食べることであり，特定の食べ物がつくられてきた．

　人として成長していく節目に家族が集まって，その日を迎えたことを喜び，無事を祈り，祝うことで，新たに絆（きずな）を強くして，家族共通の記憶として楽しい歴史をつづりたいものである．たとえば，子どもの誕生日を祝うことなどは，親は愛情表現を形で素直に表すことができ，子どもはその日の主役となれることで生きていく力を得る．また，愛されていることを実感できる機会として，通過儀礼の意義は大きい．

　表7・2に通過儀礼の例をあげる．

表7・2　通過儀礼と食

	通過儀礼	料理・食品
慶事	・出産，お七夜，初宮参り，お食い初め，初節句，初誕生（満1歳） ・七五三，入園・入学，卒業，成人式，就職 ・結婚式，結婚記念日，銀婚式（25年目），金婚式（50年目） ・誕生日，敬老の日（9月の第3月曜日） ・賀寿祝い（年齢の節目の誕生日） 　還暦…満60歳　古希（古稀）…数え年70歳　喜寿…数え年77歳　傘寿…数え年80歳 　米寿…数え年88歳　卒寿…数え年90歳　白寿…数え年99歳	タイ，エビ，アワビ，するめ，昆布，カツオ節，もち，赤飯，すし，紅白まんじゅう，デコレーションケーキなど
弔事	通夜，葬式，年忌	精進料理

section　7・1　**行事食の基礎**

section 7・2 行事食の実習

実習 51

正月料理	
雑　　　煮	関西風白みそ仕立て，関東風すまし仕立て
祝　い　肴	黒豆，数の子，田作り，たたきゴボウ
口　取　り	紅白かまぼこ，きんとん，伊達巻き，錦卵，キンカンの甘露煮
焼　き　物	サワラの幽庵焼き，白身魚のみそ漬け焼き，鶏の松風焼き，松笠イカ
煮　　　物	クルマエビの養老煮，梅花ニンジンの含め煮，こんにゃくの染め煮，手まり麩の含め煮，シイタケの照り煮，エビイモの八方煮，絹サヤ青煮
酢　の　物	紅白なます，白身魚のぎゅうひ巻き，花レンコン，しめサゴシ

A 雑　煮

関西風白みそ仕立て

材料（1人分；g）

サトイモ	20	昆布だし	150
金時ニンジン	10	白みそ	20
雑煮ダイコン	20	糸カツオ	0.5
丸もち	50　（1個）		

① サトイモは皮をむいて厚さ7〜8 mmの輪切りにし，塩もみしてぬめりを除き，ゆでる．金時ニンジン，雑煮ダイコンは厚さ5 mmの輪切りにし，ゆでる．丸もちはゆでる．白みそは昆布だしの一部で，溶きのばしておく．
② 昆布だしを用意し，煮立ったらサトイモ，金時ニンジン，雑煮ダイコンを入れ，白みそを溶き入れ，丸もちも加える．
③ 椀に雑煮ダイコンを敷いて丸もちをのせ，ニンジン，サトイモを入れて，熱いみそ汁を張り，糸カツオを添える．

! 漆器の扱い方

雑煮椀や重箱などの漆器は，使った後は長く水に浸けないようにする．油気があれば，少量の洗剤をぬるま湯で薄めて含ませたふきんでぬぐい取り，洗ったらよくすすぎ，軟らかい乾燥ふきんで，ていねいにふき上げる．

仕舞うときは，軟らかい紙や布に包んで箱に入れる．新しい漆器は，使う前に取り出して蓋をあけ，しばらく空気に触れさせておくと，においが抜ける．

! 金時ニンジン

東洋系ニンジンの一種で，京ニンジン，大阪ニンジンとも呼ばれる．関西以西で栽培されている．根は30 cmぐらいの長円すい形であり，濃赤色の色素はリコピンによる．肉質は軟らかく，ニンジン特有のカロチン臭がないため，日本料理で珍重され，とくに正月料理では，雑煮や煮物などの彩りに欠かせない．

関東風すまし仕立て

材料（1人分；g）			
ダイコン	10	小松菜	20
ニンジン	10	ユズ	少量
サトイモ	20	煮だし汁	150
かまぼこ	15	┌ 塩	0.8
鶏肉	20	└ 薄口しょう油	1.5
┌ 薄口しょう油	1	切りもち	50　（1個）
└ 酒	1		

① ダイコン，ニンジンは短冊に切り，ゆでる．サトイモは厚さ7～8 mmの輪切りにし，塩もみをしてぬめりを除いて，ゆでる．かまぼこは厚さ1 cmに切り，**図7・1**のように切り込みを入れ，真ん中の切り目に両端を差し違いに入れ，結びかまぼこにする．鶏肉は，そぎ切りにし，しょう油と酒をからませてしばらくおき，少量の熱湯でゆでる．小松菜は塩熱湯でゆで，長さ3 cmに切って水気をよく絞る．切りもちは焼く．ユズは皮をそぎ取って，**図7・2**のように折れ松葉にする．

② 煮だし汁を用意し，ダイコン，ニンジン，サトイモ，かまぼこ，鶏肉を入れて調味し，椀に具と切りもちを入れ，小松菜を前盛りにして，熱い汁を張り，ユズを添える．

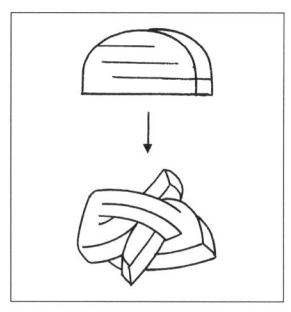

図7・1　結びかまぼこ

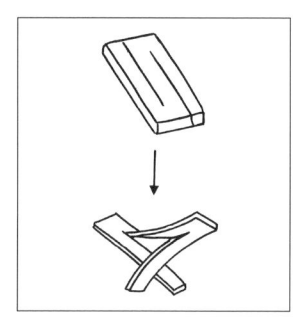

図7・2　折れ松葉

B　祝い肴

黒豆

材料（5～6人分；g）			
黒豆	80	砂糖	80～100
水	300	しょう油	9
重曹	0.4　（豆の0.5%）	古くぎ	5～6本
塩	1		

① 厚手の大きな鍋に水を入れて，沸騰したら，重曹，塩，砂糖，しょう油，ガーゼに包んだ古くぎを入れて火を止め，洗ってざるにあげた黒豆を入れて，そのまま4～5時間浸けておく．

② ①を強火にかけ，沸騰寸前に火を弱め，上に浮く泡をていねいにすくい取り，差し水1/2カップを入れて煮立ちを止める．これをもう一度くり返す．濡らした落とし蓋または紙蓋をし，鍋の蓋もして3～4時間，豆が軟らかくなるまで煮る．火加減は，吹きこぼれないくらいの，ごくごく弱火にする（途中で煮汁が少なくなれば差し湯をし，豆が煮汁からはみ出ないように気をつける）．

③ ②を火から下ろし，一晩そのまま味を含ませ，翌日もう一度，煮返す．

！　黒豆の色素

黒豆の色素はアントシアン系のクリサンテミンである．鉄と結合して，安定な錯塩をつくり，美しい黒色になるので，鉄鍋で煮たり，鉄さびの付いた古くぎを利用する．アルカリ性では赤紫色に変色するので，黒豆を色よく煮上げたいときは，重曹添加を避けるか，使用量を少なくする．

！　祝い肴（さかな）

正月の祝い肴は屠蘇（とそ）肴，三つ肴ともいい，お節料理を代表するものである．関東では，黒豆・数の子・たたきゴボウをいう．これらは，江戸時代に庶民の手に入りやすい安価な食材であった．祝い肴，雑煮，煮しめが庶民の正月料理の原形といわれている．正月料理の食材には縁起かつぎや，言葉に霊が宿るという言霊（ことだま）信仰からくるものが多く使われ，新しい年の幸せを願う思いが込められている．黒豆はまめに働けるように，数の子は子孫繁栄，田作りは五万米（ごまめ）といい，豊作を願っている．

数の子

① 数の子は，薄い塩水に4～5時間浸け，真水に替えて，少し塩味が残る程度に塩出しする．
② ①の薄皮をていねいに除き，一口大にそぎ切りにする．
③ aを煮立てて冷まし，②を浸ける．糸カツオを天盛りにして供する．

材料 (5～6人分；g)	
数の子	60～70
a 煮だし汁	30
みりん	18
薄口しょう油	18
糸カツオ	3

田作り

① 田作りはフライパンで弱火で煎る．焦がさないように気をつけて，ポキッと折れるくらいになったら，冷ましておく．
② aの調味料と水を煮立てて煮詰め，①を入れてからめ，油を塗った皿かバットに広げて冷ます．

材料 (5～6人分；g)	
田作り	25
a しょう油	9
みりん	9
砂糖	13.5
水	15

> **！ 田作りの別のつくり方**
> オーブンを利用する場合，天板に重ならないように田作りを広げ，220℃で2分加熱する．

たたきゴボウ

① ゴボウは鮮度のよい細いものを用意し，たわしでこすって皮を取り，長さ15～20 cmに切って水にさらす．2%の酢水で硬めにゆでる．
② ①を縦二つに割り，切り口をまな板に伏せて並べ，すりこ木で軽くたたいてつぶし，太さを見て四つ割りあるいは八つ割りにし，長さ4～5 cmに切る．
③ 白ゴマを煎って粗ずりにし，ゴマ酢をつくって②を和える．

材料 (5～6人分；g)	
ゴボウ	120
ゴマ酢	
白ゴマ	18
酢	20
砂糖	6
塩	1.5

C 口取り

紅白かまぼこ

かまぼこは厚さ1 cmに切って，紅白交互に盛り付ける．

材料 (5～6人分；g)		
かまぼこ（赤）	110	(1/2枚)
かまぼこ（白）	110	(1/2枚)

> **！ 口取り**
> 宴席の最初に，吸い物とともに出される料理の盛り合わせを口取りという．口取り肴（さかな）の略で，**取り肴**ともいう．古くはかち栗，のしあわび，昆布を三方にのせ，酒を添えて出されたが，しだいに食味本位へと変化し，かまぼこ，きんとん，伊達巻き，寄せ物などに，海・山・里の季節のものを取り合わせるようになった．正月料理の重箱には，口取りの一部が盛り込まれ，伝承されている．

きんとん

① 栗は四～六つ割りにする．
② サツマイモは，厚さ2 cmの輪切りにして皮を厚くむき，水にさらし，クチナシは二～三つに切り，ガーゼに包む．
③ 鍋にサツマイモを入れ　かぶるくらいの水を加え，クチナシも入れてゆでる．軟らかくなったらクチナシを取り出し，ゆで汁を捨て，熱いうちにつぶして裏ごす．
④ ③にaを加え，火にかけて適度な硬さに練り上げ，①を混ぜ込む（③のサツマイモにaを加えて，フードプロセッサーにかけた後，練り上げてもよい）．

材料 (5～6人分；g)		
サツマイモ	300	
クチナシ	1個	
栗の甘露煮	70	(5～6個)
a 砂糖	60	
みりん	36	
甘露煮シロップ	30	
水	70	
塩	少々	

> **！ きんとん**
> 金団，金鈍とも書き，黄金色の丸い小判を意味し，財が貯まる願いを掛けている．

第7章 行事食

伊達巻き

① 白身魚は，皮をひいて小骨を除き，細かく刻んですり鉢でよくすり，塩を入れてよくすり混ぜ，残りの調味料，煮だし汁を少量ずつ加えて混ぜ合わせ，卵を1個ずつ割り入れて混ぜ，裏ごしを通す（全材料をミキサーに入れて磨砕してもよい）．
② 卵焼き器をよく熱して油を入れ，油ならしをした後，①の1/2量を流し入れ，蓋をして弱火で焼く．卵焼き器の位置をときどき変えて火の当たりを均一にし，表面が乾き気味になったら裏返して焼く．
③ 残りの1/2量も②と同じ要領で焼いて，鬼すだれの上に表を下に向けてのせ，巻いて形を整える．冷めたらすだれをはずし，厚めに切る．

材料（10人分；g）	
卵	300
白身魚	150
塩	1.5
みりん	22.5
砂糖	45
しょう油	9
煮だし汁	45
油	6

! 鬼すだれ

鬼すだれは，三角形の刻みがついた太い巻きすである．

錦卵

① 卵は，固ゆでにして水にとり，殻をむいて，卵白と卵黄に分けて，別々に裏ごしする．
② 砂糖は，ふるって1/2量を卵黄に，残り2/3量を卵白にふり込み，塩も両方に半量ずつ加えて，木杓子で軽く混ぜ合わせておく．
③ 流し箱に卵白を入れて平らにし，軽く押えた上に卵黄を入れて，平らにならす．
④ ③を，蒸気の上がった蒸し器に入れ，ふきんをかけて中火で約10分蒸す．流し箱を取り出して，冷めてから抜いて，扇形か好みの形に切る．

材料（5～6人分；g）	
卵	250
砂糖	50
塩	2.5

キンカンの甘露煮

① キンカンには，包丁の刃元で2.5 mm間隔に，縦に筋目に入れる．
② ほうろう鍋にたっぷりの湯を沸かし，①を2～3分ゆでて，ゆで汁を捨てる．
③ キンカンを両端から押しつぶすようにして種を押し出す（竹串で出してもよい）．
④ 鍋にキンカンを入れ，かぶるくらいの水を加えて蓋をし，中火で軟らかくなるまで煮る．砂糖を3～4回に分けて加え，紙蓋をして弱火で30～40分煮含める．

材料（5～6人分；g）	
キンカン	250
砂糖	100
水	100

D 焼き物

サワラの幽庵焼き

① サワラは3枚におろし，50 gくらいの切り身にする．
② 幽庵地に①を浸ける．
③ 浸け汁を切ったサワラに金串を末広に打ち，焼く．途中で2～3回，幽庵地を塗ってつやを出す（オーブンで，220℃で12～13分焼いてもよい）．

材料（5～6人分；g）	
サワラ	300
幽庵地	
しょう油	60
酒	60
みりん	60
ユズ輪切り	3～5切れ

! 幽庵焼き

江戸時代に，近江の茶人 北村祐庵（きたむら ゆうあん）が創案した料理．本来は祐庵焼きであろうが，一般には，幽庵焼き（雅号が幽庵といわれるため），または浸け地にユズの輪切りが入ることから，**柚庵焼き**ともいう．

白身魚のみそ漬け焼き

材料（5〜6人分；g）	
白身魚	300
塩	3
白みそ	300
酒	30

① 白身魚は，50 gの切り身にしてざるに並べ，塩をふってしばらく置く．
② 白みそと酒をよく混ぜ合わせて，半量をバットに入れてガーゼを敷き，①の魚をのせてガーゼをかぶせ，残りのみそをのせて冷蔵庫内で一昼夜置く．
③ ②の魚を取り出し，金串を2本，末広に打って焼く．

鶏の松風焼き

材料（5〜6人分；g）			
鶏ひき肉（もも）	200	卵	25
a ┌ 砂糖	25	ケシの実	3
├ 薄口しょう油	27	青ノリ粉	0.5
├ 白みそ	18	サラダ油	1
└ 酒	7.5		

① 鶏ひき肉は，1/2量を鍋に入れて中火にかけ，菜箸4〜5本でから炒りする．
② ①を冷ましてすり鉢に入れ，残りの生のひき肉を加えてよくすり混ぜ，卵，aの調味料を順に加えながら，さらによくすり，なめらかにする．
③ アルミ箔にサラダ油を少量塗り，②を平らにのせて9×14 cmの角形にし，ケシの実を一面にふって220℃のオーブンで5分焼き，アルミ箔をかぶせて，180℃で火が通るまで約10分ほど焼く．
④ 冷めたら末広に切り分け，青ノリ粉をふりかける．

> **! 松風焼き**
> 松風焼きは，材料の表面にケシの実をふって香ばしく焼いたもので，鶏や卵の松風焼きのほか，干菓子の松風もある．松風は海岸を吹き抜ける風で，"浦さびしい"情景と，表だけに飾りの付いた焼き物の"裏さびしい"とを掛けたしゃれで命名された．

松笠イカ

材料（5〜6人分；g）			
モンゴウイカ	300	卵黄	20
塩	2.5	みりん	3
酒	10	青ノリ粉	0.5
練りウニ	30	ケシの実	1

① イカは薄皮をむいて，内側に，松笠状に斜めに，イカの身の厚みの半分の深さまで切り目を入れ，酒と塩をふりかける．
② 練りウニは卵黄とみりんを加えて混ぜる．
③ ①に，すくい串を打って，強火の遠火で両面を白焼きにし，切り目を入れた面に②を塗って，乾かすようにあぶり，これを2〜3回くり返し，最後に②を塗ったときに，青ノリ粉とケシの実を少々ふりかけ，さっと焼く（オーブンなら，200℃で5〜6分焼く）．
④ 串を抜いて末広に切る．

> **! すくい串**
> p.16, 図2・2参照．

E 煮 物

クルマエビの養老煮

① クルマエビは，洗って背わたを取り，口先を切る．
② 広口の浅鍋に調味料を入れ，煮立ったら①を入れ，強火で数分煮て，つやよく腰の曲がった養老煮にする．

材料（1人分；g）		
クルマエビ	40	（1尾）
塩	0.15	
酒	3	
みりん	1.7	

! エビについて
エビは腰を曲げて進むので，老人にたとえて海老と書き，長寿の願いを表す．また，エビは脱皮して成長することから，生命の更新と考え，祝いの膳には欠かせない．

梅花ニンジンの含め煮

① ニンジンは皮をむき，厚さ1 cmの輪切りにし，ねじ梅の形（図7・3）に切る．
② 煮だし汁に①を入れて5分ほど煮て，調味料を入れ，軟らかくなるまで煮て火を止め，煮汁に浸けたまま置いて，味を含ませる．

材料（5～6人分；g）				
金時ニンジン	200	砂糖	9	
煮だし汁	200	みりん	18	
		薄口しょう油	6	
		塩	3	

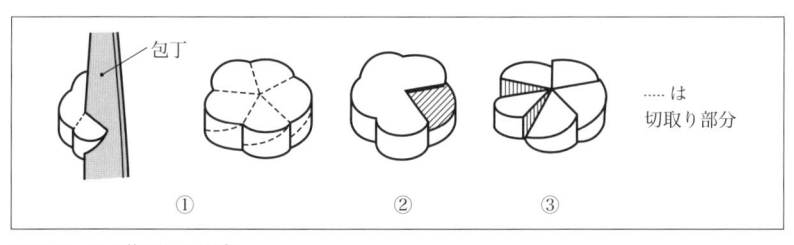

……は切取り部分

図7・3　ねじ梅のつくり方

こんにゃくの染め煮

① こんにゃくは，幅1 cmに切って中央に3 cmの切り目を入れ，片端を切り目にくぐらせて手綱結びにし，ゆでておく．
② 鍋に煮だし汁，調味料，①を入れ，落とし蓋をして，弱火で煮汁が1/3になるまで煮る．

材料（5～6人分；g）	
こんにゃく	250
煮だし汁	100
砂糖	18
しょう油	36

手まり麩の含め煮

① 手まり麩をさっと洗い，90℃くらいの湯でゆでる．
② 煮だし汁を味付けし，ゆでた手まり麩を入れ，一煮立ちさせ，そのまま冷ます．

材料（1人分；g）		
手まり麩	7	（1個）
煮だし汁	20	
砂糖	3	
みりん	2.4	
塩	0.2	

! 手まり麩
球状にした生麩に色をつけた糸を巻き付け，手まりのように飾り付けたもの．季節を感じさせるさまざまな形に，彩りよく色をつけた生麩細工の一つである．

シイタケの照り煮

① 干しシイタケはもどして軸を除き，aのもどし汁でしばらく煮た後，砂糖を入れて煮る．
② しょう油を加え，煮汁がほとんどなくなるまで照り煮する．

材料（1人分；g）		
干しシイタケ		2
a	もどし汁	ひたひた
	砂糖	2
	しょう油	2

> **八方煮**
> だしに酒，みりんなどを加えた八方出汁で煮たもの．八方出汁は，煮物，鍋物，お浸しなど日本料理で幅広く用いられるので，"八方"の名がある．煮物では，イモ類，野菜類，生湯葉，生麩（なまふ）など多くの食材に幅広く活用され，調味は食材により加減される．

> **差しガツオ**
> だし汁にカツオ節をさらに加えて，うま味を増加させること．**追いカツオ**ともいう．

> **青煮**
> 緑色野菜の色を生かして仕上げる煮物で，付け合わせ，前盛りに用いられる．

エビイモの八方煮

材料（6人分；g）				
エビイモ	6個 （320）	みりん	54
焼きみょうばん	水の量の3%	昆布	10
煮だし汁	400	カツオ節	5
酒	15	塩	3
砂糖	9	薄口しょう油	24

① エビイモは皮をむいて，六面の鶴の小型に形を整え，みょうばん水に30分浸けておく．
② ①を水で洗ってさっとゆで，40℃の湯の中で洗ってぬめりを取り，同温度の煮だし汁に入れ，昆布，カツオ節（差しガツオ）を加えて煮る．酒，砂糖，みりんを入れてさらに弱火で煮含め，昆布とカツオ節を引き上げて塩，しょう油を加えて煮上げる．冷めたら，横または縦半分に切る．

絹サヤ青煮

① 絹サヤは筋を取り，食塩1%入りの熱湯でゆで，水に入れて冷ます．
② 煮だし汁にaを入れて煮立たせ，絹サヤを入れ，さっと煮てすぐ取り出し，煮汁，絹サヤを別々に冷ます．
③ 冷めたら煮汁に絹サヤを浸けて，味をしみ込ませる．

材料（1人分；g）		
絹サヤ		10
a	煮だし汁	20
	砂糖	1
	塩	少量
	薄口しょう油	1滴

F　酢の物

紅白なます

材料（5～6人分；g）				
ダイコン	200	a	酢	30
金時ニンジン	20		砂糖	10
塩	4		塩	1.5
白ゴマ	9			

① ダイコン，ニンジンは長さ4～5 cmのせん切りにし，塩もみしてしばらく置く．
② 白ゴマを煎ってすり，aの調味料を加えて合わせ酢をつくる．
③ ①を水洗いして水気を絞り，②で和える．

白身魚のぎゅうひ巻き

材料（5～6人分；g）		
白身魚 （ヒラメ，タイ，オヒョウ，サゴシなど）	300	甘酢
塩	3	酢　65
		砂糖　25
		塩　2.5
		煮だし汁　10
		ぎゅうひ昆布　60
		ショウガ　12

① 白身魚はそぎ切りにしてバットにひと並べし，塩をふってしばらく置き，水分を切って，甘酢に15分浸けて引き上げる．
② ショウガは針ショウガにして，しばらく水に放った後，水分をよく切っておく．
③ ぎゅうひ昆布は酢でさっとふき，巻きす（簀）にのせて上に魚を並べ，針ショウガを芯にしてきっちりと巻き，ラップに包んで，冷蔵庫に一晩置く．
④ ③を1 cm幅に切って盛り付ける．

> **!** **ぎゅうひ昆布**
> 竜皮（柳皮）昆布ともいう．上質の昆布を長時間蒸して，砂糖を溶かした酢液に浸け，乾燥させた昆布の加工品．

花レンコン

① レンコンは花形に皮をむき（**図7・4**），厚さ5 mmに切って，3％の酢水にしばらく浸ける．
② 鍋に調味料と煮だし汁を入れて煮立て，①の水気を切って入れ，2～3分煮る．

材料（5～6人分；g）	
レンコン	200
酢	60
砂糖	25
みりん	18
塩	4
煮だし汁	100

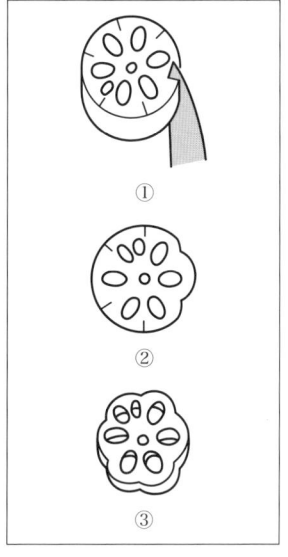

図7・4 花レンコンのつくり方

> **!** **レンコンの褐変・色素**
> レンコンにはポリフェノール類が多く含まれており，酵素的褐変を起こしやすい．切ってすぐ水や酢水に浸けることにより，酸化酵素のはたらきを抑えることができる．また，レンコンに含まれている色素は，フラボノイド系であり，酸性で白色，アルカリ性で黄色になる．白く仕上げたいときは，酢水に浸けるとよい．

しめサゴシ

① 鮮度のよいサゴシを3枚におろし，塩をして2～3時間おき，さっと酢洗いし，薄皮をむき，合わせ酢に30分間浸ける．
② ①を平づくりにする．

材料（5～6人分；g）			
サゴシ	250	合わせ酢	
塩	25	酢	100
		砂糖	13.5
		薄口しょう油	6
		塩	2.5

> **!** **サゴシ**
> サワラの幼魚．関西では，小形で腰が細いところからサゴシと呼ぶが，関東では**サゴチ**という．サワラは，成長するにつれて名前が変わる出世魚で，50 cmまでをサゴシ，70 cmまでをヤナギ，70 cmをこえるとサワラになる．

> **!** **正月料理の盛り付け方**
> 重箱や半月盆，または適当な器に彩り，形，味付けなどを考えて美しく盛り付ける．味や香りなどの移りやすいものは，葉らんやアルミホイルなどで適宜仕切りをするとよい．一つの容器に盛り付ける料理は，縁起をかついで七・五・三種と奇数にすることが多い．3段の重箱では，一の重に祝い肴・口取り，二の重に焼き物・酢の物，三の重に煮物という詰め方の例がある．

> **!** **柳箸**
> 正月料理をいただくときは，両細で，中央のふくらんだ柳箸（**祝い箸**ともいう）を使う．柳は，枝が水に浸かっているので，水の霊気に清められているといわれ，聖木とされている．また，"家内喜（やなぎ）"にかけてめでたいという．聖なる柳箸によって邪を払い，1年の息災を祝うとともに，子孫繁栄を意味している．

調べてみよう！
① 各地の雑煮について調べてみよう．

section 7・2 **行事食の実習**

実習 52　桃の節句

ちらしずし
ハマグリの潮汁
シラウオ・小エビとミツバのかき揚げ
酢みそ和え
草もち

A　ちらしずし

材料（1人分；g）			
米	80	レンコン	10
水	112	d ｛ 煮だし汁	15
昆布	1.2	砂糖	3
合わせ酢		塩	0.6
酢	12（米の重量の15%）	酢	6
砂糖	4（米の重量の5%）	卵	25
塩	1.2（米の重量の1.5%）	砂糖	1
ニンジン	10	塩	0.2
a ｛ 煮だし汁	10	焼きアナゴ	20
砂糖	1	サヤエンドウ	5（3枚）
塩	0.2	白身魚	15
かんぴょう	2	塩	0.15
b ｛ 煮だし汁	10	砂糖	2
砂糖	1	食紅	少々
薄口しょう油	1	ノリ	0.5
干しシイタケ	2	酢どりショウガ	3
c ｛ もどし汁	ひたひた		
砂糖	2		
しょう油	2		

① すし飯をつくる（p.60，**巻きずし・いなりずし**参照）．
② ニンジンは長さ2 cmのせん切り，干しシイタケはもどしてせん切りにし，ともに調味液がなくなるまで煮る．
③ かんぴょうはゆで（p.61，⑥参照），長さ1 cmに切り，煮汁がなくなるまで煮る．
④ レンコンは花形に切り，酢水に浸け，dの調味液でさっと煮る．
⑤ 卵は調味して薄焼き卵をつくり，冷めてからせん切りにして錦糸卵をつくる．
⑥ 焼きアナゴは斜めにそぎ切りにする．
⑦ サヤエンドウは筋を取って塩ゆでをし，斜めにせん切りにする．
⑧ 白身魚をゆで，ふきんに取り，身をほぐす．鍋にほぐした身と調味料，水溶きした食紅を入れ，箸4〜5本で絶えずかき混ぜながら弱火で加熱し，でんぶをつくる．
⑨ ノリはあぶってせん切りにしておく．
⑩ 酢どりショウガはせん切りにする．
⑪ すし飯に②，③を混ぜ込み，皿に盛り，上に④〜⑩を彩りよく盛る．

!　そぎ切り
p.94参照

B　ハマグリの潮汁

材料（1人分；g）			
ハマグリ	80　（2個）	塩	1
水	150	木の芽	少量

① ハマグリは3％の食塩水に浸け，砂を吐かせる．
② 定量の水にハマグリを入れ，火にかけ，貝の口が開いたら取り出す．貝から身をはずし，一つの殻の左右に身を入れて，椀に盛り付けておく．
③ ハマグリの煮汁を塩で調味し，あくをすくい取る．身が殻から離れないように注意して，熱い汁を注ぐ．木の芽を浮かせる．

C　シラウオ・小エビとミツバのかき揚げ

材料（1人分；g）					
シラウオ	10	衣		抹茶塩	
ミツバ	10	小麦粉	10	塩	0.1
小エビ	40	卵	5	抹茶	0.1
		冷水	10		

① シラウオは水気をよくふいておく．
② ミツバは洗って2〜3 cmの長さに切る．
③ 小エビは背わたを除く．
④ 卵と冷水を合わせて，ふるった小麦粉を入れ，さっくりと混ぜて衣をつくる．
⑤ 衣の1/3量に①とミツバの半量，衣の2/3量に③とミツバの残りを入れて，それぞれを軽く混ぜ，一口大の大きさにまとめて揚げる．
⑥ 器に和紙を敷いて盛り付け，抹茶塩を添える．好みで天つゆを用意してもよい．

> **シラウオ**
> シラウオは2〜4月が旬の魚で，淡泊な味である．細長く半透明な体であるが，煮ると白くなる．鮮度が落ちると，極端に味が落ちる．素魚（シロウオ）と混同されやすいが，別種である．

D　酢みそ和え

材料（1人分；g）			
アカガイのむき身	15	カラシ酢みそ	
酒	3	白みそ	8
ワケギ	35	みりん	3
ウド	5	砂糖	3
		酢	4
		練りガラシ	0.5

① 貝のむき身は，約20％の食塩水中でふり洗いして水を切り，鍋に入れ，酒をふりかけ，強火で炒りつけ（約20〜30秒），そぎ切りにする．
② ワケギは長さ3 cmに切り，白い根と青い部分とに分けておく．鍋に少なめの熱湯を用意し，白い根のほうから入れ，蓋をして蒸し煮にする．すぐ青い部分を入れて混ぜ，軟らかくなればざるに取り，広げて急冷する．
③ ウドは皮をむき，繊維にそって長さ4 cmのせん切りにし，水にさらしておく．
④ 白みそ，砂糖，みりんを小鍋に入れ，弱火で練り，酢，練りガラシを少しずつ加えて混ぜる．
⑤ ④のカラシ酢みそで②のワケギと①の貝を和えて盛り，上に③のウドをのせ，天盛りにする．

> **カラシ**
> カラシを溶くとき，ぬるま湯を使うと，ミロシナーゼという酵素がはたらきやすく，早く辛味を増す（p.117参照）．

E 草もち

材料（1個分；g）				
上新粉	15	粒あん	25
白玉粉	1.5	きな粉	2
熱湯	15	砂糖	1.5
ヨモギ	4	塩	少々
重曹	ゆで水の0.3%		

① ヨモギは，重曹を少し入れて熱湯で軟らかくゆで，水にとり，あくを抜く．細かく刻んですり鉢でよくする（乾燥ヨモギの場合は，粉の2〜5%を水にもどし，よく水気を切って使う）．
② 白玉粉をつぶしておき，上新粉と混ぜ，熱湯を注いで手早くかき混ぜ，耳たぶくらいの硬さにこねる．平たくして，濡れぶきんを敷いた蒸し器で10〜15分蒸す．
③ あんを丸めておく．
④ すり鉢に②を取り出し，熱いうちにすりこ木でついて粘りを出す．ヨモギも加え，さらによくこねる．
⑤ ④を手のひらで楕円に延ばし，あんを置いて，二つ折りにして端を押さえる．
⑥ 砂糖と塩を混ぜたきな粉をふりかける．

> ! **草もち**
> 草もちは，**ヨモギもち**ともいわれ，桃の節句に供せられるもち菓子である．古くは，春の七草の一つである "母子草"（ゴギョウ）が用いられていた．

> ! **ヨモギ**
> ヨモギは昔から食用とされてきた野草の一つである．軟らかい葉先の部分を用いるが，あくが強いので，あく抜きが必要である．灰汁や重曹を用いると，繊維を軟らかくするとともに，アルカリ性にしてクロロフィルをクロロフィリンにし，色よく仕上げることができる．

調べてみよう！
① 春の野草の成分の特徴や調理法を調べてみよう．

実習 53　端午の節句

炊きおこわ
結びキスのすまし汁
小ダイのかぶと揚げ
ソラマメのひすい煮
柏もち

A　炊きおこわ

材料（1人分；g）	
もち米	60
うるち米	30
アズキ（米の10～15％）	10
アズキゆで汁と水（もち米重量×1＋うるち米重量×1.5）	105
塩（水量×1％＋煮アズキ重量×0.7％）	1.1

① アズキを洗い，5～6倍の水を加え，一煮立ちさせてゆで汁を捨てる（渋切り）．
② 新たに水を5～6倍加え，皮が切れない程度にやや固めにゆでる（約15分）．
③ ゆで汁とアズキに分ける．ゆで水に水を加え，浸漬用の分量にする．
④ もち米とうるち米を混ぜて洗い，③に1時間浸漬した後，ゆでアズキと塩を加えて炊飯する．

!　渋切り

アズキに含まれる水溶性のサポニンなど，あんの風味を害するような成分を除去するために行なう．

!　もち米の調理

もち米は炊かずに，蒸して調理することが多い．強飯（こわめし）は，少し固めのでき上がりが好まれ，加水量が少ない（もち米重量の0.8～1倍）．また，吸水が速いことから，炊く操作では，均一に吸水させて加熱することができない．そのため，吸水後，蒸す操作により，不足する水分を付与しながら加熱を行う．さらに，不足する水分を振り水によって補う．もち米にうるち米を混ぜることによって加水量が増えるので，炊く操作が可能となるのが炊きおこわである．

B 結びキスのすまし汁

材料（1人分；g）			
キス	一尾 （50くらい）	煮だし汁	150
塩	0.5 （1%）	塩	0.8
ウド	8	薄口しょう油	1
木の芽	1枚		

① キスは，尾を付けたまま3枚におろし（松葉おろし），腹骨をそぎ取り，塩をふる．
② 尾でつながった2本の身を折りたたむようにして，松葉のようなV字形をした**結びキス**の形に結び，塩熱湯でゆでる（蒸してもよい）．
③ ウドは長さ5 cmに切って，皮を厚めにむいてから，かつらむきにし，斜めに切って7 mmぐらいのよりウドにし，水にさらしておく．
④ ゆでた結びキス，水をよく切ったよりウドを椀に盛り，調味した煮だし汁を注ぐ．木の芽を入れて蓋をし，供する．

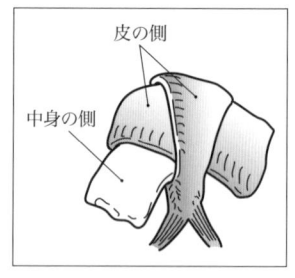

図7・5 キスの結び方

C 小ダイのかぶと揚げ

材料（1人分；g）			
小ダイ	15 cmくらいのもの1尾	甘酢	
a { 酒	5	b { 酢	5
薄口しょう油	2.5	砂糖	1.5
塩	1	塩	0.2
かたくり粉	18	天つゆ	
ハジカミショウガ	5 （1本）	c { 煮だし汁	20
		みりん	5
		しょうゆ	5

① 小ダイのうろことえらを取り，頭付きのまま背を開き，中骨と内臓を取る．
② 洗って水気をふき取り，aの調味料をふりかけて30分ほどおく．
③ 水気をふき取り，かたくり粉を全体につけて，内側の身が外側になるように頭と尾を中に入れて，かぶと（兜）形に整える．
④ 170〜180℃で揚げる．
⑤ ハジカミショウガの軸を7 cmほど残して切り落とし，先を筆または杵の形に整え，熱湯でさっとゆで，bの甘酢に浸けておく．
⑥ cの材料を合わせ，一煮立てして，天つゆをつくる．
⑦ 皿にかぶと揚げを盛り，ショウガを前盛りする．天つゆを添えて供する．

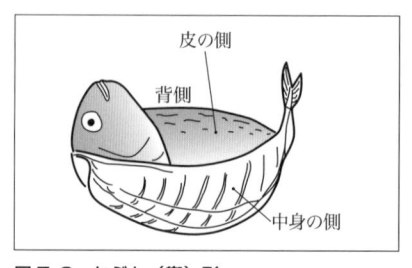

図7・6 かぶと（兜）形

D ソラマメのひすい煮

材料（1人分；g）	
ソラマメ（さや入り）	100
a 水	35
砂糖	9
塩	0.8

① ソラマメはさやから出し，皮に包丁目を入れて，塩熱湯でやや硬めにゆで，ざるに取って冷まし，皮をむく．
② a を合わせて一煮立ちさせ，① を入れて，さっと煮る．
③ 豆と煮汁を別々に分けて冷ました後，豆を煮汁に浸けて味を含ませる．

! ひすい（翡翠）煮
素材の色を引き立たせるように煮る方法で，ひすいのようにきれいな緑色に仕上げる煮物をひすい煮という．

! ソラマメ
春に花が咲き，その後，空に向かってさやが実ることから，ソラマメと呼ばれる．豆のへそのようなところが白いものは，若くて軟らかく，黒いものは，お歯黒といって，硬いことがある．

E 柏もち

材料（1個分；g）			
上新粉	13	あん	20
熱湯	12	柏の葉（乾燥）	1枚
a 砂糖	1.7		
かたくり粉	1		
水	2.5		

① 乾燥した柏の葉は熱湯に浸けておく．
② 上新粉をボールに入れ，熱湯を加え，箸で手早くかき混ぜ，次に手でよくこねる．
③ 蒸し器に濡れぶきんを敷き，② の上新粉を適当にちぎって入れ，15分間強火で蒸す．
④ ③ をすり鉢の中に取り，熱いうちにすりこ木でよくつく．
⑤ ④ に a を少しずつ加えながらよくこね（2個以上つくるときは個数分に分けておく），楕円形に延ばして，あんを包み，二つ折りにする．形を整えるとき，砂糖水を手に付けると，つやが出る．また，硬くなりにくい．
⑥ 濡れぶきんを敷いた蒸し器で，強火にして5分間蒸す．途中，蓋を取り，あおぐとつやが出る．冷まして，水気をふいた柏の葉で包む．

! 柏もち
柏の葉は新芽が育つまで古い葉が落ちないことから，"後継ぎが絶えない" という縁起をかつぎ，男子の健やかな成長を祈って食べられるようになった．

! 上新粉
うるち米を水に浸して軟らかくし，すりつぶして乾燥させたもの．菓子材料として用いられる（p.105参照）．

調べてみよう！
① 柏もちのみそあんについて調べてみよう．
② もち米とうるち米との違いをくわしく調べてみよう．

実習 54　七夕

- 冷やしそうめん
- ハモの湯引き梅肉しょう油添え
- カボチャのそぼろあんかけ
- 水ようかん

A 冷やしそうめん

材料（1人分；g）

そうめん	80 (1.5束)	薬味		
干しシイタケ	2 (小1枚)	ネギ	5	
もどし汁	ひたひた	ショウガ	3	
砂糖	2	青ジソ	1 (1枚)	
しょう油	2	つけ汁		容量比
キュウリ	10	煮だし汁	60	3〜4
エビ	20 (1尾)	しょう油	18	1
		みりん	18	1

① 干しシイタケは，もどして石づきをとる．もどし汁で少し煮た後，砂糖を加えて煮る．さらに，しょう油を加え，煮汁がなくなるまで煮て，そぎ切りしておく．
② エビは，背わたを取って，身が曲がらないようにつま楊枝を刺しておき，塩ゆでする．冷めたら，尾の節を残して殻をむき，腹開きにする．
③ キュウリは板ずり後，斜めに切る．
④ 薬味のネギは小口切りに，青ジソは中央の葉脈を切り取り，せん切りにする．ショウガはおろす．
⑤ 煮だし汁にしょう油，煮切ったみりんを加えて一煮立ちさせ，つけ汁をつくり，冷やしておく．
⑥ そうめんは，重量の約10倍の熱湯にさばきながら入れる．沸騰したら差し水をする．再沸騰後，火を止める．流水に浸け，手でもみ洗いし，ぬめりを取って冷水で冷やす．
⑦ 鉢にそうめんを盛り，①〜③を彩りよく飾る．薬味とつけ汁は別の器で添え，供する．

B ハモの湯引き梅肉しょう油添え

材料（1人分；g）

ハモ	70	梅肉しょう油	
青ジソ	1枚	みりん	3
キュウリ	40	梅干し	5
穂ジソ	1本	しょう油	5

① ハモはおろして，1 mm間隔で骨切りし，幅2 cmに切る．
② 熱湯に入れ，表面が縮んだら，氷水に取る．冷めたらざるにあげ，水気を切り，冷やしておく．

！ そうめん

手延べそうめんは，小麦粉をこねたものに食用油を塗り，手でよりをかけながら引き伸ばし，ひも状にして乾燥したものである．この作業を冬期に行ない，梅雨を越してから出荷される．これを"厄をこす"という．厄をこすと，油臭さが取れ，ゆで溶けの少ない，弾力に富んだ独特の風味と食感をもったものになる．

！ 薬味

単調な味に変化をもたせるものであり，香味の強い植物が用いられる．ワサビ，ミョウガ，ユズなどもよい．

C カボチャのそぼろあんかけ

材料（1人分；g）				
カボチャ	80		鶏ひき肉	20
a	煮だし汁	40	ショウガ汁	1
	みりん	4.5	かたくり粉	1
	砂糖	3	水	1.5～2
	塩	0.8		
	薄口しょう油	1.5		

① カボチャは種を取り，幅3～4 cmのくし形に切り，これを一口大に切る．皮をところどころをむき，面取りする．
② aと①を入れて，弱火で軟らかくなるまで煮る．
③ カボチャを取り出し，残った煮汁にショウガ汁とひき肉を入れ，加熱する（煮汁が少ないときは煮だし汁を足す）．肉に火が通ったら，水溶きしたかたくり粉を加え，とろみをつける．
④ カボチャを中高に盛り，そぼろあんをかける．

> **! 面取り**
> 切った野菜の角を薄くそぎ取って丸みをつける包丁法である．イモ類，ダイコン，カボチャなどを煮物にするときに用いる．煮崩れしにくく，形が美しいだけでなく，口当たりがよくなる．

D 水ようかん

材料（流し箱1個分 約13×15×4 cm）			
寒天	4　（1/2本）	砂糖	70
水	300	水	50
砂糖	60	塩	0.1
アズキ	80　（生あん約120）	桜の葉の塩漬け	5枚

① **生あんをつくる** … アズキは洗い，このときに浮いてくる豆は除去する．豆の3倍くらいの水を加え，加熱する．沸騰したらゆで汁を捨て（渋切りという），再び水を加え，弱火で加熱する．途中で水が少なくなったら差し水をする．指でつまんでつぶれるくらいになったら，アズキを手のひらで押しつぶし，水を加えて皮をこし取る．こし液をこし袋に入れて絞る．生あんの重量を量っておく．
② 寒天を煮溶かし，砂糖を加え，煮詰める．
③ 生あんに，生あんの重量の60%量の砂糖と，水とを加え，充分に練る．最後に塩を加え，あんをつくる．
④ ③に②を加え，500 gまで煮詰める．45℃くらいまで冷まし，流し箱に入れて冷やす．
⑤ 桜の葉は熱湯をかけておく．
⑥ 流し箱から出して切る．皿に桜の葉を敷き，その上に水ようかんを盛り付ける．

> **! 渋切り**
> p.189 参照

> **! さらしあん**
> 市販の粉末さらしあんを用いる場合，できるあんの重量は元の2倍くらいになる．熱湯をたっぷり注いで沈殿を待ち，上澄みを捨てる．この操作を2，3回くり返し，こし袋でこす．こうすることで，特有のにおいを取ることができる．

> **! 寒天液へのあんの添加**
> あんは比重が重いため，あんを添加した寒天液を熱いうちに型に流すと，あんが沈殿して均一にならない．寒天液の凝固温度近く（45℃くらい）まで冷ましてから型に流すと，液に粘度がつくので，あんが沈みにくい．

実習 55

敬老の日（松花堂弁当）	
飯	枝豆入り茶飯
汁	萩しんじょのすまし汁
炊き合わせ	サトイモの含め煮，つくね煮，オクラの青煮
焼き物	サワラの松風焼き，菊花カブ
揚げ物	エビの東寺揚げ，シシトウガラシの素揚げ，ナスのみじん粉揚げ
酢の物	ホウレンソウと菊花のクルミ酢和え

！ 松花堂弁当
江戸初期，茶道をたしなんだ学僧 松花堂昭乗（しょうかどうしょうじょう）の使っていた器に由来する名前．松花堂弁当の容器は，略式の懐石料理（点心）に用いられる．角形，縁高，塗りの重で，中に十文字の仕切りがある．陶器の皿が入っていて，汁気の多い煮物や刺身を入れる．ご飯は左手前に盛る．敷板は水分を含ませておく．敷板の正目は，左右方向に，隅切りは右上となるように置く．

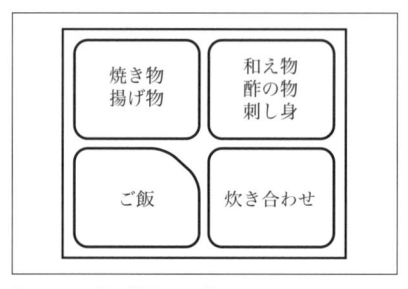

```
┌──────────┬──────────┐
│ 焼き物   │ 和え物   │
│ 揚げ物   │ 酢の物   │
│          │ 刺し身   │
├──────────┼──────────┤
│ ご飯     │ 炊き合わせ│
└──────────┴──────────┘
```

図7・7 盛り付けの一例

A 飯　枝豆入り茶飯

材料（1人分；g）

米	60	塩	0.9
番茶	1	枝豆	20
水	90		

① 分量よりも少し多めの水を煮立て，ガーゼの小袋に入れた番茶を加えて，1分間煮立てた後，取り出す．
② 釜に①の茶汁90 mlと塩を入れて煮立て，米を加えて，ふつうのご飯の要領で炊飯する．
③ 枝豆は塩ゆでするか，耐熱容器に一並べして水1カップ（ひたひたになる）を加え，約2分くらい電子レンジにかけ（途中で上下返す），枝豆を取り出し，薄皮を取る．
④ ご飯を蒸らした後，③を混ぜ，物相（もっそう）で型を抜き，盛り付ける．

！ 茶飯
ほうじ茶や番茶などで炊いた塩味飯．奈良県の郷土料理．ダイズやかち栗などを入れる場合もある．

！ 物相
物相は，物の相（すがた）をかたどるの意味がある．飯を打ち抜く木型のこと．形は，松，竹，梅，扇，菊などがあり，ステンレス製もある．

B　汁　萩しんじょのすまし汁

材料（1人分；g）			
煮だし汁	150	萩しんじょ	
塩	0.7	魚すり身	25
薄口しょう油	1	卵白	5
		くず粉	2
		塩	0.3
		ゆでアズキ	5粒
		シメジ	5
		ユズ	少々

① 魚すり身に，卵白を少しずつ加え，充分する．さらに，くず粉と塩を加え，充分する（すり身に塩がしてある場合は，塩を加減する）．
② プリン型にラップをきっちりと敷き，①を入れ，ゆでアズキを散らし，蒸し器で蒸す（強火で20分ぐらい）．
③ 煮だし汁を調味する．
④ シメジをさっとゆがく．ユズを松葉に切る．
⑤ 椀に蒸し上がったしんじょとゆでたシメジ，松葉ユズを入れ，汁を注ぐ．

> **! しんじょ**
> 白身魚などの身に塩を加えてすり，ゆでるか蒸すなどして加熱したもの．

C　炊き合わせ

サトイモの含め煮

材料（1人分；g）		
サトイモ	50	
煮だし汁	40	
砂糖	2	
みりん	5	
薄口しょう油	1.5	
塩	0.4	
ユズの皮	1	(1/6個)

① サトイモは土を洗い流し，水気をふく．サトイモの皮をむき，水に浸ける．水を捨て，塩を入れてもみ，水で洗って，汚れ・ぬめりを取る．
② 下ゆでをする．沸騰後5分くらいでざるにあげ，水で洗ってぬめりを除いておく．
③ 鍋に煮だし汁，砂糖，みりんを入れ，②のサトイモを入れて5分くらい煮る．途中，泡取りをして，薄口しょう油，塩を加え，落とし蓋をして弱火で静かに煮る．ころがしながら煮含め，火を消した後も蓋をしたまま冷ます．
④ 煮汁をよくからませたサトイモを盛り付け，洗ったユズの表面の皮のみをおろして，そのおろしユズを上からふりかける．

> **! 炊き合わせ**
> 奇数種の季節の材料を別々に煮て盛り合わせたもの．材料の持ち味を生かすため，薄味で煮る．

> **! サトイモのぬめり**
> サトイモのぬめりは，糖（ガラクトースなど）とタンパク質が結合したムチンである．起泡性があるので，煮るときに吹きこぼれたり，調味料の浸透を妨げたりする原因となる．ぬめりを取る方法として，酢水で洗う，塩をふってもみ洗いする，塩水でゆでるなどの操作がある．

つくね煮

材料（1人分；g）			
鶏ひき肉	60	かたくり粉	6
a 卵	5	揚げ油	適量
かたくり粉	4	b 煮だし汁	20
塩	0.4	砂糖	2
砂糖	1.5	しょう油	4

① 鶏ひき肉にaを混ぜ，3個に丸めて，かたくり粉をまぶして油で揚げる．
② 鍋にbを煮立たせ，①を入れて中火で煮る．

> **！ つくね**
> ひき肉や魚すり身につなぎや調味料などを加え，だんごの形にしたもの．揚げ物，煮物，蒸し物などに用いる．

オクラの青煮

材料（1人分；g）	
オクラ	20
煮だし汁	20
砂糖	1
塩	少量
薄口しょう油	1滴

① オクラは塩をふって，産毛をこすり取る．食塩1％入りの熱湯でさっとゆでる．
② 煮だし汁に，砂糖，塩，薄口しょう油を入れて煮立たせ，その中にオクラを入れ，さっと煮てすぐ取り出し，煮汁，オクラを別々に冷ます．
③ 冷めたら煮汁にオクラを浸けて，味をしみ込ませる．

> **！ オクラ**
> ペクチンやムチンによるねばねばが特徴．緑色が鮮やかで，産毛がとれていないものがよい．

D 焼き物　サワラの松風焼き，菊花カブ

材料（1人分；g）			
サワラ	40（1切れ）	甘酢	
しょう油	魚の10%	酢	8
みりん	魚の10%	砂糖	3
ケシの実	適量	塩	0.4
小カブ	40		
塩	0.8（カブの2%）		

① サワラを浸け汁に10分ほど浸ける．
② オーブン皿に網を置き，網の上に"魚の表"を上にして並べる．
③ 230℃のオーブンで8〜10分焼く．焼き上がりにケシの実を表面にふる．
④ 小カブは皮をむいて，菊花カブにし，塩をしてしんなりさせてから，甘酢に浸ける．
⑤ 魚の右手前に菊花カブを添える．

> **！ 松風焼き**
> p.182参照

E 揚げ物　エビの東寺揚げ，シシトウガラシの素揚げ，ナスのみじん粉揚げ

材料（1人分；g）			
エビ	25	揚げ油	適量
小麦粉	9	天つゆ	
卵白	5	煮だし汁	20
干し湯葉	10	みりん	4
シシトウガラシ	5　（1本）	しょう油	4
ナス	10		
小麦粉	6		
卵白	3		
冷水	6		
みじん粉	3		

① エビは背わたを取り，尾から一節残し，殻をむく．尾の先を切り落とし，腹側を斜めに切っておく．
② エビに小麦粉，溶いた卵白，砕いた干し湯葉の順に衣をつける．
③ 160℃の揚げ油で，②を薄いキツネ色になるまで揚げ，バットで油を切る．
④ シシトウガラシは，縦に切り目を入れて種を除き，160℃で素揚げする．
⑤ ナスは厚さ5mmの輪切りにし，水に放ち，あく抜きする．
⑥ 卵白に冷水を混ぜ，小麦粉をふり入れ，さっくりと混ぜ，ナスにこの衣を付けてからみじん粉を付け，170℃で揚げる．
⑦ 天つゆをつくり，別の器に入れて供する．

> **！ 東寺揚げ**
> 昔，東寺で湯葉がつくられていたことから，湯葉を衣に用いた揚げ物を指す．

> **！ みじん粉**
> もち米を蒸して乾燥させ，煎って細かくひいたもの．粒の大きさによって，上みじん（寒梅粉），中みじん，並みじんに分けられる．

F 酢の物　ホウレンソウと菊花のクルミ酢和え

材料（1人分；g）		
ホウレンソウ	60	
食用菊	2	
クルミ（生）	3	
しょう油	3	（小1/2）
砂糖	1	（小1/3）
酢	4	（小3/4）
煮だし汁	5	（小1）

① ホウレンソウは色よくゆで，長さ3cmに切り，水気を絞る．
② 食用菊は，裏からがくを押し，花びらをはずし，酢少々を加えた湯でゆでる．
③ クルミは，フライパンでから（乾）煎りして薄皮をとり，粗く刻んだ後，すり鉢でする．
④ 調味料と煮だし汁を加えて①，②を和える．

> **！ クルミ**
> 脂質を約70％含むが，その大半は不飽和脂肪酸である．良質のタンパク質のほかに，カルシウム，食物繊維，ビタミンB_1，ビタミンE，鉄分などを含んでいる．

> **！ 黄菊**
> 酢を加えてゆでるとよい．天ぷらやお浸しなどにも用いる．中国では，古来から，菊は不老長寿の薬効があるとされてきた．重陽の節句は，別名"菊の節句"ともいい，菊酒を飲んで邪気を払い，長命を願うという風習があった．

調べてみよう！
① 幕の内弁当と松花堂弁当の違いについて調べてみよう．
② 茶飯の歴史について調べてみよう．

section 7・2　**行事食の実習**　197

実習 56

クリスマス	
前　　菜	ヒラメのマリネ（mariné de turbot；仏）
ス　ー　プ	コンソメ ド ノエル（consomme de Noël；仏）
肉　料　理	ロースト チキン（roast chicken；英）
サ　ラ　ダ	クルミのサラダ（salade au noix；仏）
デ ザ ー ト	ブッシュ ド ノエル（buche de Noël；仏）
飲　　物	コーヒー（coffee；英）

A 前菜　ヒラメのマリネ

! マリネ
酢・油，香辛料などを合わせてつくった漬け汁（マリナード）に，魚介類や肉類，野菜などの材料を漬け込むこと．材料に香味を付けたり，保存性を高める．

材料（1人分；g）			
ヒラメ	50	ベイリーフ	1/3 枚
塩	（魚の重量の1%）	パセリ	1
白コショウ	少々	フレンチドレッシング	
小麦粉	1	ワインビネガー	8
揚げ油	（吸油率8%）	サラダ油	16
タマネギ	15	塩	1
トマト	20	白コショウ	少々
ピーマン	10	マスタード	1
赤ピーマン	8	レモンの薄切り	1 枚

① タマネギは，薄い輪切り，トマトは湯むきしてマセドアン（約1cm角のさいの目）に切り，ピーマン，赤ピーマンは種を除いてさっとゆで，せん切りにする．
② フレンチ ドレッシングをつくり，①の野菜，パセリのみじん切り，ベイリーフを加え，マリナードをつくる．
③ ヒラメに塩，コショウをしてしばらく置き，水気をふき取り，180℃でから揚げし，バットに並べ，熱いうちに②のマリナードをかけ，薄切りのレモンを散らす．
④ ③を1時間くらいおいてから，野菜とともに盛り付ける．

B スープ　コンソメ ド ノエル

材料（1人分；g）			
牛ひき肉（赤身）	30	チキンブイヨン	250
ニンジン	5	塩	1.2
セロリ	5	白コショウ	少々
パセリ	2	タピオカ（大粒）	1
セルフィーユ	1	プチトマト	5
白粒コショウ	0.1	セルフィーユ	1
卵白	10		

! セルフィーユ
p.125 参照

① ニンジン，セロリは薄切り，パセリ，セルフィーユは粗いみじん切りにする．
② チキンブイヨンを火にかけ，煮立ったら火を止める．
③ 深鍋に，牛ひき肉，ニンジン，セロリ，セルフィーユ，白粒コショウを入れる．

第7章 行　事　食

④ ③の鍋に，卵白に水を少し加えてほぐしたものを加え，材料全体によくからませるように手でもむ．60℃以下に冷めた②のチキンブイヨンを一気に加え，木杓子でよくかき混ぜる．
⑤ ④を中火にかけ，材料が煮立って表面に浮いてくるまでかき回しながら加熱する．
⑥ 火を弱めて，表面に1か所穴があいている状態にして，40〜50分，蓋をしないでごく弱火で加熱する．
⑦ ストレーナーに，濡らして固く絞ったふきんを敷いて，熱いうちに少しずつ静かにこす．
⑧ スープの表面に浮いた脂肪を，紙で吸い取るようにして除き，塩，コショウで味をととのえる．
⑨ タピオカは，たっぷりの水に入れて，透明になるまで煮て，ざるに取って水洗いする．
⑩ プチトマトはスライスする．
⑪ 温めたスープ皿にタピオカとプチトマトを入れて，コンソメを注ぎ，セルフィーユを散らす．

> **! コンソメのすませ方**
> スープ材料に卵白を加えてなじませ，60℃以下のブイヨンに加えて徐々に加熱することにより，あくや濁りの原因となる浮遊物を吸着して，熱凝固させて除く．

> **! ノエル**
> クリスマスのこと．クリスマスカラーの赤は，イエス・キリストの受難の血の色，緑は永遠の命エバー グリーン，白は聖母マリアの純潔，雪の白，そして金は3博士の一人が献上した黄金，銀はキリストを照らした星の色．

C 肉料理　ロースト チキン

材料（1人分；g）				
若鶏もも肉（骨付き）	170〜200（1本）	ポテトチップス	
塩	骨付き肉重量の1.5%	ジャガイモ	25
白コショウ	少々	揚げ油	適宜（吸油率15%）
レモン汁	3	塩	少々
サラダ油	4	コショウ	少々
香味野菜		クレソン	1本
タマネギ	5	飾り（パピエ）	
ニンジン	4	白い紙	13×18 cm
セロリ	1	紅白（または赤緑）リボン	適宜
パセリの茎	適量		
水	15〜20 ml		

① 若鶏もも肉（付録1参照）は，裏返して内側の骨に沿って包丁目を入れ，皮にフォークでところどころ穴を開け，全体に塩，コショウをすり込むようにしてふり，しばらく置く．
② レモン汁をふり，はけでサラダ油を塗り，天板の上のアルミ箔に油を塗り，タマネギ，ニンジン，セロリの薄切り，パセリの茎を敷く．水を注ぎ，その上にもも肉を皮を上にして並べ，200〜220℃のオーブンで，皮全体に焦げ色と照りがつくまで，約30分焼く．
③ 焼き上がったら，足にパピエを巻き，紅白（または赤緑）のリボンで結ぶ．
④ ジャガイモは薄く輪切りにして水にさらし，水気を切って約140℃の揚げ油でパリッと揚げ，熱いうちに塩，コショウをふる．
⑤ ③のもも肉を皿に盛り，④のポテトチップスとクレソンを添える．

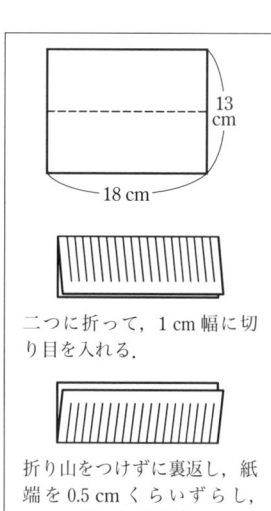

二つに折って，1 cm幅に切り目を入れる．

折り山をつけずに裏返し，紙端を0.5 cmくらいずらし，2, 3か所のり付けする．

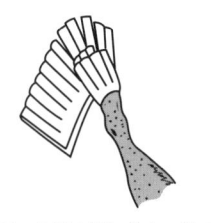

パピエを鶏の足に巻く．その上を紅白のリボンで結ぶ．

図7・8　飾り（パピエ）のつくり方

D サラダ　クルミのサラダ

材料（1人分；g）				
サニーレタス	20	フレンチドレッシング		
チコリ	5	白ワインビネガー	4	（小1弱）
クレソン	10　（2本）	サラダ油	8	（小2）
プチトマト	20　（2個）	マスタード	1	（小1/5）
リンゴ	30	塩	0.3	
クルミ	6　（1個）	白コショウ	少々	

> **！ チコリ**
> キク科の多年草．株から出た芽を軟白させたもの．日光に当たると緑色になる．ハクサイの芯のように結球．独特のほろ苦さとさわやかな香りがある．

> **！ 白ワイン ビネガー**
> p.133，ワイン ビネガー参照．

① サニーレタス，チコリは一口大にちぎり，クレソンは葉先を摘（つ）む．プチトマトは半分に切り，リンゴは薄く（5 mm）切って塩水にくぐらせ，水気を切る．クルミはローストして手で砕く．
② フレンチ ドレッシングはボールに，塩，コショウ，マスタード，白ワインビネガーを入れて混ぜ，サラダ油を少しずつ加えながら混ぜ合わせる．
③ サラダボールにサニーレタスとチコリ，クレソンを混ぜて盛り，プチトマト，リンゴ，クルミを散らす．ドレッシングは器に入れて添える．

E デザート　ブッシュ ド ノエル

図7・9　ブッシュ ド ノエル

材料（25×29 cmのオーブン皿1枚分；g）				
ロールケーキ生地				
卵黄	45　（3個分）	クレームガナッシュ（チョコレートクリーム）		
砂糖	30	生クリーム	30	
バニラオイル	少々	クーベルチュールチョコレート	60	
卵白	105　（3個分）			
砂糖	30	無塩バター	15	
小麦粉	60	ラム酒	5	（小1）
牛乳	15	飾り		
アプリコットジャム	80	柊（ヒイラギ），ツリー		
ラム酒	15　（大1）	チョコプレート		
リキュールシロップ		粉砂糖		
水	20			
砂糖	10			
ラム酒	5			

> **！ リキュール シロップ**
> スポンジなどの生地にリキュールを加えたシロップをはけでしみ込ませる．そうすることで生地がしっとりし，味や香りが補われ，よりいっそう風味が増す．リキュールはシロップに対し15～20%加える．

> **！ 卵の泡立て法**
> スポンジ ケーキを焼くとき，卵の泡立て法として，全卵を泡立てる共立て法と，卵白と卵黄を分けて泡立てる別立て法がある．

① オーブン皿にショートニングを塗り，クッキング シートを空気が入らないように敷く．
② リキュール シロップは水と砂糖を火にかけて，沸騰したら冷まし，ラム酒を加える．
③ 別立て法でロールケーキを焼く．
　a…卵黄と砂糖をボールに入れて，白っぽくなるまで混ぜる．バニラ オイルを入れる．
　b…卵白を泡立てて，角（つの）が立つようになれば砂糖を入れ，さらに泡立て，しっかりしたメレンゲをつくる．
　c…aにbを加えて混ぜ合わせ，ふるった小麦粉を加えてさっくりと混ぜ，牛乳を加えて混ぜ合わす．オーブン皿（紙を敷く）に流して約15分焼く（オーブン180℃，コンベック170℃前後）．ケーキの表面が全体にキツネ色になれば取り出す．ケーキに敷いた紙をはがして，②のリキュール シロップをはけで塗る．

d…ラム酒でのばしたアプリコット ジャムを塗って，ロールケーキにする．
　　e…ロールケーキの端を少し斜めに切って，切り株用にする．
④　クレーム ガナッシュ（チョコレート クリーム）は，鍋に生クリームを沸騰寸前まで温め，刻んだクーベルチュール チョコレートを加えて混ぜる．火から下ろしてまろやかに混ざれば，バターを加えてなめらかな状態にし，ラム酒を加える．
⑤　④のクリームを冷やし，ケーキに塗っても流れ落ちない濃度になれば，ロールケーキにパレット ナイフで全体に塗っていく．
⑥　切り株用の e にも塗って，ロールケーキの上の部分の適当な個所に楊枝で止めて落ち着かせ，フォークでケーキ全体に木目をつける．
⑦　クリスマス用の飾りを付け，粉砂糖を茶こしでふりかける．

> **ラム酒**（rhum）
> p.139 参照
>
> **ガナッシュ**
> チョコレートにクリームなどを混ぜてつくるクリーム．

! 卵白の起泡性

泡立てのでき上がりは，泡の一部を持ち上げたとき，いわゆる角（つの）が立った状態で，容器を逆さにしても落ちない程度である．よくできた泡は流動性が小さく，形を保つようになり，たくさんの空気が入って，見かけの容積が大きくなり，個々の泡は小さくそろっており，安定である．

濃厚卵白が多い新鮮卵，あるいは卵白の温度が低い条件では，表面張力が大きく，粘度が高いため，かくはん力を要して泡立ちにくいが，泡球の膜密度が大きく，安定性をもつ．

砂糖は，卵白の水分を引き出して卵白の泡立ちを低下させるが，泡立てとともに，卵白液の水分を吸収して膜の密度を大きくし，泡の安定性を高める．また，泡立てすぎを防ぎ，泡につやを出し，泡の乾燥を防ぐ．酸（酒石英；cream of tartar やレモン）を加え，卵白のタンパク質の等電点の pH に近づけると，粘度が小さくなり，泡立てやすく，起泡性は増加する．油脂が存在すると，卵白の表面張力が下がり，起泡性は目だって低下するので，使用する器具の油脂の付着や卵黄の混入に気をつける．

! クリスマス料理とケーキ

12月25日にキリストの降誕を祝って，離れていた家族が集まり，健康と無事を喜び合って，クリスマス ディナーを食べる．その国のその時期に味のよい材料で，みんなで取り分けて食べられるものがつくられる．ディナーの代表的なメイン料理は，おなかに詰め物をした七面鳥や鶏の丸焼きにクランベリー ソースやグレービー ソースといったものを食べる国もあれば，豚肉や羊肉や鴨のロースト，タラやサーモンなどの魚介料理など，国や地域によってさまざまである．

伝統的なクリスマス ケーキは，比較的日持ちがするもので，美しく飾られたものが食後に切り分けられる．イギリスでは，クリスマス プディングやプラムケーキ，フランスでは，ブッシュ ド ノエル，ドイツでは，レープクーヘンでつくるヘキセンハウスやシュトーレン，イタリアでは，パネトーネなどがつくられる．

F　飲物　コーヒー

材料（1人分；g）	
粉末コーヒー	5〜8
湯	150〜200
（砂糖）	
（生クリーム）	

つくり方については，p.136 を参照．

調べてみよう！
①　子どものためのクリスマス ランチを考えてみよう．
②　各国のクリスマスのお祝いのしかたを調べてみよう．

実習 57

お祝い事（和風献立）

赤飯
桜の花の吸い物
タイの平づくり
炊き合わせ（エビ，長イモ，ミツバ）
タイの木の芽焼き
貝とキュウリの黄身酢和え

A 赤飯

材料（1人分；g）	
もち米	80　（1/2カップ）
アズキ（またはササゲ）	8
塩	0.5
煎りゴマ（黒）	適宜

① もち米を洗って水に浸けておく（1時間くらい）．
② アズキは洗い，5〜6倍の水を加え，火にかける．一煮立ちさせてゆで水を捨て（渋切り），その後，再び5〜6倍の水を加え，皮が破れないように，粒が固めでよくふくれている状態に煮る．火加減は，沸騰までは強火，その後は沸騰が続く程度に弱める．
③ 煮終わったアズキは，ゆで汁と分ける．もち米の容量の6割のゆで汁（不足する場合は，水を足す）に分量の塩を加え，煮立てる．
④ 水気を切ったもち米を③に加え，かき混ぜながら，強火で汁気がなくなるまで加熱する．
⑤ 蒸気の上がった蒸し器（またはせいろ）に，濡らした蒸し用ふきんを敷き，④のもち米と③のアズキを平らに広げてから，真ん中をくぼませ，強火で25〜30分間蒸す．電子レンジを用いる場合は，中を濡らした耐熱容器に入れて，ラップをし，さらに容器の蓋をして3〜5分加熱する．途中で，様子を見て上下を返し，加熱する．
⑥ 蒸し上がったら，全体を軽く混ぜ，器に盛り付け，煎（い）りゴマをかける．

B 桜の花の吸い物

材料（1人分；g）			
白身魚	20	ミツバ	2
塩	0.2	桜の花の塩漬け	1輪
ワサビ	少々	煮だし汁	150
道明寺粉	8	塩	0.8
a 煮だし汁	10	薄口しょう油	2
食紅	少々		

① 魚に塩をしておく．
② aの煮だし汁を食紅で色づけ，火にかけ，煮立ったら道明寺粉を入れ，手早く木杓子でかき混ぜ，火から下ろし，蓋をして5〜6分蒸らす．
③ 固めに溶いたワサビを魚に少量塗って，②の蒸らした道明寺粉で全体を

! 赤飯
もち米を蒸して仕上げるものを強飯（こわめし）といい，うるち米を加え，ふつうに炊飯した場合を炊きおこわ，または赤ご飯という．
ササゲやアズキを加え，赤く色づけて祝い事に用いるのは，古代の赤米（あかまい）の名残ともいわれる．

! 渋切り
p.189 参照

第7章 行事食

包み，蒸し器で 10 分蒸らす．
④ ミツバはゆでて，結ぶ．桜の花の塩漬けは，水に浸けて塩出しをし，熱湯をかける．
⑤ ③と④を椀に盛り付け，調味した煮だし汁を注ぐ．

C タイの平づくり

材料（1 人分；g）			
タイ（正味）	50	大葉	1 本
ダイコン	30	ワサビ	適量
花穂ジソ	1 本	たまりしょう油	5

① タイは 3 枚におろし，腹側の骨をそぎ取る．
② 血合いの部分を切り取り，片身を腹身と背身に節取りし，大きい場合はさらに柵（さく）取りする．
③ 皮を下にして，尾のほうから皮を引く．
④ 身の厚いほうを向こうに，皮の付いていたほうを上にして置き，平づくりにする．
⑤ ダイコンは，長さ 4 cm に切ってかつらむきにし，巻き直して小口から細く切り（白髪ダイコン），冷水にさらす．
⑥ ワサビは，葉付きのほうから皮をそぎ切り，目の細かいおろし金で，ゆっくりと円を描くようにすりおろす．
⑦ 器のやや向こう側に"けん"（右記"つま"参照）の白髪ダイコンを高く盛り，大葉を立てかけるように敷く．ここに奇数切れの刺し身を並べる．手前に，つまの花穂ジソと辛味のおろしワサビを形よく置く．
⑧ のぞき（手塩皿）にたまりしょう油を入れて添える．

D 炊き合わせ（エビ，長イモ，ミツバ）

材料（1 人分；g）				
長イモ	80	エビ		40（2 尾）
a	煮だし汁	100	b	煮だし汁	50
	みりん	3		酒	2
	砂糖	3		みりん	3
	薄口しょう油	1		塩	0.3
	塩	0.8		薄口しょう油	1
ミツバ	15	木の芽		1 枚

① 長イモは長さ 3〜4 cm に切り，皮を厚めにむき，酢水にさらす．調味液 a で煮て，軟らかくなったらそのまま置いて味を含ませる．
② エビは背わたを取り，煮立てた調味液 b に入れ，1〜2 分煮る．火が通れば，そのまま置いて味を含ませる．冷めたら殻をむく．
③ ミツバはさっとゆで，水気を切る．②の冷めた煮汁を取り分けて，ゆでたミツバを浸け，味を含ませる．盛り付けの前に長さ 4〜5 cm に切りそろえる．
④ 器に，手前にエビとミツバがくるように盛り付け，木の芽を天盛りする．

！ 平づくり

刺し身の代表的な切り方で，厚みのあるほうを向こうに置き，包丁の背を少し左に倒し，刃元から手前に引いて切る．

図 7・10 平づくり

！ 柵取り

3 枚におろした魚の血合いや血合い骨を取り除き，背身と腹身に分けた（節取り）後，身の高さや形をつくりやすいように整えること．

！ つま

刺し身や汁物に添えるあしらいのこと．刺し身のつまには，けん・つま・辛みの三つがある．けんは主になるつまで，ダイコン，ウド，キュウリを細く切ったものが，つまは芽ジソ，花穂ジソ，辛みはワサビ，ショウガなどが用いられる．

！ 花穂ジソ

シソの穂先に咲いた花が結実したものを 5〜6 cm に摘んだもの．実をしごいて，つけじょう油に加えて食べる．

！ たまりしょう油

原料として，小麦を加えずダイズを主体としてつくられるしょう油．色が濃く味が濃厚で，刺し身やすしに用いられる．

E タイの木の芽焼き

材料（1人分；g）			
タイ切り身	80	酢どりショウガ	5　（1本）
a しょう油	12　（小2）	甘酢	（重量比）
みりん	9　（大1/2）	b 酢	10
酒	4	砂糖	6〜10
木の芽	0.3　（3枚）	塩	1

!　木の芽
p.38 参照

① a を合わせたボールに木の芽2枚を刻んで加え，魚を15分浸けておく．
② ①の魚を取り出し，金串2本を行木打ちにする．強火の遠火で表から焼き，焦げ目がついたら裏返して焼き，浸け汁を裏表に何度かはけで塗りながら焼き上げる．
③ 葉付きショウガ（ハジカミ）の茎を5〜6cm残して，先を斜めに切り落とし，根を杵（きね）や筆の形に整えて，さっとゆで，すぐにざるにあげ，煮立てて冷ました b の甘酢に浸けておく．
④ 器に魚を盛り付け，木の芽を1枚天盛りにし，酢どりショウガを添える．

!　行木打ち
行木刺しともいい，串打ちの方法である（p.16 参照）．魚の切り身を，身の厚いほうを向き合わせにし，2本の金串で打つ．切り身が大きいときは，2本以上を使い，手元で串が集まるように扇刺しにする．

F 貝とキュウリの黄身酢和え

材料（1人分；g）			
ホタテガイ貝柱	15	黄身酢	
キュウリ	40	卵黄	5
塩	0.8　（キュウリの2%）	砂糖	3
芽ジソ	1	みりん	1
		塩	0.5
		酢	5
		煮だし汁	5

!　貝柱
食用の貝柱の多くはホタテガイである．貝柱は二枚貝の殻をつなぐ筋肉で，生ものと乾燥品がある．ボイルされたもの，冷凍品などは加熱して用いる．

!　黄身酢
卵黄を使った調味酢で，ねっとりと仕上げる．卵黄が完全に凝固しないように，加熱時には，湯せんなどで，60℃以上にならないように注意する．

① キュウリは板ずりし，じゃばら（蛇腹）に切って，軽く塩をふり，しんなりとしたら食べやすい大きさに切る．
② ホタテガイ貝柱は，柱の方向と直角に横にそいでおく．
③ 小鍋に卵黄と砂糖を入れてよく混ぜ，みりん，塩，酢，煮だし汁を加えながら混ぜ，弱火にかける〔湯煎（せん）にするとよい〕．粘りが出てきたら，火から下ろし，冷ます．
④ ①のキュウリを軽く洗い絞って，小鉢に中高に入れ，②の貝柱を盛り，冷めた③の黄身酢を上からかける．中央に芽ジソを天盛りする．

!　じゃばら切り
飾り切りの一種．45°の角度をつけてまっすぐに，下まで切り離さずに薄切りをする．裏側からも同様に切り，切り目が中央で交差するようにする．蛇のようにくねくね伸びるので，じゃばら（蛇腹）切りという（p.43，図3・3 参照）．

調べてみよう！
① 魚の鮮度の見分け方について調べてみよう．
② 米を使った郷土料理について調べてみよう．

実習 58

お祝い事（洋風献立 − ディナーまたはビュッフェ スタイルで −）	
前　　菜	カナッペ（canapé；仏） 　　（オイル サーディン，スモーク サーモン，卵，キャビア，アボカド） カニのカクテル（cocktail de crabe；仏）
ス　ー　プ	キャロット スープ（potage crecy；仏）
魚　料　理	魚介のコキール（coquille；仏）
肉　料　理	ロースト ビーフ（roast beef；英）
サ　ラ　ダ	パスタ サラダ，グリーン サラダ（ソース2種）
デ ザ ー ト	デコレーション ケーキ，アイスクリーム
フ ル ー ツ	メロン
パ　　　ン	フランスパン
飲　　　物	コーヒー

A　前　菜

カナッペ（オイル サーディン，スモーク サーモン，卵，キャビア，アボカド）

材料（1人分；g）			
食パン （厚さ6〜7 mm）	15	クリームチーズ	3
		スモークサーモン	6
バター	3	レモン汁	1
練りガラシ	1	アボカド	6
オイルサーディン	1/2尾	ゆで卵	8　　1/6個分
トマトケチャップ	2	キャビア	1
レモン薄切り	少々	シブレット	少々

① 食パンは耳を取り，2枚をそれぞれ三角形6枚，四角形6枚に切り，もう1枚からは円形6枚を切り取る．
② 片面をフライパンで焼き，焼いてない面にカラシ バターを塗る．
③ **オイル サーディンのカナッペ** … オイル サーディンを縦二つに切る．三角形のパンのバターを塗った面にのせ，パラフィン紙でつくったコルネでケチャップを絞り出し，薄切りレモンをいちょう切りしたものを添える．
④ **チーズとアボカド，サーモンのカナッペ** … 四角形のパンのバターを塗った面に，クリーム チーズを塗り，スモーク サーモンをのせ，半月に切ってレモン汁をふりかけたアボカドをのせる．
⑤ **卵とキャビアのカナッペ** … 円形のパンのバターを塗った面にゆで卵の輪切りをのせ，次にキャビアを中心にのせ，シブレットを1.5 cmほどに切ったものを2本交差させるようにのせる．
⑥ ビュッフェ スタイルでは，銀（ステンレス）の大皿にレース ペーパーを敷いた上に，カナッペを配色よく並べる（ディナー スタイルでは，皿に3種のカナッペをバランスよく盛る）．

!　**カナッペ**
ごく小型に切ったパンやクラッカーやパイ皮の上に料理をのせ，前菜などに使われる料理．一口大で食べられる大きさにする．

!　**オイル サーディン**
イワシの油漬け．

!　**キャビア**
チョウザメの卵の塩蔵品．

□ カニのカクテル

材料（1人分；g）			
カニ肉	25		
バター	2	(小 1/2)	
白ワイン	5	(小 1)	
塩	少々		
コショウ	少々		
サニーレタス	4		
セロリ	3		
セルフィーユ	1	(少量)	
カクテルソース			1単位（容量比）
マヨネーズ	6	(大 1/2)	(大 2 ½)
トマトケチャップ	2	(小 1/3)	(大 1/2)
ウスターソース	0.5	(小 1/10)	(小 1/2)
ブランデー	1	(小 1/5)	(小 1)
レモン果汁	0.5	(小 1/10)	(小 1/2)

! **カクテル ドゥ クラブ** (cocktail de crabe)
カニをカクテル グラスに盛った前菜料理．カクテルは，いろいろなものを混ぜたという意．フルーツ カクテル，シーフード カクテルなどがあり，お酒のカクテルはリキュールの一種で，数種の洋酒を混合してつくる．

! **セルフィーユ**
p.125 参照

① 厚手鍋にバターを入れ，溶けたらカニ肉（軟骨を取り除く）を並べて火を通す．白ワインをふりかけ，塩，コショウをする．
② サニーレタスは，せん切りにして氷水でパリッとさせておく．
③ セロリは筋を取り，長さ2cmに切って薄切りにし，氷水に入れる．
④ カクテル ソースの材料を合わせる．
⑤ カクテル グラスにセロリとサニーレタスを盛って，その上に①のカニをかぶせるように置き，④のカクテル ソースをかける．その上にセルフィーユをあしらう．

B スープ　キャロット スープ

材料（1人分；g）			
ニンジン	50	米	4
タマネギ	15	生クリーム	10
バター	4	塩	少々
チキンブイヨン	130 ml	白コショウ	少々

① ニンジン，タマネギは薄く切る．
② 厚手鍋にバターを溶かし，ニンジンとタマネギを炒めて，チキン ブイヨン，洗い米を加えて，弱火で軟らかくなるまで煮る．
③ ②をミキサーかフード プロセッサーにかけてなめらかにする．
④ ③を鍋にもどし，生クリームを加えて塩，コショウで味をととのえる．

C 魚料理 魚介のコキール

材料（1人分；g）				
貝柱（ホタテガイ）	15	マッシュポテト	
白身魚	20	ジャガイモ	60
白ワイン	少々	バター	6
レモン汁	1	生クリーム	10
マッシュルーム(生)	1個	塩	少々
タマネギ	15	白コショウ	少々
バター	3	塗り用バター	少々
ホワイトソース		粉チーズ	3
小麦粉（薄力粉）	6	バター	3
バター	6		
牛乳	50		
塩	少々		
コショウ	少々		

① ホタテガイは水で洗い，半分の厚さに切る．
② 白身魚は一口大にそぎ切りする．
③ 鍋に白ワインと水を煮立て，ホタテガイと魚を並べてレモン汁をふり，さっとゆでて火を通す．貝・魚と煮汁を分けて冷ます．
④ マッシュルームは石づきを取り，さっと水洗いして薄切りにし，タマネギはみじん切りする．
⑤ フライパンにバターを熱し，タマネギをよく炒め，マッシュルームを加え，さらに炒める．
⑥ 厚手の鍋にバターを入れ，ごく弱火でバターを溶かし，小麦粉をふり入れ，木杓子で混ぜながら焦がさないように炒め，温めた牛乳を少しずつ入れ，なめらかにのばして，②の煮汁を1/2カップ加えて混ぜ，塩，コショウで味をととのえる（ホワイト ソース）．
⑦ ジャガイモは皮をむき，厚さ2 cmに切り，水に浸けて軟らかくなるまでゆで，熱いうちに裏ごしをする．
⑧ 鍋に⑦のジャガイモ，バターを入れて火にかけ，生クリームを加えて混ぜ，塩，コショウで味をととのえて，マッシュポテトをつくる．
⑨ コキール皿にバターを薄く塗って，⑥のホワイト ソースを少しのせ，上に貝，魚，マッシュルーム，タマネギを置いて，残りのホワイト ソースをかける．
⑩ 星形の口金を付けた絞り袋に⑧のマッシュポテトを入れ，コキールのまわりに形よく絞る．粉チーズをふり，バターをところどころにのせる．
⑪ オーブンを220℃で予熱し，⑩を入れ，きれいな焼き色がつくまで焼く（10分くらい）．

!　コキール
ホタテガイの貝殻または貝殻型の皿に入れ，焼き色をつけた料理．

D　肉料理　ロースト ビーフ

材料（1人分；g）			
牛肉（ランプ，ももなど）	100	グラッセ	
塩	1　（小1/5）	プルーン	25
コショウ	少々	白ワイン	25
サラダ油	2　（小1/2）	ニンジン	30
グレービー ソース		小タマネギ	40　（2個）
白ワイン	20	サヤインゲン	20
チキンブイヨン	20	バター	3　（小3/4）
クレソン	10　（2枝）	砂糖	1　（小1/3）
		塩	少々

① 牛肉はたこ糸でしばって形を整え，塩，コショウを手ですり込む．
② フライパンにサラダ油を熱し，肉の表面全体にしっかり焼き色をつけて焼く．
③ オーブン皿に移し，予熱した250℃のオーブンに入れる．5分たったら200℃に下げ，500gで約17分，ミディアムを目安に，好みの焼き加減に焼く（1～1.5 kgの場合，約40分～1時間）．
④ 焼き上がったら，すぐにアルミホイルでしっかり包む．
⑤ **グレービー ソース**…オーブン皿に白ワイン，チキンブイヨンを注いで，底に付いたうま味を木杓子でこそげ落として直火にかけ，煮立てながら少し煮詰めてこし，味をととのえ，ソースボードに入れ，レードルを添える．
⑥ **グラッセ**…プルーンは，白ワインに1時間くらい浸けてから煮含める．小タマネギは十文字に包丁を入れ，ニンジンは8 mmの輪切りにして面取りをする．サヤインゲンは塩を入れた中でゆでる．鍋にバターを溶かして小タマネギをころがし，ニンジンを加えて砂糖，塩，ひたひたの水を加えて，蓋はしないで煮る．煮汁がなくなり，小タマネギ，ニンジンが軟らかくなったら，サヤインゲンとプルーンも加えて温め，鍋を揺り動かして，つやよく煮上げる．
⑦ 盛り皿に，糸をはずして切ったロースト ビーフを盛り，まわりに野菜のグラッセとクレソンを飾る．⑤のグレービー ソースを添える．

> **!　ロースト**
> 鳥獣肉類を大きな塊のままオーブンで蒸し焼きにしたもの．ローストされたものは，肉の内部に肉汁を保ち，全体が均一の美しい焼き色で，焼き肌が層をつくり，光沢と香ばしさをもつように焼き上げるとよい．

> **!　グレービー ソース**
> 肉をローストしたときにオーブン皿に流れ出た肉汁をこして調味したソース．

> **!　グラッセ**
> 野菜などをバターや砂糖を加えた水で煮たり，菓子の表面に糖衣をかけたりして，つやのある仕上がりにしたもの．ニンジンのグラッセ，マロン グラッセなど．

> **!　ロースト ビーフの焼き加減**
> 加熱時間はステーキよりも長いが，焼き加減はステーキに準ずる．ミディアム（中焼き）の場合は，内部温度65～70℃で，竹串を刺して薄桃色の肉汁が出るくらいであり，冷やした金串を肉の中央に刺し，数秒おいて引き抜き，下唇に当ててみて熱く感じる程度がちょうどよい．

E　サラダ

パスタ サラダ

材料（1人分；g）			
パスタ	20	トマト	15
塩	少々	キュウリ	20
コショウ	少々	マヨネーズソース	10
卵	10	パプリカ	少々
ハム	8		

> **!　パスタ**
> 麺の材料として，強力小麦粉（セモリナ）に水を加えて練ったもの．ショート パスタには，ペンネ（ペン先），ファルファッレ（蝶ネクタイ），コンキリエ（貝殻）などがある．

① パスタは沸騰した1%の塩湯でゆで，水を切って塩・コショウをふりかける．
② キュウリは熱湯を通し，長さ3cmのせん切り，ハムもせん切りにする．
③ トマトは湯むきをし，薄切りにする．卵はゆで，卵白はせん切り，卵黄は裏ごしをする．
④ パスタ，キュウリ，ハム，卵白をマヨネーズソースで和え，上にトマトを置き，卵黄とパプリカをふりかける．

グリーン サラダ （ソース2種）

材料（1人分；g）				
アスパラガス	20	イタリアンドレッシング	
レタス	20	ワインビネガー	5
トレビス	6	オリーブ油	12
エンダイブ	10	マスタード	1
セルフィーユ	2	塩	0.5
バジル	2	コショウ	少々
		ゴマドレッシング	
		練りゴマ（白）	2
		酢	6
		しょう油	6
		砂糖	1

① アスパラガスは，根元の皮を薄くむいて塩ゆでし，冷水にとって冷ましてから水気を切り，長さ4cmに切る．
② レタス，トレビス，エンダイブは，食べやすい大きさに手でちぎって水に浸け，パリッとさせてから水気を切る．セルフィーユ，バジルを手でちぎる．
③ ①と②を器に彩りよく盛り付け，2種のドレッシングを添える．

F デザート

デコレーション ケーキ

材料（18cmケーキ型1個分；g）			
スポンジ生地		リキュールシロップ	
卵	150（3個）	水	50
砂糖	80	砂糖	25
小麦粉（薄力粉）	80	グランマルニエ	10
バニラエッセンス	少々	ホイップクリーム	
無塩バター	20	生クリーム	150
		砂糖	15
		キルシュワッサー	8
		イチゴ	150

① ケーキ型の底に合わせて紙を敷き，周囲にはバターを塗り，小麦粉をふるっておく（型のまわりに紙をはめてもよい）．
② ボールに卵を割って軽くほぐし，砂糖を加えて湯せんにしてかき混ぜ，砂糖を溶かす．溶ければ湯せんからはずし，リュバン状になるまで，しっかり字が書けるくらいに泡立てる．バニラ エッセンスを加える（**共立て法**）．

! キルシュワッサー (Kirischwasser)
p.142 参照

! リュバン状 (ruban)
泡立てた生地を上から落としたとき，ゆっくりと切れ目なく，リボンのように折り重なっていく状態をいう．

> **生クリームの泡立て**
> クレームフェテ（crème fourteen）は，生クリームを泡立てたもの．

> **ホイップ クリーム**
> フランス語でクレーム シャンティー（crème chantilly）という．生クリームに砂糖を加えたもの．

> **ホイップ クリームの安定**
> 脂肪球が適度な硬さを凝集できる温度（10℃）でかくはんするとよい．立てすぎると，乳脂肪が粒状になってホエー（乳精）が分離するので，注意が必要である．

③ ②に小麦粉をふり入れ，木杓子を使ってさっくりと混ぜ合わせ，溶かしバターを加えて混合する．
④ ③の生地を①で用意したケーキ型に流して，オーブン180℃（コンベック170℃）で焼く．表面全体に色がつき，真ん中の部分を手で軽く押さえてみて，弾力があればよい（約25分前後）．焼けたらケーキ クーラー（金網）の上で冷ます．
⑤ ケーキを焼いている間にリキュール シロップをつくる．水と砂糖を鍋に入れて火にかけ，沸騰したら冷まし，グランマルニエを加える．
⑥ ケーキを半分にスライスして，リキュール シロップをはけで塗る．
⑦ ホイップ クリームをつくる．生クリームと砂糖をボールに入れ，氷水を当てながら八分どおり泡立て，キルシュワッサーを入れる．
⑧ ⑥のスポンジ ケーキの1枚に（下になる部分）ホイップ クリームを塗ってイチゴのスライス（飾り用に6個とっておく）を並べ，その上にもホイップ クリームを少し塗る．
⑨ もう1枚のスポンジを重ねる．クリームをパレットナイフでケーキの上面，側面，全体にきれいに塗る（回転台を使用するとよい）．
⑩ ボールに残っているクリームを泡立て，菊形の口金を付けた絞り出し袋に入れて，ケーキの上面の縁に絞る．
⑪ イチゴをのせて，なおホイップ クリームで飾る．

アイスクリーム

材料（6人分；g）				
卵黄	45	（3個分）	ラム酒	8 ml
砂糖	30		飾り	
a { 牛乳	120 ml		ウエハース	6枚
砂糖	30		チェリー	6個
生クリーム	100 ml			
バニラビーンズ	1/2本			

① 卵黄と砂糖を泡立て器でよく混ぜて，マヨネーズ状にする．
② aを鍋に入れて火にかけ，砂糖を溶かす．溶ければ①に加え，混ぜ合わせる．
③ 再び火にかけて，木杓子で混ぜながら弱火（68℃）で30分間，火を入れる（弱火で加熱しないと分離するので注意）．
④ 木杓子ですくってみて，トロッとしてきたら，こして冷ます．ラム酒を加えてフリーザーにかける．
⑤ 好みにより，ウエハース，チェリーなどを飾る．

> **アイスクリーム**
> アイスクリームは，クリームその他の乳製品を主原料に，糖類や一部の品などを加えて凍結した食品．わが国の乳等省令（乳及び乳製品の成分規格等に関する省令）では，乳固形分15.0%以上，うち乳脂肪分8.0%以上と規定されている．フリーザーで凍結後に硬化室で完全凍結させるのがハード アイスクリームで，その硬化処理を行なわない半固形のものがソフト アイスクリームである．

G フルーツ　メロン

材料（1人分；g）	
メロン	60

① くし形に切り，さらに斜め半分にし，皮に沿って切り目を入れる．

H パ　ン　フランスパン

材料（1人分；g）	
フランスパン	40

① フランスパンは，1切れ20gくらいに切る．

I 飲　物　コーヒー

材料（1人分；g）	
コーヒー豆（挽いたもの）	6
湯	150
（砂糖）	適宜
（クリーム）	適宜

つくり方については p.136，**実習 39 D** 参照．

! ビュッフェ スタイルについて

ビュッフェとは，フランス語で食器棚，カウンターという意味．パーティーの際，ビュッフェに料理や食器を並べて食事をしていたことから，テーブルに料理，食器，カトラリーを並べ，各自が自由に取り分ける形式をビュッフェ スタイルという．

ビュッフェ スタイルでは，メインテーブルに，ナプキン，カトラリー，グラスと，コース順に大皿に盛った料理を並べる．デザートは，できれば別テーブルに用意する．料理には，サーバーやトングを添えて取り分けやすいようにし，また，フォークだけで食べられるよう料理の大きさに配慮する．

ビュッフェには，パーティーの間，立ったまま食事するスタンディング ビュッフェ，料理をメインテーブルに取りに行き，自席で食べるシッティング ビュッフェ，中国料理のように，人数分の料理が大皿盛りされ，座席に着いたまま料理を各自で取るオンテーブル ビュッフェがある．

調べてみよう！
① ビュッフェ スタイルのマナーについて調べてみよう．
② ビュッフェ パーティーを企画してみよう．

実習 59

お盆（精進料理・本膳料理・二汁五菜）

本　　膳	汁（しる）　合せみそ仕立て，トウガン，貝割り菜
	膾（なます）　炒めなます
	坪（つぼ）　ゴマ豆腐
	香の物（こうのもの）　ナスとキュウリのぬか漬け
二の膳	二の汁（にのしる）　ゆばとハスイモのすまし汁
	平（ひら）　飛竜頭，シイタケ，サヤインゲン
	猪口（ちょく）　枝豆とズイキの白酢和え
焼き物膳	焼き物（やきもの）　レンコンの蒲焼き

A　本　膳

汁（しる）　合せみそ仕立て，トウガン，貝割り菜

材料（1人分；g）

トウガン	80	合せみそ	15
貝割り菜	4	昆布だし汁	150

① トウガンは厚く皮をむき，わたを取り，食べやすい大きさに切る．
② だし汁でトウガンを煮て，軟らかくなったらみそを加え，最後に貝割り菜を加え，一煮立ちさせ，椀に盛り付ける．

> **本膳料理**
> 正式な饗応料理の形式である．献立内容は，一汁三菜を基本（本膳）とし，順次，汁の数が膳の数となり，品数が増える．図7・11のような膳組みとし，三汁七菜の場合，二汁五菜にさらに，潮汁，椀（椀盛り），刺し身をのせた膳を本膳左に置いたような形になる．

> **精進料理**
> 平安時代および鎌倉時代に，仏道の修行のために中国に渡った僧侶によってもたらされた料理様式．殺生を戒め，動物性食品を一切使用せずに料理を行なう．

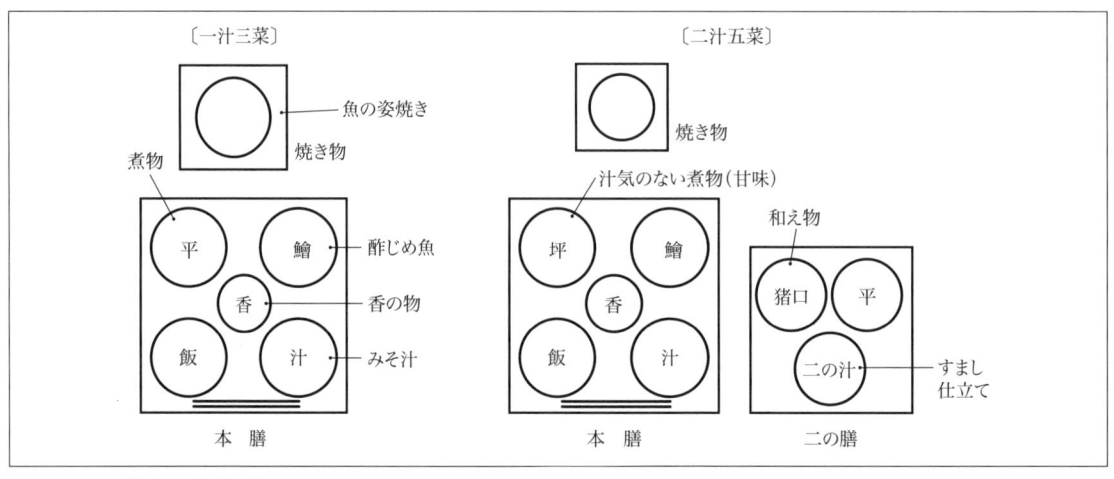

図7・11　本膳料理の献立と膳の組み方

膾(なます) 炒めなます

材料（1人分；g）				
ゴボウ	20	しょう油	3
ニンジン	5	砂糖	3
レンコン	20	昆布だし汁	12
キクラゲ	0.5	塩	0.4
糸こんにゃく	20	酢	12
		煎りゴマ	1

① ゴボウ，ニンジンはせん切りにする．
② レンコンは，半月またはいちょう切りの薄切りにする．
③ キクラゲはもどしてせん切りにする．
④ 糸こんにゃくは4 cmに切り，熱湯をかけておく．
⑤ ①〜④の材料を油で炒め，しんなりしてきたら，調味料を加えて味付けし，最後に酢を加える．
⑥ 小鉢に盛り付け，煎(い)りゴマをかける．

坪(つぼ) ゴマ豆腐

材料（1人分；g）				
くず粉	12	薄くずあん	
昆布だし汁	100	昆布だし汁	15
白ゴマ	12	みりん	0.7
塩	0.2	薄口しょう油	1.5
		かたくり粉	0.8
		ワサビ	少々

① 白ゴマを煎り，すり鉢で油が出るまで，よくする．
② くず粉にだし汁を少しずつ入れて，よく溶かす．
③ すったゴマに，②と分量の塩を加え，何度かこして，かすを取り除く．
④ 鍋にこした液を入れ，焦がさないように木杓子で混ぜながら中火で煮る．
⑤ 糊化したら，弱火にして，さらに練りながら煮込み，混ぜて鍋底がしっかりと見えるようになるくらい煮詰める．
⑥ 濡らした流し箱に流し込み，表面を平らにして冷やす．
⑦ 薄くずあんの材料をよく混ぜて，一煮立ちさせて，薄くずあんをつくる．
⑧ 型から抜いたゴマ豆腐を切分け器に盛り付け，薄くずあんをかけ，おろしワサビを上におく．

ゴマ豆腐

栄養価の高いゴマは，精進料理には多用されているが，なかでもこのゴマ豆腐は，必ずといってよいほど，精進料理の献立に組み入れられる．くずの代わりにかたくり粉を用いてつくることもできる

香の物（こうのもの）　ナスとキュウリのぬか漬け

ぬか床のつくり方

材料（1単位；g）			
ぬか	1,000	ショウガ	15
塩	200	昆布	15
水	1,000	タカノツメ	2本

① ぬかはふるいに掛け，ごみを取る．軽くフライパンで炒（い）っておいてもよい．
② 水に塩を加えて煮立て，完全に冷ましてから，ぬかに加え混ぜる．
③ ショウガ，昆布，タカノツメを加え，表面を平らにして，涼しいところに置いておく．
④ 毎日，数回上下に混ぜ返して空気を入れ，2週間くらい捨て漬けをする．

> **！ ぬか（糠）漬け**
> ぬかみそ漬け，どぶ漬けともいう．ぬか床に繁殖した乳酸菌により，風味と酸味が付与され，ぬかからビタミン B_1 が移行する．漬け方は，初めは野菜のへたや皮などを漬け，取り出すことをくり返す**捨て漬け**を行ない，ぬかの発酵を促して床を完成させる．

野菜の漬け方

材料（5～6人分；g）	
ナス	1本（70gくらい）
塩	ナスの重さの2%
キュウリ	1本（100gくらい）
塩	キュウリの重さの1%

① ナスは縦に半分に切り，分量の塩を皮のほうにこすり付け，ぬか床に漬ける．
② キュウリは塩で板ずりしてから漬ける．
③ 食べる直前に取り出し，ぬかを洗い落として切り分ける．取り出してからの時間が経過すると風味を損なうので，気候やぬか床の状態を考えて，逆算して漬けるとよい．

B 二の膳

二の汁（にのしる）　ゆばとハスイモのすまし汁

材料（1人分；g）			
ハスイモ	5	酒	2.5
生ゆば	10	塩	0.6
昆布だし汁	150	薄口しょう油	1.2
		青ユズ	少々

① ハスイモは手で皮をむき，輪切りにし，切ったものから水に浸け，5～10分ほどさらす．
② だし汁にハスイモを入れ，一煮立ちさせ，調味する．
③ 椀に生ゆばとハスイモを入れ，汁を注ぐ．青ユズを輪切りしたものを浮かす．

> **！ ハスイモ**
> サトイモの茎を**ずいき**という．ずいきとして利用する品種の中で，ハスイモは，茎を食べる専用品種である．葉柄が淡緑色で，断面がスポンジ状である．肥後ずいきはこの品種を干したもの．

▢ 平（ひら） 飛竜頭，シイタケ，サヤインゲン

材料（1人分；g）			
飛竜頭		シイタケの含め煮	
豆腐	100	干しシイタケ	2
ヤマイモ	10	┌ もどし汁	10
a ┌ 塩	0.5	│ 酒	3
│ 砂糖	1	c ┤ 砂糖	1
└ しょう油	0.5	│ みりん	0.5
ニンジン	10	└ しょう油	3
キクラゲ	0.2	サヤインゲンの青煮	
ギンナン	2	サヤインゲン	10
┌ 昆布だし汁	70		
│ みりん	13		
b ┤ 酒	5		
│ 砂糖	2.5		
│ 塩	0.4		
└ 薄口しょう油	4		

① 豆腐はふきんに包み，重しをして水気を切る．
② ヤマイモをすり鉢ですりおろし，豆腐を加え，すり鉢でよくする．さらに調味料 a を加え，よくすり混ぜる．
③ ニンジンは長さ 2 cm のせん切りにし，ゆでる．
④ キクラゲは水にもどし，せん切りにする．
⑤ ギンナンは鬼皮を取り，ゆでながら穴杓子でこすり，渋皮を取り，2〜3個に切る．
⑥ ②にニンジン，キクラゲ，ギンナンを加え，個数分に分ける．
⑦ サラダ油を手につけて平たく丸め，中央をややくぼませて，160℃ の油でからっと揚げる．油抜きをした後，調味料 b で，煮含める．
⑧ 干しシイタケは，もどした後，調味料 c で汁がなくなるまで煮る．
⑨ サヤインゲンは筋を取り，色よくゆで，飛竜頭の煮汁でさっと炊き，引き上げ，冷まして煮汁に浸け，味を含ませる．
⑩ 飛竜頭，シイタケ，サヤインゲンを盛り付け，煮汁を少し注ぐ．

! 飛竜頭
ひりょうず，ひろうすと読む．関東の**がんもどき**にあたる．ポルトガル語のフィリョース（小麦粉と卵を混ぜ合わせて油で揚げたお菓子）が語源といわれる．

! もどき料理
材料を植物性食品に制限されている精進料理の中で，野菜や豆を用いてさまざまな調理加工の工夫がなされた．その中で，植物性の食品を用いて動物性食品に似せた料理がつくられた．これをもどき料理といい，こんにゃくを用いてイカに，キノコを用いてアワビに似せた例などがある．

▢ 猪口（ちょく） 枝豆とズイキの白酢和え

材料（1人分；g）			
枝豆	20	煎りゴマ	4
ズイキ	20	┌ 酢	4
油揚げ	5	│ 薄口しょう油	2
豆腐	25	└ 砂糖	5

① 枝豆はゆでて，薄皮を取り，半分に割る．
② ズイキは皮をむいて，5 cm ぐらいの長さに切って，酢を加えた湯でゆで，水にさらす．
③ 油揚げは網にのせて焼き，焦げ目を軽くつけ，5 cm くらいの長さのせん切りにする．
④ ゴマをすり鉢で油が出るまでよくすり，水気を切った豆腐を加え，さらに充分する．調味料を加え，枝豆，油揚げ，ズイキを加えて和える．

C 焼き物膳 焼き物（やきもの） **レンコンの蒲焼き**

材料（1人分；g）				
レンコン		60	たれ	
a	上新粉	4	b 昆布だし汁	2
	しょう油	1	みりん	5
	砂糖	0.7	しょう油	4
	小麦粉	4	砂糖	0.9
浅草ノリ		10×5cm角1枚	かたくり粉	0.5
揚げ油			水	0.5
			粉ザンショウ	少々
			シシトウガラシ	10　（2本）

① レンコンは皮をむいて，しばらく酢水に浸けた後，おろし金でおろし，水気を少し切っておく．
② おろしたレンコンに，aを加えてよく混ぜ，浅草のりに塗りつけ，表面に波型をつけ，ウナギのひらき身のような形に整える．
③ 130～140℃の油に，ノリのほうを下にして入れ，揚げる．
④ bを煮詰め，同量の水で溶いたかたくり粉でとろみをつける．揚がったレンコンにはけでたれを塗り，仕上げに粉ザンショウをふる．
⑤ シシトウガラシは，縦に切り目を入れて，素揚げする．
⑥ レンコンの蒲焼きを皿に盛り，シシトウガラシを前盛りする．

調べてみよう！
① 日本料理の様式と特徴について調べてみよう．
② ゴマの機能性について調べてみよう．

実習 60

その他の行事	
人日の節句	七草がゆ
鏡 開 き	汁粉
小 正 月	小豆がゆ
節 分	煎り豆，イワシの塩焼き
初 午	いなりずし，畑菜のからし和え
お 彼 岸	ぼたもち，おはぎ
お 月 見	お月見だんご，衣かつぎ
冬 至	カボチャのいとこ煮

A 人日の節句　七草がゆ

① 米を洗って，ざるにあげ，水気を切り，土鍋または厚手鍋に入れ，水を加えて30分置く．
② 七草を水洗いし，熱湯でさっとゆでて，水気を絞り，細かく切る．
③ 鍋を強火にかけ，沸騰したら弱火にして，30〜40分加熱する．
④ かゆの火を止める少し前に，刻んだ七草と塩を加え，さっと混ぜて火を止める．

材料（1人分；g）	
米	40
水	200
七草	25
塩	0.6

! 春の七草
セリ，ナズナ，ゴギョウ，ハコベラ，ホトケノザ，スズナ，スズシロ

! 七草がゆ（粥）
正月7日，人日（じんじつ）の節句を祝って食べる春の七草が入ったかゆ．スズナ（カブ），スズシロ（ダイコン）以外は野草で，年を越すと，寒さの中からいち早く芽を出すといわれ，無病息災の願いを込め，かゆに混ぜて食する．年間の邪気をはらい，万病を防ぐといわれ，奈良時代から行われている習わし．新年の祝膳で疲れた胃腸をいやすため，消化のよいかゆを食べる．

B 鏡開き　汁粉

① アズキはさっと洗い，アズキの3〜4倍の水を加えて火にかけ，沸騰したらゆで汁を捨てる（渋切りする）．
② 再び水を加え，軟らかくなるまで煮る．途中で水が少なくなったら，差し水をする．
③ 砂糖を2回に分けて加えて煮て，塩をひとつまみ加えて，味をととのえる．
④ もちを焼いて，さっと湯にくぐらせ，椀に入れてから，アズキと汁を注ぐ．

材料（1人分；g）	
アズキ	40
水	適量
砂糖	30
塩	少々
鏡もち	50

! 汁粉
アズキの生あんに砂糖を入れた汁物．東京では汁粉（しるこ），京阪神では**ぜんざい**（**善哉**）という．こしあんでつくったものを御膳汁粉，つぶしあんでつくったものを田舎汁粉という．

C 小正月　小豆がゆ

① 米は，洗ってざるにあげ，水気を切る．
② 鍋に，洗ったアズキとたっぷりの水を加えて，六分どおりに軟らかくなるまでゆでて，ゆでこぼす．
③ 鍋にアズキと米を入れ，分量の水を入れて強火で加熱し，煮立ったら弱火にして，40分ほど炊く．
④ 水気がなくなりかけたら湯を加え，さらに軟らかくなるまで煮る．
⑤ 塩を加えて味をととのえ，もちを加えて，軟らかくなったら火を止める．

材料（1人分；g）			
米	40	湯	適量
水	400	塩	0.6
アズキ	15	もち	50

! 味の対比効果
ある呈味物質に対して，少量の異なる味を加えることによって主たる味が強まる現象．甘味（砂糖）に少量の塩味（塩）が加わると，甘味が強まる．

! 節分
季節の変わり目の立春,立夏,立冬を節分と呼ぶが,立春の前夜を指して節分と呼ぶことが多い.この日には,厄払いのため,鬼の嫌いなイワシの頭を串に刺して門や戸口に立て,"鬼うち豆"と呼ばれる煎(い)り大豆を"鬼は外,福は内"の掛け声とともに蒔く.

! 恵方巻き
関西では,その年の恵方(よい方角)に向かって"恵方巻き"と呼ばれる太巻きずしを,切らずに丸ごと1本そのまま食べる"丸かぶりすし"の習慣がある.

! 節分イワシ
地方によっては,家の戸口に,ヒイラギ(柊)の枝にイワシの頭を刺したものを置く.ヒイラギのとげで鬼の目を刺して,家の中に侵入するのを防ぐ.

! いなりずし
"いなり"は油揚げの異名で,稲荷の神の使いとされるキツネの好物である.愛知県の豊川稲荷の門前町が発祥の地といわれ,また,いなりずしは,"信田(信太)の森の葛の葉狐"に由来して信田(信太)ずしともいわれる(p.60参照).

! 畑菜
江戸時代の貝原益軒の「採譜」に記録がある伝統野菜.京都では,初午の日に,畑菜と油揚げの炊き合わせや,畑菜のからし和えを食べる習慣がある.畑菜はカルシウム,ビタミンB_6,ビタミンCが豊富である.

! ぼたもち,おはぎ
彼岸の供え物で,季節の花,牡丹(春),萩(秋)に因む.

! 黒ゴマ
ゴマは,色によって,白,黄金,黒がある.黒ゴマは,白ゴマに比べ,含油量が少なく,やや香りが強い.

! きな粉
ダイズをいって粉末にしたもの.一般には黄色であるが,青ダイズを原料にした黄緑色の青きな粉もあり,うぐいすもちなどに用いられる.

D 節分　煎り豆,イワシの塩焼き

材料(1単位;g)		材料(1人分;g)	
煎り豆		イワシの塩焼き	
ダイズ	140　(1カップ)	イワシ	1尾
		塩	イワシ全重量の2%

① 煎り豆 … ダイズは熱い湯で洗って,水気をふき取り,ほうろくかフライパンで,弱火で豆の芯がなくなるまで,焦がさないようにかき混ぜながら気長に煎る.

② イワシの塩焼き … イワシは,うろこを取り,塩をふって15分ほどしてから焼く.

E 初午

いなりずし

つくり方については,p.60を参照.

畑菜のからし和え

① 熱湯に1%の塩を入れ,畑菜を根元から入れてさっとゆで,水にさらして絞り,3cmくらいに切る.

② 油揚げは焼いて長さ3cmの短冊に切る.

③ 調味料を合わせたところへ,①と②を入れて混ぜ,最後に煎りゴマをすったものを加えて和える.

材料(1人分;g)			
畑菜	50	練りガラシ	1
油揚げ	10	しょう油	3
		砂糖	1
		みりん	3
		煎りゴマ	2

F お彼岸　ぼたもち,おはぎ

材料(1人分;g)				
もち米	25	アズキ	20	きな粉	2
うるち米	10	砂糖	16	砂糖	2
水	40	塩	0.1	塩	0.05
塩	0.4			黒ゴマ	2
				砂糖	1

① もち米とうるち米を洗い,定量の水に30分以上,浸漬した後,塩を加え,ふつうのうるち米と同様に炊飯する.蒸らしてから容器に取り,すりこぎの先を水で濡らし,軽く半つぶしにして丸めておく.

② 粒あん … アズキを洗って,豆の3倍くらいの水を加え,加熱する.沸騰したらゆで汁を捨て(渋切り;p.189参照),再び水を加え,弱火で加熱する.途中で水が少なくなったら差し水をする.すぐにつぶれるくらいの軟らかさになれば,分量の砂糖を少しずつ加え,やや強火で練り上げる.最後に塩を加える.

③ きな粉に砂糖,塩を入れ,混ぜる.

④ 黒ゴマは煎って半ずりにし,砂糖と混ぜる.

⑤ 濡れぶきんの上に②の粒あん1個分を延ばして,その上に①の飯を置き,ふきんを使いながら形を整える.③のきな粉,④の黒ゴマをまぶす場合は,飯の中にあんを包み,その上からそれぞれをまぶす.

> **!** アズキ
>
> 粒がそろい，色が均一なものを選ぶ．水に浸けたときに浮き上がってくるものは，虫食いで穴が開いているので除く．アズキは外皮が硬く，水に浸漬しても吸水速度が遅いので，他の豆のように浸漬せずに，すぐ加熱する．

G お月見

お月見だんご

① ボールに上新粉，砂糖，塩を合わせ，ぬるま湯を少しずつ加えながら手で混ぜる．湯量を加減しながら，耳たぶより少し軟らかな生地にまとめる．
② 蒸し器に湯を沸かし，固く絞った濡れぶきんを敷き，生地をひとにぎりくらいにちぎって，平たくして並べる．
③ 強火で約25分蒸し，中が白っぽくなければ，蒸し上がりである．
④ ふきんごと取り出し，水にさっと浸けて粗熱を取り，ふきんを絞る．ふきんを使いながら，生地を手でよくこねる．
⑤ 温かくて軟らかいうちに，棒状にして切り分けて丸め，積み重ねる．

材料（1単位約15個分；g）	
上新粉	200
砂糖	9
塩	少々
ぬるま湯	約180 ml

> **!** 月見だんご
>
> 月にお供えするだんご．だんごの数は，平年が12個，うるう年が13個と数えたり，十三夜，十五夜と，供える日によって数を変えたりなど，風習はさまざまである．

衣かつぎ

① サトイモを皮付きのまま，きれいに洗い，天地の間（4：6ぐらいのあたり）にぐるりと一回り，皮のみ切れるように包丁を入れる．
② 全体に塩と酒をふり，蒸し器で軟らかくなるまで蒸す．天のほうの皮を指先で押して皮をむく．

材料（1人分；g）	
サトイモ	70
塩	0.3
酒	3

> **!** 衣（きぬ）かつぎ
>
> 小粒のサトイモを皮付きのまま蒸すかゆでたもの．皮が付いている姿を，平安時代における貴婦人の服装である衣被（きぬかつぎ）に見立てた．

H 冬至　カボチャのいとこ煮

材料（1人分；g）			
カボチャ	100	だし汁	60
アズキ	10	砂糖	6
		薄口しょう油	6
		みりん	3

① アズキは洗って，たっぷりの水を加えて強火で煮，煮立ったらゆで汁を捨てて（渋切り），再び水を加え，弱火で軟らかくなるまで（つまんで指先で押すと，つぶれるくらいまで）煮る．
② カボチャは，わたと種を除き，3～4 cm角に切り，ところどころ皮をむき，面取りする．
③ 鍋にかぼちゃとだし汁，調味料を入れて強火にかけ，沸騰したら①のアズキも加え，再び沸騰したら落とし蓋をして，弱火で煮くずれないように煮る．

> **!** いとこ煮
>
> アズキと野菜の寄せ煮．野菜同士，豆とみそなど近親同士ということから，従兄弟（いとこ）という説や，材料を硬いものから順に入れて煮るので，おいおい（甥），めいめい（姪）に入れるという語呂合わせからという説もある．

> **!** カボチャ
>
> 保存がきき，保存中の栄養素の損失が他の野菜に比べて少ない．そのため，冬至の時期の貴重な栄養源であった．とくに，カロテンを多く含み，皮膚や粘膜を丈夫にするので"冬至にカボチャを食べると風邪をひかない"といわれる．

調べてみよう！
① 郷土に伝わる行事料理（行事食）を調べてみよう．

(*──付　　録──*)

付録 1　肉の部位とそれに適した料理

牛肉について**付図 1**，豚肉について**付図 2**，鶏肉について**付図 3**に，それぞれ部位の名称と，部位に適した調理を示す．

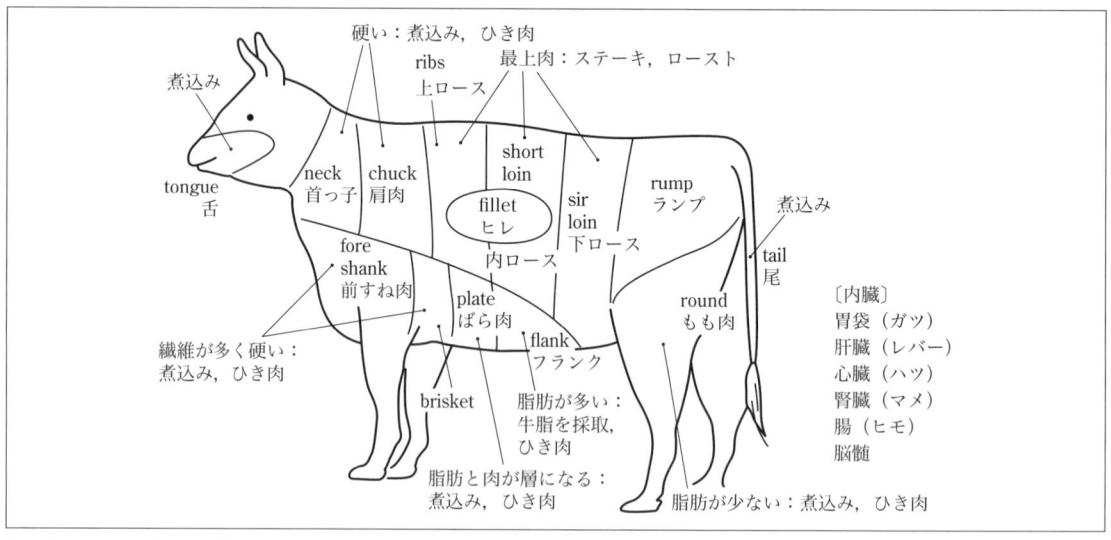

付図 1　牛肉の部位と調理適性

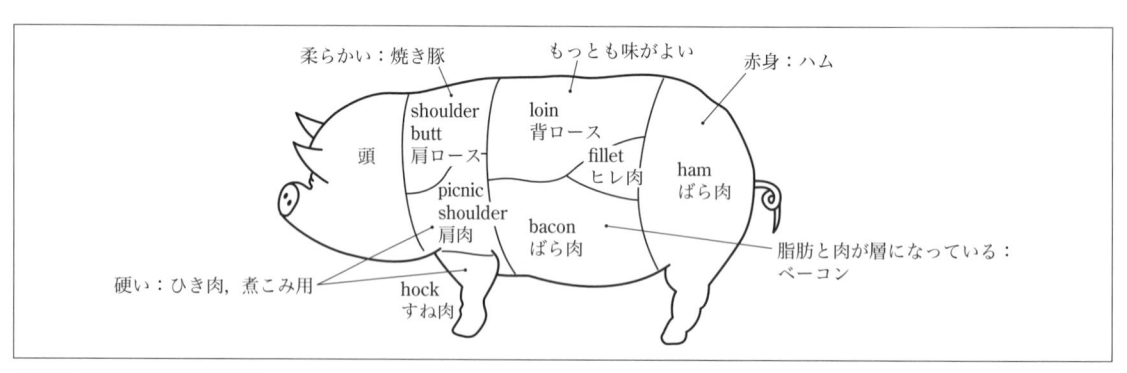

- 煮込み — tongue 舌
- 硬い：煮込み，ひき肉 — neck 首っ子
- ribs 上ロース
- 最上肉：ステーキ，ロースト — short loin
- fillet ヒレ
- chuck 肩肉
- sir loin 下ロース
- 内ロース
- rump ランプ
- 煮込み — tail 尾
- fore shank 前すね肉
- 繊維が多く硬い：煮込み，ひき肉
- plate ばら肉
- flank フランク
- brisket
- 脂肪が多い：牛脂を採取，ひき肉
- 脂肪と肉が層になる：煮込み，ひき肉
- round もも肉
- 脂肪が少ない：煮込み，ひき肉

〔内臓〕
- 胃袋（ガツ）
- 肝臓（レバー）
- 心臓（ハツ）
- 腎臓（マメ）
- 腸（ヒモ）
- 脳髄

付図 2　豚肉の部位と調理適性

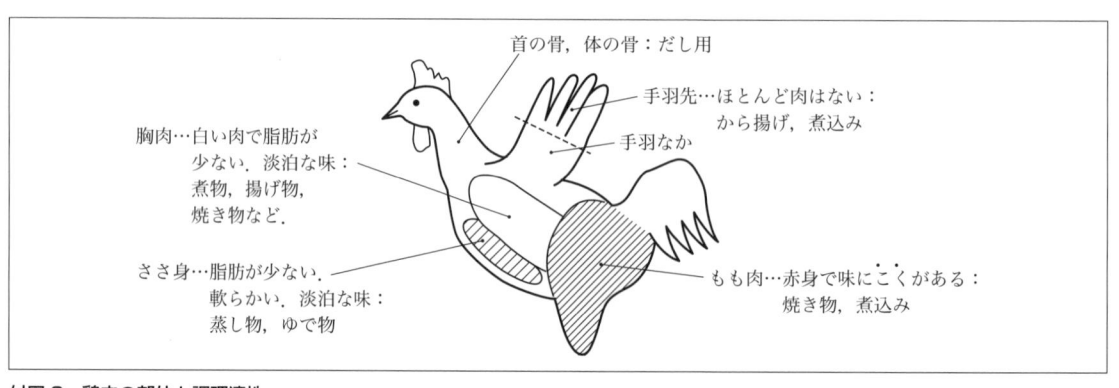

- 柔らかい：焼き豚 — shoulder butt 肩ロース
- 頭
- もっとも味がよい — loin 背ロース
- fillet ヒレ肉
- 赤身：ハム — ham ばら肉
- picnic shoulder 肩肉
- bacon ばら肉
- 脂肪と肉が層になっている：ベーコン
- 硬い：ひき肉，煮こみ用 — hock すね肉

付図 3　鶏肉の部位と調理適性

- 首の骨，体の骨：だし用
- 手羽先…ほとんど肉はない：から揚げ，煮込み
- 手羽なか
- 胸肉…白い肉で脂肪が少ない．淡泊な味：煮物，揚げ物，焼き物など．
- ささ身…脂肪が少ない．軟らかい．淡泊な味：蒸し物，ゆで物
- もも肉…赤身で味にこくがある：焼き物，煮込み

付録 2　煮だし汁の取り方

　煮だし汁については，日常的に使用されているもののみ以下に示した．加工された各種のだしが市販されているが，風味調味料（だしのもとの類）には食塩が30%，また糖も含まれているので，調味の際には注意が必要である．

付表1　日常的に使用する煮だし汁のとり方

	種類		材料	分量(g)	とり方
日本料理	カツオ節だし	一番だし	カツオ節 水	4～8 200	分量の水を火にかけ，沸騰直前にカツオ節を入れ，沸騰したら火を止め，1～2分おいてふきんでこす．
		二番だし	同上のだしがら		一番だしのだしがらに半量の水を入れ，約2分間沸騰させて火を止め，1～2分おいてふきんでこす．
	昆布だし		昆布 水	4～8 200	昆布の表面のごみや砂を乾いたふきんでふき，切り目を入れる．水に昆布を入れて30分おき，弱火にかける．昆布のまわりに泡が浮かび，沸騰寸前になったら，昆布を出す．
	混合だし		カツオ節 昆布 水	2～4 2～4 200	水に昆布を入れて30分おき，弱火にかけ，沸騰寸前になったら，昆布を出す．カツオ節を入れて沸騰したら火を止め，1～2分おいてふきんでこす．
	煮干しだし		煮干し 水	4～8 200	煮干しの頭とはらわたを取り，身を二つに割り，水に30分浸けておく．中火にかけ，途中，あくをすくい，沸騰直後2～3分加熱してから火を止め，ふきんでこす．
西洋料理	ブイヨン （bouillon：仏） （家庭で簡単にとる方法）		鶏がら 香味野菜 　ニンジン 　タマネギ 　ポロネギまたは白ネギ 　セロリ 　ニンニク 白粒コショウ 水	1羽分 100 150 50 50 2片 小1/2 1600	厚手の深鍋に鶏がらと水を入れ火にかける．あくをすくう．強火で香味野菜を加えて，表面で煮汁が軽く煮えている状態にする．1時間～1時間30分すれば，布でこす．でき上がり1000 ml．
中国料理	葷湯 （ホイタン）	下湯 （ふつうの煮だし汁）	鶏骨 ネギ ショウガ 水	1/5羽分 2 1 300	鶏骨はぶつ切りにして熱湯をかけ，水洗いして鍋に入れ，水を加えて強火にかける．沸騰直前に弱火にし，ネギ，ショウガを入れる．蓋を取ったまま途中浮き上がってくる脂をていねいにすくい取り，約40分煮る．液量が1/2量に煮詰まったら布でこし，脂を紙ですくい取る．でき上がり150 ml．

付録 3　中国料理の調味料・香辛料, 野菜

付表2　中国料理のおもな調味料と香辛料

項目		中国名	用途
調味料	甘味	糖（タン）	砂糖
	塩味	塩（イェヌ）	塩
		花椒塩（ホワ ジャオ フェヌ）	サンショウの実の粉入り塩.
		醤油（ヂャン イゥ）	しょう油
		豆辨（板）醤（ドウ バヌ ヂャン）	ソラマメを原料にしたトウガラシみそ.
		甜醤（ティエヌ ヂャン）	甘味の練りみそ，春餅（チュヌ ピン；小麦粉でつくった薄い焼き皮）に使用.
		沙茶醤（シァ チャ ヂャン）	バーベキュー ソース
	酸味	白酢（パイ ツゥ）	酢
	風味付け	蝦油（シャ イゥ）	小エビをすりつぶし，どろどろの塩辛にした上澄み液.
		蠣油（ハオ イゥ）	カキの塩漬けを発酵させた上澄みでつくった調味液.
		芝麻油（ジ マァ イゥ）	ゴマ油
		辣油（ラァ イゥ）	ゴマ油にトウガラシを入れて熱したトウガラシ ゴマ油.
		芝麻醤（ジ マァ ヂャン）	日本の当たりゴマ（すりゴマ）に相当するもの.
		腐乳（フゥ ルゥ）	豆腐の加工品で，味はウニの塩辛に似ている. 醤豆腐（ヂャン ドウ フゥ），糟豆腐（ザオ ドウ フゥ），腐乳（フゥ ルゥ），南乳（ナヌ ルゥ）などがある.
		料酒（リャオ ヂュウ）	調理用酒. おもに老酒（ラオ ヂュウ）.
香辛料	香り付け	八角茴香（パァ ヂャオ ホェイ シャン）	ウイキョウ†
		茴香（ホェイ シャン）	
		丁香（ディン シャン）	チョウジ（丁字）†
		桂皮（ゴェイ ピィ）	ニッケイ（肉桂）の皮†
		花椒（ホワ ジャオ）	サンショウの実の干したもの†
		陳皮（チェヌ ピィ）	ミカン，ダイダイの皮の干したもの†
		五香粉（ウ シャン フェヌ）	上記五つ（†印）の粉末を混ぜ合わせた混合香料.
		胡椒（ホゥ ヂャオ）	コショウ
		蒜（スワヌ）	ニンニク
		姜（ヂャン）	ショウガ
		桂花（ゴェイ ホワ）	キンモクセイの花.
	辛味	辣椒（ラァ ヂャオ）	トウガラシ
		芥末（ヂエ ムォ）	洋ガラシ

付表3　市場に出回る中国野菜

部位	中国名	日本名	特徴	調理法
葉	青梗菜（チン ゲン ツァイ）	チンゲンサイ	茎，葉が大きい.	油炒め，和え物
	揚菜（タア ツァイ）	タアサイ	緑が濃く，杓子状に広がっている.	油炒め，和え物
	芹菜（チヌ ツァイ）	キンサイ	香りが強い. パセリのようにして使う.	スープ，香り
	黄韮（ホワン ヂュウ）	黄ニラ	ニラの軟化したもの. ニラより軟らかい.	油炒め，スープ
	空心菜（コヌ シヌ ツァイ）	エンサイ	茎の真ん中がストローのように空洞.	油炒め，スープ
	藤菜（トン ツァイ）	ツルムラサキ	紫色がかった濃い緑色で，ゆでるとぬめりがある.	油炒め，和え物
	豆苗（ドウ ミャオ）	トウミョウ	エンドウの若芽特有の香りがある.	油炒め，スープ
茎	蒜苗（スワン ミャオ）	ニンニクの芽	ほんのりとニンニクの香りがする. 歯ごたえがよい.	油炒め，酢の物，和え物
つぼみ，花柄	花韮（ホワ ヂュウ）	ハナニラ	ニラの花のつぼみと花柄（かへい）.	油炒め，スープ

付録 4　チーズの種類と料理適性

付表4　チーズの種類と料理適性

	分類・名称	おもな産地	特　徴	料理適性
ナチュラルチーズ	超硬質（水分15%）			
	パルメザン	イタリア	水切りが少なく，主としておろしチーズとして使う．	サラダ，スープ，その他料理一般
	硬質（水分30～40%）			
	チェダー	イギリス・チェダー地方	風味おだやか，やや酸味あり．砕けやすい．	薄切りにしてそのまま食べる．溶かして用いるにはよいチーズで，焼いたり，蒸したりして使う．
	ゴーダ	オランダ・ゴーダ地方	プロセスチーズ用にも用いる．	
	エダム	オランダ・エダム地方	形は球形．表面にアマニ油をつけ，赤く着色．削り取って除いて食べること．	テーブルチーズ，おろしチーズ
	エメンタール	スイスの代表的なもの．	乳酸菌の発酵で炭酸ガスができ，多孔．	テーブルチーズ．卵料理に合う．フォンデュ，テーブルチーズの原料にもなる．
	グリュイエール	フランス・グリュイエール地方	エメンタールの一種	フォンデュ，グラタン
	半硬質（水分45%）			
	ロックフォール	フランスの代表的なもの．	羊乳を青かびで熟成したもの．青かびによる脂肪酸分解臭が強い．	テーブルチーズ，オードブル，サンドイッチに最適．
	ブルーチーズ	スイス	ロックフォールと同じ方法でつくる．	
	軟質（水分50%）			
	カマンベール	フランス・ノルマンディー地方	白かびにより表面を熟成させたもの．なめらかな口当たり．	オードブル，ソース，サラダ，スプレッドとしてサンドイッチに．
	クリーム		牛乳で熟成なし．クリーム状．	
	カテージ	—	水分70%．脱脂乳，脱脂粉乳，還元牛乳でつくる．	テーブルチーズ，サラダ
プロセスチーズ		—	—	水分45%．上述のナチュラルチーズを1～2種以上粉砕混合後，成型し，殺菌したもの．	料理一般

参　考　文　献

近畿調理研究会（編）：調理基礎編，峯書房，1977．
近畿調理研究会（編）：調理応用編，峯書房，1977．
吉松藤子ほか（編）：理論と実際の調理学辞典，朝倉書店，1987．
全国調理師養成施設協会（編）：調理用語辞典，調理栄養教育公社，1986．
山崎清子ほか（編著）：調理と理論，同文書院，1981．
関西調理研究会（編）：新調理実習，化学同人，1993．
武庫川女子大学調理学研究室（編）：調理実習書，建帛社，1981．
島田淳子ほか（編）：調理学，朝倉書店，1988．
太田初子・和辻敏子（編）：現代食生活のためのクッキング，化学同人，1993．
山田光江ほか：ニュートータルクッキング，講談社，1989．
河野友美ほか（編）：調理科学事典，医歯薬出版，1975．
杉田浩一ほか（編）：新編日本食品事典，医歯薬出版，1982．
乙葉美代子：調理テキスト，建帛社，1975．
曽根喜和子（監修）：調理実習（フローチャートによる），地人書館，1984．
浦上智子：調理科学，理工学社，1977．
調理教育研究会（編）：調理，建帛社，1978．
品川弘子ほか：調理とサイエンス，学文社，1993．
東京都私立短期大学協会（編）：新版調理学，酒井書店育英堂，1990．
中浜信子：調理の科学，三共出版，1976．
長谷川千鶴ほか：調理学，朝倉書店，1983．
武恒子ほか：食と調理学，弘学出版，1984．
講談社（編）：材料とスパイスの事典，講談社，1983．
大阪あべの辻調理師専門学校フランス料理研究室（編）：テーブル式西洋料理便覧，評論社，1992．
川端晶子（編）：調理学，学研書院，1991．
河田昌子：お菓子"コツ"の科学，柴田書店，1989．
浦上智子（編著）：新しい調理学テキスト，理工学社，1988．
千石玲子ほか：仏英独＝和洋菓子用語辞典，白水社，1989．
相川方：新・中国料理，女子栄養大学出版部，1980．

王馬熙純：中国料理，日本放送出版協会，1983．
山口和子ほか：調理学　理論と実習，樹村房，1987．
辻義一：辻留茶懐石炉編，淡交社，1993．
奥田和子：おいしく食べる人と人の良い関係，家政教育社，1994．
土井勝：基礎日本料理，柴田書店，1971．
河野友美：コツと科学の調理事典，医歯薬出版，1983．
関西調理研究会（編）：新調理実習，化学同人，1978．
堀越フサエ（編著）：調理学実習Ⅰ・Ⅱ，光生館，1985．
荻田守ほか（編）：材料料理大事典，学研，1987．
辻静雄：フランス料理の本，講談社，1989．
松元文子ほか：新・調理学，光生館，1992．
川端晶子ほか：調理学，建帛社，1989．
松元文子（校閲）：操作別調理学実習，同文書院，1984．
大野佳美ほか：調理学，理工学社，1995．
下村道子ほか（編著）：図解による基礎調理，同文書院，2004．
早坂千枝子ほか（編著）：改訂　調理学実習―献立と調理―，アイ・ケイコーポレーション，2004．
高橋敦子ほか（編）：改訂新版　調理学実習　基礎から応用，女子栄養大学出版部，2005．
大谷貴美子ほか（編）：栄養科学シリーズNEXT　調理学実習，講談社サイエンティフィク，2003．
川端晶子（監修）：改訂　イラストでわかる基本調理，同文書院，2005．
調理指導研究会（編）：新　調理学実習，光生館，2009．
粟津原宏子ほか（編）：楽しい料理―基礎と実習―，医歯薬出版，2008．
フードデザイン研究会（編）：食卓のコーディネート（基礎），優しい食卓，2003．
大阪あべの辻調理師専門学校（編）：エスニック料理―ベトナム・タイ・インド（プロ調理の基本），2001．
笠原賀子（監修）：次世代に伝えたいいまに活きる伝統料理，第一出版，2007．
日本栄養士会・全国福祉栄養士協議会（編）：福祉施設の行事食ガイド，第一出版，1998．
中山時子（監修）：中国食文化事典，角川書店，1986．
主婦の友社（編）：料理食材大事典，主婦の友社，1996．
時友裕紀子ほか：家政学雑誌，**44**，347-353，1993．

索　引

【あ】

和え衣	49
和え物	20
青煮	184
赤だし	62
あく抜き	12, 43
揚げ温度	28
揚げ物	18
味付け飯	10
味の対比効果	217
あしらい	16
あちゃら	55
あちゃら漬け	55
油通し	87
油抜き	38
アボカド	163
アミノ－カルボニル反応	65
アユ	25
アルデンテ	167
合わせ酢	60
杏仁豆腐	104

【い】

イースト発酵	101
イカ	28
イカ皮	91
イカ肉組織	91
イギリス料理	148
イスラム教徒	149
板ずり	29
炒め揚げ	120
炒め方	95
炒め煮	51
炒め物	17
イタリア料理	148
一夜漬け	43
いとこ煮	219

祝い肴	179
インド料理	147

【う】

浮き粉	106
打ち粉	86
うねり串	16
盂蘭盆会	176

【え】

衛生管理	2
エビ	28, 79, 183
恵方巻き	218

【お】

尾頭付きの魚の揚げ方	97
お正月	176
落とし蓋	12
踊り串	16
鬼すだれ	181
お彼岸	176
表四分に裏六分	15

【か】

カー	153
ガー　クアイ	152
搔敷（かいしき）	59
懐石料理	35
会席料理	35
糕（ガオ）	105
鏡開き	176
かきたま汁	44
隠し包丁	12
カスタード　クリーム	138
ガスパチョ	161

片づま折り	16
褐変	12
ガナッシュ	201
カナッペ	205
かぶら蒸し	53
カラシ	57, 117, 187
辛み	203
辛味成分	57, 99, 187
ガラム　マサラ	125, 155
カラメル	143
カレー	124
韓国料理	147
乾炸（カン　ヂア）	76
寒天	23, 29
寒天液	104
寒天液へのあんの添加	193
広東料理	68, 146

【き】

ギー	156
キーマ　カレー	155
希釈卵液	14
衣かつぎ	219
キノコ　バターライス	170
木の芽	38, 204
忌避食品	149
黄身酢	204
キムチ	159
キムチ　チゲ	159
牛乳の加熱	104
牛乳の風味・変色	114
ぎゅうひ昆布	185
吸油率	18
行木打ち	16, 204
切り方	5
キリスト教	149
キルシュワッサー	142, 144, 209
金時ニンジン	178

きんとん	180

【く】

古老肉（クウ ラオ ロウ）	88
鍋子（クォ ズ）	71
串の打ち方	16
くず粉	63
口取り	180
グラタン	132
グラッセ	127, 208
グラン マルニエ	139, 172
クリーミング性	137
クリーム ダウン	131
グリーン カレー	154
クリスマス	176
栗大福	63
栗飯	48
クルトン	114
グレービー ソース	208
クレープ	140
グレープ シード オイル	127
黒豆の色素	179

【け】

ケ	177
計量	3
計量カップ	3
計量スプーン	3
化粧塩	25
ゲル化剤	22
けん	203
けんちん	54
けんちん汁	54

【こ】

コアントロー	133, 143
ゴイ クン	150
酵素的褐変	45
紅茶	119
紅茶の黒変	131
コーヒー リキュール	125
コール スロー	121
コーンスターチ	144
宮保鶏丁（ゴォン バオ ディ ティン）	87
コキール	207

ココナッツ ミルク	171
小正月	176
粉ふきいも	115
ゴボウ	43
ゴマ	62, 107
ゴマ豆腐	213
ゴマ油	90
米粉	150
衣揚げ	28
羹（ゴン）	89
コンソメ	126
コンソメのすませ方	199

【さ】

柵取り	203
桜もち	63
ささがき	5
笹の葉	83
差しガツオ	184
サツマイモのあく成分	106
サツマイモの裏ごし	140
サツマイモの褐変	140
さつま汁	58
サトイモのぬめり	195
砂糖の結晶化	106
サバ	55
サフラン	161
さらしあん	193
サルサ ソース	164
サワー クリーム	169
沢煮椀	40
サングリア	174
三枚おろし	55

【し】

什錦（シイ チン）	95
西湖（シイ ホウ）	89
ジェノベーゼ	167
シェリー酒	127
塩味ご飯	26
塩出し	12
シグロ ワイン	131
四川料理	68, 146
シソ	46
下ゆで	12
漆器の扱い方	178
自動酸化	19

渋切り	189
餃子（ジャオ ツ）	98
上海料理	68, 146
シュー（choux）	138
シュー生地	139
ジュリアン	126
ジュンサイ	62
正月料理の盛り付け方	185
上巳の節句	176
上新粉	65, 105, 191
精進料理	212
ショートニング性	137
庄内麩	62
松風焼き	182
白髪ネギ	89
白玉粉	29
汁物	8, 24
白あん	63
シロップ	123
人日の節句	176
しんじょ	195

【す】

吸い口	38
絲（スウ）	78
酥餅（スウ ピン）	105
すくい串	16, 182
すし飯	60
スズキのオーブン焼き	168
ズッキーニ	129
酢どりショウガ	61
砂出し	12
酢の物	21
スペイン風オムレツ	160
スペイン料理	147

【せ】

正餐	111
赤飯	202
節分	176, 218
節分イワシ	218
ゼラチン	23, 133
ゼラチンの吸水膨潤	125
セルフィーユ	125
千六本	5, 53

【そ】

ソース	132
そぎ切り	186
即席漬け	43
鬆（ソン）	81

【た】

ダイズ	47
タイ料理	147
炊き合わせ	195
炊き込み飯	38
タケノコ飯	38
タケノコ	38
タコス	163
だし巻き卵	42
竜田揚げ	58
七夕の節句	176
タピオカ	171
タマネギの加熱	124, 134
たまりしょう油	203
湯（タン）	75
端午の節句	176
タンドリー チキン	156

【ち】

筑前煮	45
チゲ	159
チヂミ（チジミ）	157
粽子	83
炒飯	9
炒（チャオ）	74
チャツネ	124
茶飯	194
茶碗蒸し	56
熗（チャン）	74
川（チュアヌ）	100
中華麺	93
中国茶	108
春捲（チュヌウ ジュアヌ）	80
調味酢	20
重陽の節句	176
蒸籠（チョン ロン）	31, 71, 83
京果（ヂン グワ）	102

【つ】

菜板（ツァイ バヌ）	71
菜単（ツァヌ タン）	70
通過儀礼	177
芝麻球（ツウ マァ チュウ）	107
醋溜（ツウ リュウ）	97
月見（十五夜）	176
月見（十三夜）	176
つくね	196
包み焼き	49
つま	203
露止め	14
強火の遠火	15

【て】

ティー パンチ	131
点心（ティエン シン）	83, 104
ティラミス	172
丁（ティン）	87
甜麺醤（テヌ メヌ ヂャン）	77
手開き	47
手まり麩	183
照り焼き	57
天だし	28
天つゆ	28
天ぷら	28
デンプン	44, 64, 89
天盛り	27

【と】

ドイツ料理	148
トウガラシ	99, 159
豆豉（トウ シ）	77
冬至	176
東寺揚げ	197
搗精度	9
豆板醤（トウ バヌヂャン）	77
道明寺粉	63
トウモロコシ	79
トウモロコシ粉	162
年越し	176
土びん蒸し	48
どぶ漬け	214
トム ヤム クン	153
鶏がらスープ	151
鶏の米麺	151
ドリュール	65, 107, 140
トルティーヤ	162
とろみ	89

【な】

奶溜（ナイ リュウ）	94
ナス	47
ナチュラルチーズ	225
ナツメグ	130
七草がゆ（粥）	217
生クリームの泡立て	210
生麩	48
ナム プリック パオ	153
ナムル	158
南蛮漬け	41
ナンプラー	153

【に】

煮切る	28
肉の部位	222
肉の下ごしらえ	85
煮魚	26
煮だし汁	8, 223
煮つけ	26
煮浸し	45
二枚おろし	55
煮物	10
ニョクマム	151
ニンニク	79
ニンニクの芽	99

【ぬ】

縫い串	16
ヌーベル・キュイジーヌ	110
ぬか漬け	214

【ね】

熱凝着	16
年中行事	176

【の】

ノエル	199
のし串	16

【は】

抜絲（パア スウ）	106
海瓜子（ハイ クワ ズ）	85
配膳図	35
白切鶏（パイ チェ ヂィ）	84
海蜇（ハイ ツォ）	76
バイ マックルー（ト）	153
パウンド ケーキ	139
パエーリア	160
爆（パオ）	79
蠣油（ハオ イユ）	85
泡油（パオ イウ）	87
量り方（計量スプーン）	3
ハクサイ	95
箸	36
バジル	166
バター ライス	125
初午	176
パット タイ	154
八宝菜	74
八方煮	184
花祭り	176
バニラビーンズ	138
ババロア	143
ハモ	48
春の七草	217
ハレ	177
半切り	60
パン粉揚げ	120
拌菜（バン ツァイ）	76
パンナ コッタ	172

【ひ】

皮蛋（ピイ タヌ）	102
ビーツ	169
ビーフ ストロガノフ	170
ビーフン	150
ピーマン	85
ひき肉料理	31
ピクルス	123
ピケ	141
ヒジキ	51
ひすい煮	191
浸し物	21
ひたひた	12
ピッツア	166
火取る	61

ビビンパ（ビビンバ）	158
ブュッフェ スタイル	211
拍子木切り	5, 61
平串	16
飛竜頭	215
ピロシキ	169
ヒンドゥー教	149

【ふ】

ブーケ ガルニ	130
腐竹（フウ ヂウ）	82
芙蓉（フウ ロオン）	82
粉条（フェン ジャオ）	78
フォー ガー	151
フクロダケ	153
豚肉	30
豚肉の調理	92
仏教	149
ブラマンジェ	144
フランス料理	148
フランベ	135
ブリック	153
プロセスチーズ	225

【へ】

北京料理	68, 146
ベジタリアン	149
ベトナム風から揚げ（鶏）	152
ベトナム風春巻き	150
ベトナム料理	147

【ほ】

ホイップ クリーム	210
ホイップ クリームの安定	210
火鍋子（ホウ クオ ズ）	103
包丁の種類	6
包丁の部位	6
干し貝柱	100
骨切り	48
ボルシチ	169
花椒塩（ホワ ヂャオ イェヌ）	77
本膳料理	35, 212

【ま】

麻婆豆腐	77

前盛り	16
マスカルポーネ チーズ	172
マスタード	115
マセドアン	131
マチェドニア	172
マドレーヌ	138
マリネ	198
マンゴー ラッシー	173

【み】

みじん粉	197
水溶きかたくり粉	75
みそ汁	24, 42
みぞれ和え	59
ミネストローネ	165
ミント	129

【む】

ムール貝	161
蒸し方	13
蒸し物	13
結びキス	190
結びミツバ	52
ムニエル	115

【め】

メキシカン ソース（若鶏）	164
メキシコ料理	147
面取り	5, 12, 193

【も】

もち米	31
もち米の調理	189
物相	194
モッツァレラ	166
モッツァレラ チーズ	168
もどき料理	215

【や】

焼き物	14
薬味	192
野菜の吸水	121
柳箸	185

【ゆ】

幽庵焼き	*181*
月餅（ユエ ピン：げっぺい）	*107*
ユダヤ教徒	*149*
ゆでる操作	*21*

【よ】

葉らん	*61*
ヨーグルト	*125*
吉野鶏	*52*
寄せ物	*22*

【ら】

ラード	*105*
辣油（ラー油）	*98*
ライスペーパー	*151*
老酒（ラオ ヂウ）	*84*
ラザニア	*168*
ラタトゥイユ	*129*
落花生油	*87*
ラッシー	*173*
ラム酒	*139*
卵白の起泡性	*201*

【り】

リキュール シロップ	*200*
溜菜（リュウ ツァイ）	*88*
溜菜のポイント	*88*
リュバン状	*209*
両づま折り	*16*
緑色野菜	*27*

【る】

ルー	*123, 124, 132*

【れ】

レモン	*119*
レモングラス	*153*
レモン スカッシュ	*123*
レンコンの褐変・色素	*185*

【ろ】

ロースト	*208*
ロシア料理	*148*
ロシアン ティー	*173*

【わ】

ワイン ビネガー	*133, 161*
ワカメ	*24*
ワカモーレ	*163*
ワラビ粉	*64*
椀	*36*

- 本書の内容に関する質問は，オーム社ホームページの「サポート」から，「お問合せ」の「書籍に関するお問合せ」をご参照いただくか，または書状にてオーム社編集局宛にお願いします．お受けできる質問は本書で紹介した内容に限らせていただきます．なお，電話での質問にはお答えできませんので，あらかじめご了承ください．
- 万一，落丁・乱丁の場合は，送料当社負担でお取替えいたします．当社販売課宛にお送りください．
- 本書の一部の複写複製を希望される場合は，本書扉裏を参照してください．

JCOPY <出版者著作権管理機構 委託出版物>

- 本書籍は，理工学社から発行されていた『これからの調理学実習 ― 基本手法から各国料理・行事食まで ―』を，オーム社から版数，刷数を継承して発行するものです．

これからの調理学実習 ― 基本手法から各国料理・行事食まで ―

2011年4月5日　第1版第1刷発行
2023年8月10日　第1版第14刷発行

編　者　新調理研究会
発行者　村上和夫
発行所　株式会社 オーム社
　　　　郵便番号　101-8460
　　　　東京都千代田区神田錦町3-1
　　　　電話　03(3233)0641(代表)
　　　　URL　https://www.ohmsha.co.jp/

© 新調理研究会 2011

印刷　精文堂印刷　製本　協栄製本
ISBN978-4-274-06997-0　Printed in Japan

● **好評既刊**

食料経済（第6版）フードシステムからみた食料問題
髙橋正郎 監修／清水みゆき 編著　　　　　A5判　並製　272頁　**本体2700円【税別】**

日本の食料・農業問題を多角的・体系的にまとめ、「SDGs」、「TPP」、企業の農業参入、食品表示、食料自給力、エンゲル係数の上昇、「中食」のさらなる拡大など、新たな動向についてデータとともにわかりやすく解説しました。農学系・栄養学系・経済学系の大学・短大・専門学校1・2年生、公務員をめざす農学系の学生、「食の将来」に関心のある社会人に最適です。

人を幸せにする　食品ビジネス学入門（第2版）
日本大学食品ビジネス学科 編著　　　　　A5判　並製　184頁　**本体1800円【税別】**

私たちの「食」は「食品ビジネス」の発展とともに変化してきました。本書は「食の外部化」がもたらした豊かさや便利さ、その多様な展開、消費者の役割を軸に、第2版では新たに食育と貿易取引の講義を加え、学生主体の実践的な学びもコラムとして紹介しています。農学系・栄養学系・経済学系の大学1・2年次生、「食品ビジネス」に関心のある高校生、社会人に最適です。

私たちの 住居学（第2版）──サスティナブル社会の住まいと暮らし──
中根芳一 編著　　　　　B5判　並製　168頁　**本体2400円【税別】**

本書は従来の住まいづくりの基本を踏まえつつ、シックハウス、欠陥住宅、耐震偽装、スケルトンインフィル等の長寿命化技術、少子高齢化社会に対応した空間デザイン等の幅広いトピックスに対応。豊富な図表と写真を掲載し、見開き2ページで完結したシンプルな構成で明確に解説。3.11震災以降の住居を取り巻く社会の変化と資料の見直しを行ない、最新データに更新した改訂第2版。生活科学系、家政系の大学・短期大学の教科書として最適。

生活科学（第6版）
山本直成・浦上智子・中根芳一 共著　　　　　A5判　並製　256頁　**本体2300円【税別】**

生活科学があつかう範囲は、自然科学的な分野だけではなく、人文科学、社会科学の各分野に及ぶ。本書では、衣・食・住生活の自然科学的知識を必要とする事象を中心に、エネルギーの利用、消費生活の諸問題など社会科学的事象も織りまぜながら解説した。第6版では、2015年版の食事摂取基準に準拠し、全般にわたるデータや資料を一新。また高齢社会、年金制度など、これからの時代の基本的な問題を考察した。大学・短大の教科書として好適。

私たちの 生活科学（第2版）
中根芳一 編著　　　　　B5判　並製　168頁　**本体2240円【税別】**

これから私たちが生活科学を学ぶ場合、衣食住の"モノ"中心の考え方だけではなく、"生活そのもののあり方"を原点に据えた総合的な観点が必要となります。これを実践すべく本書は、衣食住などの身近な問題をはじめ、それらを取り巻く環境、人類の福祉といったグローバルな問題まで広く概説しました。第2版では、データを一新し、さらに"暮らしと高齢者"の章を増補しました。

基礎から学ぶ 調理実習
新調理研究会 編　　　　　B5判　並製　200頁　**本体2700円【税別】**

本書は、調理の基礎を学ぶことに重点をおき、理論と実際が結びつくように、手法別調理（汁物、炊飯、煮物、蒸し物など）を充実させた。まず、基本的な調理手法の理論を学び、実習に展開し、そのうえで、各料理様式の献立に応用・発展できるように工夫した。実習は、授業での1回分、また家庭での1回の食事分となっており、学校のテキスト、家庭料理の参考として、調理のスタンダードが学べる一冊である。調理のポイントとして「高齢者への配慮」を付記。

◎本体価格の変更、品切れが生じる場合もございますので、ご了承ください。
◎書店に商品がない場合または直接ご注文の場合は下記宛にご連絡ください。
TEL.03-3233-0643　FAX.03-3233-3440　https://www.ohmsha.co.jp/